O PODER DE UMA
BOA CONVERSA

Dados Internacionais de Catalogação na Publicação (CIP)
(Câmara Brasileira do Livro, SP, Brasil)

Santos, Alexandre Henrique
 O poder de uma boa conversa : comunicação e
empatia para líderes, gestores, *coaches*, educadores,
pais e demais facilitadores / Alexandre Henrique Santos. –
Petrópolis, RJ : Vozes, 2017.
 Bibliografia.

 1ª reimpressão, 2020.

 ISBN 978-85-326-5394-9
 1. Comunicação interpessoal 2. Empatia
3. Linguagem 4. Relações interpessoais I. Título.

16-00075   CDD-153.6

Índices para catálogo sistemático:
1. Comunicação interpessoal : Psicologia   153.6

ALEXANDRE HENRIQUE SANTOS

O PODER DE UMA BOA CONVERSA

COMUNICAÇÃO
E EMPATIA PARA LÍDERES,
GESTORES, *COACHES*,
EDUCADORES, PAIS E
DEMAIS FACILITADORES

Petrópolis

© 2017, Editora Vozes Ltda.
Rua Frei Luís, 100
25689-900 Petrópolis, RJ
www.vozes.com.br
Brasil

Todos os direitos reservados. Nenhuma parte desta obra poderá ser reproduzida ou transmitida por qualquer forma e/ou quaisquer meios (eletrônico ou mecânico, incluindo fotocópia e gravação) ou arquivada em qualquer sistema ou banco de dados sem permissão escrita da editora.

CONSELHO EDITORIAL

Diretor
Gilberto Gonçalves Garcia

Editores
Aline dos Santos Carneiro
Edrian Josué Pasini
Marilac Loraine Oleniki
Welder Lancieri Marchini

Conselheiros
Francisco Morás
Ludovico Garmus
Teobaldo Heidemann
Volney J. Berkenbrock

Secretário executivo
João Batista Kreuch

Editoração: Maria da Conceição B. de Sousa
Diagramação: Sheilandre Desenv. Gráfico
Revisão gráfica: Nilton Braz da Rocha / Nivaldo S. Menezes
Capa: Renan Rivero

ISBN 978-85-326-5394-9

Editado conforme o novo acordo ortográfico.

Este livro foi composto e impresso pela Editora Vozes Ltda.

Agradecimentos

Graças à contribuição maior ou menor, sutil ou notória, consciente ou não, de muita gente, eu pude escrever o livro que está em suas mãos. Alimento em meu coração uma profunda e reverente gratidão aos amigos, parentes, mestres, colegas, clientes, *coachees* e alunos que puderam conversar comigo – presencialmente ou de forma virtual. Agradeço às pessoas com as quais mantive contato no trabalho de consultoria profissional, em empresas e organizações e no serviço voluntário (hospitais, abrigos, casas de apoio e orfanatos). Agradeço a quem me fez perguntas e a quem me respondeu. Aos que discordaram das minhas opiniões ou duvidaram das minhas certezas. Aos que me mostraram argumentos, possibilidades e ângulos que ampliaram a perspectiva do meu olhar, obrigando-me a rever posições ou a tentar embasá-las melhor. Aos que me deram novos e bons exemplos ou teceram críticas consistentes. Aos que compartilharam suas vivências, sonhos e histórias, e depositaram confiança no que faço. Agradeço às pessoas com as quais tive ruídos de comunicação ou dificuldades de trato; pois cada contato humano no qual fui incapaz de criar empatia e inclusão me fez confirmar que, invariavelmente, falhei em práticas que recomendo. Também quero expressar gratidão aos leitores da primeira versão da obra, posto que me ajudaram a transformá-la no que ela é agora. Lamento não conseguir citar nominalmente cada pessoa física e jurídica que enriqueceu o meu caminho; a tarefa seria inexequível. Entretanto, alguns aportes incidiram de modo direto na gestação e nascimento destas páginas; e ao nomeá-los, eu os faço representantes de todas as contribuições anônimas.

Minha família: Catherine Alonso Krulik, amada companheira, e meus amados filhos Bruno e David me ajudaram na revisão de trechos do texto e me ofereceram aceitação e generosidade plenas e constantes. Cathy também assina a foto do autor. Minhas amadas irmãs e irmãos Niraçaba, Augusto César, Ana Maria (que também revisou parte do texto), Ricardo (*in memoriam*) e Marília – todos meus incansáveis estimuladores.

Em momentos e lugares diversos, Diana Patrícia Medina Chaves, Antônio Henrique Cavalcanti Wanderley, Marli Gonçalves, Ricardo Ferreira Santos (*in memoriam*), Sônia Andrade Guedes, Sávia Ferraz, Elizabeth de Souza, Carlos Mario Boccia, Horácio Hollanda, Adeilton Gomes, João Sylvio (Johnny – *in memoriam*) e Leila Cristina Baccari, Wilson Rosa (*in memoriam*), Cris Braga, Fernando José Romero, Antônio Alves Sobrinho, Clotilde de Araújo Santos (*in memoriam*), Marta Romero Victorica (*in memoriam*), Carlos Augusto Vidotto, Eduardo Amorim, Maria de Lourdes Azevedo Andrade (Uda – *in memoriam*), Marcelo Árias Duncalof, Maria Luiza Curia Cerveira, Mark Mitchell, José Luís Bendezú Guerra (Pepe), Maria de Fátima da Silva (Fafá), Maria Helena Camargo Trota (Nena), Jonas Frederico (Padrinho – *in memoriam*), Jairo e Alzira Dias, Huguette Krulik, José Luís Alonso (*in memoriam*), Maria Aimée Frota Meheb, Demian Castro, Geraldo Luís Pedrosa Marinho, Odino Marcondes, Márcia Salibian, Luiz Henrique e Rita de Cassia Pontes, Salete Momjian, Luís Carlos Sohler, Heitor Luna, Deroni Sabi, Enoque Gomes, Kranya Victoria Diz Serrano, Vera Lucia Feitosa Garcia, Walther Hermann, Lia Parente, Silke Weber, Jaime Joaquim da Silva Pereira Cabral, Tatiana Carolina Froza, Davi Froza, Alfredo Francisco Reis Neto, Vânia Lúcia Slaviero, Mirian E. Giacomin, Maurício Dollenz, Simone Ashcar, Maria Luiza Dardene, Claudionor de Paula Teixeira, Ane Araújo, Ângela Passadori, Emília Fukunaga, Rebeca Lamm Frenk (Bibi), Flávio Emílio Junqueira, Luciano e Lígia Mendes Aguiar contribuíram com exemplos inspiradores de doação, generosidade e altruísmo.

Sou especialmente agradecido ao Grupo de Voluntários Conversa com Afeto, Centro de Cura para as Atitudes (CCA), Capelania Espírita, Associação de Pais e Amigos dos Excepcionais – Apae, Instituto de Infectologia Emílio Ribas (Iier), Casa de Apoio Brenda Lee, Centro de Convivência Infantil Filhos de Oxum, Projeto Criarte do Instituto da Criança (do HCFMUSP) e Instituto de Tratamento Ambulatorial do Câncer Infantil (Itaci).

Agradeço às empresas e organizações para as quais conduzi *workshops* de comunicação e empatia, sob diversos formatos (relações interpessoais, *team building*, liderança, *coaching*, solução de conflitos, *feedback* e aceitação da diversidade). Entre elas destaco a Albras, Bayer, Bic, Cargill, Ciba, Confederação Nacional da Indústria – CNI, Galvão Engenharia, Globo News, Grupo Segurador Banco do Brasil e Mapfre, Grupo Ultra, Instituto Balians, JBT, Johnson's, Lanxess, Liberty Seguros, Nivea, Nokia, Rede Globo, Scania e Yamaha.

Por fim, mas não menos importante, sou grato pelo relacionamento produtivo e harmonioso com os meus editores. Uma das raras casas centenárias do país, a Editora Vozes se mantém atualizada graças a sua busca constante de equilíbrio entre raízes e antenas.

Para Catherine, Diana, Tatiana & Marli,
Bruno, David, Antonio Henrique & Adeilton
por todas as nossas boas conversas.

*Além do que está certo e do que está errado existe um campo...
Nós nos encontraremos lá.*

Rumi

Sumário

Prefácio, 13

Introdução – Sem diálogo não há solução, 19

1 Aceitação da diversidade, 27

2 Empatia é uma dança, 55

3 Forças que expandem & forças que limitam, 105

4 Quando conversar ajuda a crescer, 137

5 Superando limitações, 161

6 Conversando com afeto e sem roteiro, 215

7 Todos somos um – À guisa de conclusão, 255

Epílogo – Obrigado por conversar comigo!, 283

Notas, 287

Apêndice I – Conversando com enfermos, 293

Apêndice II – Movimentos pela paz, 297

Referências básicas, 299

Prefácio

Duas fontes inspiraram a criação deste texto: a experiência com o tema das relações interpessoais e o serviço voluntário. A primeira delas reúne mais de três décadas de curiosidade, aprendizagem, estudos e docência envolvendo comunicação, *feedback*, linguagem, mediação, negociação e solução de conflitos. Nesse período acumulei informações e madurei a ideia de compartilhá-las. Meu propósito era produzir um livro útil para os que desejam melhorar, com segurança e rapidez, a qualidade dos seus diálogos e relacionamentos. Não constitui novidade que os maiores desafios do convívio humano estão na área da comunicação e da empatia.

É no núcleo familiar e no seu entorno que engatinhamos no trato social; onde vamos domesticando, de forma gradual, o animal arisco e agressivo, mas necessitado de proximidade e afeição, que habita dentro de nós. Os familiares são os que primeiro observam, conhecem e suportam nossa intrínseca aptidão para dar tapas e beijos. Estatisticamente, mais beijos do que tapas, ou não haveria vida social. Mas da família para o mundo, embora cada pessoa faça sua aprendizagem em uma rota singular, parece haver consenso de que tudo flui melhor entre as pessoas quando elas se aceitam e se respeitam. Minhas vivências como filho, irmão, sobrinho, primo, marido, pai, genro, sogro, tio, padrinho, amigo, agregado, vizinho, profissional e cidadão confirmam isso. A questão é que aceitação e respeito são competências relativamente recentes na história da nossa espécie. Dos casais às nações, pequenos e grandes dramas resultam da carência dessas habilidades relacionais. Por isso, ainda que nossa tendência gregária tenha fundamento biológico, comunicação interpessoal e empatia, deveriam ser ensinadas e exercitadas por todos nós desde o berçário. Até antes, já que a neurociência comprova que iniciamos a senda do aprendizado no ventre materno.

No palco da organização, a dupla condição de consultor de empresas e *coach* profissional tem me dado a oportunidade de ouvir empresários, gestores e colaboradores; e posso afirmar que o anseio por um ambiente corporativo mais afetivo, humanizado e cooperativo é a moeda comum. Quando esses atores, os protagonistas da empresa, ousam concretizar essa vontade, a jornada de trabalho resgata sua face criativa, dadivosa e gratificante; até mesmo os acionistas, fornecedores e clientes se sentem afetados e beneficiados pela transformação. Apesar de que parte das corporações ainda reproduz a rigidez das instituições históricas que lhes serviram de molde, quer dizer, a rigidez hierárquica própria da Igreja e do exército, é fácil constatar avanços e mudanças positivas onde quer que o diálogo empático tenha sido adotado.

Embora ainda tênue, o entendimento de que o ser humano é a solução para os nossos mais graves e imediatos problemas, começa a se difundir de modo generalizado. Investir nas pessoas pode melhorar praticamente tudo: o casal, a família, a escola, a comunidade, o trabalho, o lazer e os negócios. Quando aprimoramos as qualidades da comunicação e dos vínculos interpessoais estamos fortalecendo as premissas de nossa sociabilidade. Há algo mais relevante do que isso? Nesse aspecto, esta obra pode ser útil aos lares, escolas, empresas e comunidades, pois visa o estímulo, a criação e desenvolvimento de relações humanas abertas, inclusivas, cooperativas e solidárias. Contribuirá para tanto que pais, mestres, gestores profissionais e líderes se tornem praticantes da boa conversa, ou seja, atuem no papel de facilitadores. Ora, isso é quase uma redundância, pois a principal função dos bons conversadores consiste em facilitar a vida das pessoas com as quais interagem. Em todo caso, desejei aplainar e pavimentar esse caminho. Mais do que isso, estruturei um conteúdo prático oposto à meta individualista da autoajuda, haja vista que pretende utilizar o diálogo e a empatia para ajudar uns e outros. É aqui que se encaixa o altruísmo, a segunda inspiração destas páginas.

Voluntariado é exercício de cidadania, e não existe um bom servidor voluntário que seja mau conversador. Aprendi isso em trabalhos de doação, e três dentre eles me marcaram de modo especial: 1º) No início da década de 1990 conduzi *workshops* de comunicação interpessoal para a Apae (Associação de Pais e Amigos dos Excepcionais) de Curitiba. Nunca duvidei de que aprendi com o público de então – familiares e agregados, médicos, paramédicos e terapeutas de pacientes com Síndrome de Down – mais do que fui capaz de ensinar. 2º) Durante quatro anos, na virada do milênio, lidei com pacientes internos e ambulatoriais do Instituto de Infectologia Emílio Ribas (Iier). Creio que é impossível alguém passar pelo Emílio Ribas – não importando as circunstâncias – sem ser profundamente impactado. São constantes as provas da fragilidade e da grandeza da condição humana. 3º) Tempos atrás, uma manhã por semana, dediquei-me a brincar com os pequenos pacientes do Itaci (Instituto de Tratamento Ambulatorial do Câncer Infantil). Não encontro palavras para descrever a força da inocência, da alegria e do amor daquelas crianças! O Iier é vinculado à Secretaria de Estado da Saúde e o Itaci está ligado ao Instituto da Criança do Hospital das Clínicas, ambos situados na cidade de São Paulo. Nas minhas vivências como voluntário pude testemunhar e me surpreender com o poder e o alcance de uma boa conversa.

Mesmo quem não lidou com enfermos sabe, por experiência própria, que o "estar doente" com frequência altera o humor e encurta a paciência, deixando as emoções à flor da pele. E quando a pessoa é portadora de uma doença contagiosa ou de uma patologia grave, os diálogos podem ser tão imprevisíveis como jogo de loteria. Raramente o momento mais oportuno do voluntário coincide com o momento mais oportuno do paciente, e vice-versa. Ademais, há pouco tempo para se estabelecer com o outro um clima fluente e positivo. Some-se a isso os imprevistos múltiplos e veremos que esse tipo de serviço exige rendição incondicional ao estado de espírito do outro. Contudo, ao observar com calma, delicadeza e guardando as devidas proporções, notei que a experiência com doentes tinha validade para cada um dos meus contatos e vínculos fora do ambiente do voluntariado hospitalar. Nem sempre o humor e a vontade das pessoas se ajustavam aos meus. Fui compreendendo que abertura – para acolher o outro sem reservas – e intencionalidade – de servir ao próximo com altruísmo – eram pré-requisitos necessários e indispensáveis para o êxito de qualquer conversador.

Manter durante tantos anos o foco da atenção nas interações e na empatia, de modo prático, na vida familiar, social e profissional, ou por meio de estudo e reflexão teórica, modificou profundamente minha visão dos diálogos e da teia de vínculos da qual participo. Aos poucos, e ajudado pela idade, vim confirmando a sabedoria cunhada no adágio ibérico: *"De lejos se ve más claro"*. Em uma isenta e saudável revisão autobiográfica, confesso que eu teria vivido e resolvido melhor diversas questões interpessoais se na ocasião utilizasse alguns dos saberes aqui expostos. Por isso, pretendo que outras pessoas disponham do que eu teria gostado de compreender e praticar em situações e lugares do passado.

Nós nos constituímos seres humanos no decorrer das relações com os demais – cada relação, necessariamente, mediada pela comunicação, e conversa é pura comunicação. Vem daí a minha convicção de que o diálogo empático tem condição de remediar grande fatia dos nossos males, tanto os individuais quanto os coletivos. Acredito que a boa conversa tem o poder de melhorar as pessoas e, melhorando as pessoas, influir na criação de ambientes sociais mais acolhedores, equilibrados e colaborativos. O mundo só se tornará mais humano se a gente se dispuser a conversar com empatia.

Introdução
Sem diálogo não há solução

É impossível o ser humano não se comunicar.
Paul Watzlawski

Quando a gente nasce, ar, água e comida, nessa ordem, são os nossos três primeiros alimentos. Mas o quarto vem logo em seguida: chama-se *gente*. Verdade. Sem que seja canibalismo, a gente se abastece de gente. Encontro, contato, bate-papo, toque são formas de nutrição. O simples estar presente, desde que de corpo e alma, também nos nutre. Sim, porque os relacionamentos interpessoais refletem e sustentam o que temos de social e humano, e há ocasiões em que o silêncio preenche mais do que palavras. Só através dos nossos contatos cotidianos a gente se torna a pessoa que é. Quando nós nos alimentamos com diálogos de melhor qualidade aumentam as chances de que venhamos a ser pessoas de melhor qualidade. Neste enfoque, a conversa e a empatia, juntas e combinadas, compõem a alavanca que impulsiona, ao mesmo tempo, o indivíduo e a comunidade. Com outras palavras, conversa e empatia dão significado e propósito ao indivíduo e aos seus vínculos sociais.

A humanidade nunca dependeu de maneira tão dramática do diálogo e do comedimento. Quer dizer, jamais necessitamos tanto de bons e efetivos conversadores. Não é apenas no âmbito macro – contatos entre grupos nacionais, étnicos, ideológicos ou religiosos – que percebemos a urgência de a conversa prosperar. Por vezes, quem se mostra sensível ou chocado com os conflitos entre crentes e ateus, liberais e conservadores, autóctones e imigrantes, não consegue dialogar e se entender com a família, na intimidade do seu próprio lar. Para alguns resulta mais fácil se solidarizar na distância do que na proximidade; e há aqueles que amam toda a humanidade, para não ter de amar cada pessoa em particular. Embora sejamos, por natureza, entes gregários e conversadores, é de uma irônica crueldade saber que a maioria das queixas nos consultórios de psicologia clínica resulta de ruídos e desencontros na comunicação e no convívio com os que estão do lado.

Agora, a dádiva do paradoxo: nós nunca conversamos tanto! Jamais em nossa história testemunhamos tanta abertura e inclusão. Seja no âmbito local ou global, vivemos muito mais conectados do que no passado. Por certo a sapiência mundana nos adverte: *"Quem muito abraça, pouco aperta!"* Uma fração importante dessas ligações é superficial, frágil e efêmera. Mas ainda assim, nunca tivemos tantas associações, grupos e redes sociais disponíveis. Parece crescer, lentamente, um apelo de equilíbrio entre quantidade e qualidade da comunicação nas conexões entre as pessoas.

Observe os casais a sua volta e logo se dará conta quais dentre eles são bons conversadores. O convite pode ser estendido a qualquer dupla ou coletividade; facilmente se nota onde o diálogo flui e onde não. Conversar com empatia faz bem, inspira, sustenta e sacia nossa ânsia diária de convívio. Muito além da tendência biológica que temos de nos vincular, nós nascemos, vivemos e morremos conectados uns aos outros – e não existe a mais remota possibilidade de não ser assim. O significado atual de nos definirmos como seres sociais é que *vivemos em rede*, todos interligados e em constante ressonância. Nem quando escolhemos a solidão conseguimos ficar livres dos solilóquios; pois conversar nos ajuda a viver. Dialogar é o meio mais eficaz de se criar novos amigos, de revigorar os laços do momento, restaurar relações antigas, superar rusgas, negociar ou conciliar desavenças e, no transcurso da troca, contribuir para o desenvolvimento pessoal e das partes. Daí o objetivo destas páginas: auxiliar cada leitor e cada leitora a se tornar, no cotidiano, não apenas um conversador empático bem-sucedido, mas um *facilitador*, isto é, um praticante da *facilitação*.

Facilitador? Facilitação? Ambas as palavras provêm de *facilitar*, verbo originado do latim *facilitare*, que quer dizer "*tornar algo mais fácil, compreensível, leve; e, ao mesmo tempo, menos difícil, complicado ou penoso*". Dilatei o conceito para aplicá-lo ao abrangente campo das conversas, comunicações, relacionamentos e potenciais humanos. Chamo de *facilitação* ao conjunto das ações que visam criar empatia e contribuir para elevar o estado de ânimo e fortalecer a autoestima do companheiro de conversa. E chamo de *facilitador* ou *conversador* ao agente que se entrega à realização desses propósitos. Os dois termos abarcam, como guarda-chuva, todas as emoções, pensamentos, atitudes e comportamentos imbuídos do propósito de tornar mais gratificante o contato entre as pessoas. No contexto do livro, emprego para quem dialoga com o facilitador os termos *pessoa*, *interlocutor* e sinônimos.

Facilitação, portanto, é o serviço prestado espontânea e gratuitamente pelo facilitador; e consiste em contribuir, sempre através do diálogo e da empatia, para que o outro se sinta bem. O conversador labora para que ao término do encontro seu companheiro de conversa esteja mais animado e mais confiante em si mesmo. Ou, no mínimo, para que não esteja em um estado de espírito pior do que já estava no início da troca. Adianto aqui um dos aspectos curiosos do diálogo empático: seu efeito ressonante. No momento em que o conversador satisfaz a condição básica do processo da facilitação, quer dizer, quando se coloca numa predisposição empática, já avança no atingimento da meta de apoiar e empoderar o interlocutor. Só a disposição do facilitador para ouvir a pessoa com atenção reverbera, promove bom resultado, dado que a verbalização do que sentimos contribui para diminuir o nível de nossas tensões e conflitos internos. Se falar diminui o mal-estar e desafoga, falar e ser escutado com zelo aumenta o bem-estar e liberta. Como veremos, empatia e melhoria pessoal estão conectados em um fluxo constante e indissolúvel. Não é novidade que ambientes de clima interpessoal positivo estimulam o florescimento do que nós temos de melhor. E vice-versa.

Sendo a facilitação puro serviço, o facilitador é um servidor; e a conversa empática é o meio e o destino do seu serviço. Criar empatia consiste em construir entre eu e o próximo a mesma atmosfera de aceitação, paz, acolhimento e confiança que sinto ao lado das pessoas com as quais gosto de estar, com as quais me dou bem. O conversador põe energia nisso. Conscientemente e por escolha deliberada, tece vínculos empáticos com *cada* interlocutor que encontra em seu caminho; sem distinção de raça, sexo, gênero, origem, idade, religião, ideologia, cultura, *status* ou classe social. Embora para uns privilegiados essa habilidade de estabelecer empatia seja talento nato, para a maioria de nós é um desafio, e nos custa aprimorar na arte. Esse fato é alvissareiro, pois se ninguém pode controlar o que resulta da sorte – no caso, uma aptidão de nascença –, o que depende do empenho e da repetição pode ser conquistado. O passo inicial é querer.

Apesar das nossas conversações possuírem trama, duração, teor e ritmo distintos, a prática da facilitação se mantém fiel a um roteiro exclusivo, composto de cinco etapas sucessivas e imutáveis. Em cada diálogo que cria com o outro o facilitador se esmera voluntariamente para:

1º) Estar presente de corpo e alma no momento e no local da conversa. Isto é: sentir, ver, ouvir, pensar e falar em tempo real.

2º) Estabelecer um fluxo interpessoal de abertura, inclusão, confiança, aceitação e respeito. Ou seja, criar conscientemente empatia.

3º) Perceber, reconhecer, confirmar e estimular suas qualidades mais notáveis e expressivas.

4º) Perceber e, dentro do possível, desafiar crenças e comportamentos limitadores, utilizando a metodologia apresentada. E, por fim,

5º) Despedir-se e se distanciar de modo cortês, natural e desapegado.

A sequência dessas fases será vista e discutida ao longo de sete capítulos, e numa primeira leitura convém seguir a ordem apresentada, pois ela corresponde ao desenvolvimento das técnicas praticadas na boa conversa. Ao utilizar o termo "técnica" não penso em utensílio teórico, mecânico e frio. Ao contrário, a teoria entra aqui como reflexo direto da experiência prática. A facilitação apenas tenta ensinar à mente consciente a sabedoria intuitiva que há muito já praticamos, mas sem sabê-lo, nos nossos relacionamentos bem-sucedidos.

O ato de facilitar é e precisa ser uma escolha voluntária. Porém, com o exercício contínuo, a facilitação tende a se tornar um jeito de ser e até um estilo de vida. Como o grande rio começa no discreto fio d'água, a criação da harmonia geral se inicia no "dever de casa" de melhorar o convívio com *cada* pessoa física ou afetivamente ligada a nós. Isto é, antes do louvável propósito de tentar a paz entre povos e nações, o desafio imediato é desenvolver um clima pacífico, amoroso e solidário nos ambientes onde já circulamos; sejam eles quais forem.

Dito desse jeito, os propósitos da facilitação parecem pecar pelo excesso de otimismo, ambição, complexidade e poesia. Não é assim. Temos natureza social, somos chegados numa conversa e desejosos de harmonia. Na lida diária nós já somos, em algum grau, facilitadores; e, graças a isso, conseguimos nos envolver e desenvolver mutuamente. As nossas amizades são evidências dessa inaudita benfeitoria a nós mesmos e à coletividade. De maneira que há nessas páginas menos a aprender do que a recordar, o que resulta em mais de meio percurso andado para se chegar à meta da facilitação. Embora as mostras de competição e conflito sejam múltiplas e abundantes, basta uma vista de olhos ao redor para verificar que as evidências de cooperação e harmonia acontecem em proporção infinitamente maior; do contrário, ainda habitaríamos em cavernas.

Quando a conversa com o outro está imbuída de um autêntico altruísmo, as diferenças interpessoais são acolhidas como naturais e não chegam a incomodar. O risco de manifestações daninhas, como a agressividade e o medo, tende a diminuir e a esvanecer. Porém, mesmo que a mente que já compreende o respeito, a paz e a colaboração entre as pessoas como conquistas exequíveis e viáveis, não costume retroceder a estágios ultrapassados, mantê-la a par dessas conquistas civilizatórias exige tenacidade. Se não fosse assim, seria fácil se iludir e supor que a facilitação é imprescindível. Não é. Mas o fato desse serviço ser voluntário, facultativo e livre, paradoxalmente, só amplia o seu poder. Nós temos de tecer e nutrir a rede global de solidariedade e altruísmo com nossa interação cotidiana, ou ela não terá por que existir.

A Teoria da Simbiogênese, da renomada bióloga norte-americana Lynn Magulis, segundo a qual a cooperação foi e é o principal fator que determina o desenvolvimento da vida sobre a Terra, vem ganhando crescente adesão de cientistas, estudiosos e pesquisadores. Nasceu em contraposição às teorias darwinista e neodarwinista, que atribuem à competição idêntico protagonismo. Por suposto que os processos de colaboração e de competição coexistiram através dos milênios e perduram até hoje; porém, a admissão de que temos mais cooperado entre nós do que competido, que a humanidade resulta mais de pactos e alianças do que de desacordos e conflitos (entre organismos, indivíduos, comunidades etc.), permite novo entendimento do nosso passado, enche-nos de confiança no presente e de esperança no futuro. Cooperar e colaborar são verbos imperativos do terceiro milênio.

Deixarei claro na sequência do texto que as figuras do facilitador e do interlocutor só são diferenciadas com mera finalidade didática. Afinal, todo convívio implica uma troca: eu atuo como facilitador do outro; o outro, saiba disso ou não, atua como meu facilitador. Esses papéis ora estão definidos, ora se confundem; ora se afirmam, ora se recusam; e seguem adiante, fluindo em ritmos e intervalos cambiantes, numa plasticidade cujo porvir ninguém prevê. A boa conversa, assim posta, representa a ótima ocasião para o crescimento pessoal e interpessoal, porque nela cada qual pode se mostrar como é, sem temor de não aceitação. Numa boa conversa eu sou, o outro é e ambos somos. Por isso, dialogar é assunto sério, mas não precisa nem um pouco ser sisudo.

1
Aceitação da diversidade

AQUI VOCÊ ENCONTRARÁ elementos para refletir sobre a diversidade humana. A ideia de que todos somos iguais, um dos pilares do liberalismo, nunca esteve tão ameaçada pela visão oposta: cada ser humano é diferente; sobretudo, quando visto com os olhos do outro. Mas ambas as crenças são tão verdadeiras quanto complementares. Você verá como os filtros da percepção e os processos universais de aprendizagem nos levam a conceituar e preconceituar as pessoas, as coisas e o mundo a nossa volta. Ficará claro por que aceitar e respeitar semelhanças e diferenças constitui a condição *sine qua non* que dá sentido e utilidade a toda a abordagem do texto. O capítulo inicial faz um convite para que esse processo de abertura e acolhimento se inicie dentro da gente. O facilitador precisa se aceitar e se acolher; logo então, aceitar e incluir o próximo; ao cumprir tais pré-requisitos, estará alinhado com o significado e o propósito da boa conversa. É possível e necessário tratar com reverência a singularidade de cada interlocutor que cruze o nosso caminho.

Ver sem julgar é a manifestação suprema da inteligência humana (Krishnamurti).

As aparências enganam aos que odeiam e aos que amam (Gilberto Gil).

Tem o que é e parece ser. Tem o que não é e parece não ser. Tem o que é, mas parece não ser. Tem o que não é, mas parece ser. Como você consegue saber? (Kari Hachin).

Quem ama o feio, bonito lhe parece (Adágio popular).

Não vemos as coisas como elas são, vemos as coisas como nós somos (Talmud).

Lutar pela igualdade sempre que as diferenças nos discriminem; lutar pela diferença sempre que a igualdade nos descaracterize (Boaventura Sousa Santos).

Os sentidos não enganam, mas os julgamentos sim (Goethe).

Você não é uma gota no oceano. Você é um oceano inteiro numa gota (Rumi).

A verdadeira viagem de descobrimento não consiste em procurar novas paisagens, e sim em ter novos olhos (Marcel Proust).

A ignorância está menos próxima da verdade do que o preconceito (Denis Diderot).

Não há verdade, só há percepção (Gustave Flaubert).

Ouvi dizer que os seres humanos nascem iguais e morrem diferentes. Mas também já li o contrário, que nós nascemos diferentes e morremos todos pasteurizados; quer dizer, nivelados pela contagiante mesmice. Eu acredito que as duas opiniões têm lá seu quinhão de verdade. Cada qual nasce, vive e morre ostentando sua combinação variável, porém única, de plágio e de originalidade. No que, quanto, quando, como e com qual propósito nós nos igualamos aos demais ou nos diferenciamos deles constitui o quiprocó de toda psicologia social. Trata-se de uma questão fascinante, claro, mas seria pretensioso querer abraçá-la aqui. Meu foco, por singelo que possa parecer, consiste na compreensão de que o outro tem seu modo singular, justo e legítimo de ser; e que é desejável e vantajoso, para efeito da comunicação interpessoal e da empatia, incluí-lo e acatá-lo sem reservas, independentemente de ele se parecer ou não comigo. Mas para adotar essa disposição e essa abertura com consistência teremos de adentrar no simbiótico território dos sentidos. É onde nascem e prosperam os nossos preconceitos.

Você já testemunhou observadores honestos contarem versões díspares sobre o mesmo acontecimento? Provavelmente sim. A ausência de má-fé, aqui fundamental, serve para firmar e confirmar que a relação entre percepção e realidade merece ser considerada com cautela. Na tradição ocidental, as primeiras reflexões sobre o papel dos sentidos em nossa vida vêm dos filósofos gregos da Antiguidade Clássica. O lugar-comum entre as diferentes e até antagônicas teorias elaboradas desde aqueles idos até hoje, poderia se resumir numa banal constatação: a "realidade" nem sempre coincide com o que captamos dela. As aspas remetem para o fato de a "realidade" ser infinitamente mais ampla e complexa do que conseguimos captar. Que o diga a Nova Ciência, área do conhecimento investigadora dos cenários subatômicos: conceituar "realidade" é tarefa que beira o impossível. Em todo caso, a partir de agora o termo virá sem reservas.

A verificação de que os sentidos vez ou outra se enganam, deveria nos tornar mais humildes e menos presunçosos com o que nós percebemos. As pessoas apreendem a realidade de modo próprio, e formam suas impressões particulares e legítimas. Em cada cabeça há um mundo, e haja diversidade de mundos! Admitir e aceitar isso são exigências básicas para quem lida com comunicação e, em especial, para quem queira se tornar um hábil e bem-sucedido conversador. São infindáveis os ditos populares que nos advertem: "*A aparência do pão depende da fome*"; "*O copo vazio está cheio de ar*"; "*Por fora, bela viola; por dentro, pão bolorento*"; "*Parece, mas não é*", e por aí vai. Mas por que ocorre assim? Porque a percepção não registra nada de forma isenta e objetiva; isto é, cada coisa e fato que nossos sentidos capturam sofre a interferência de poderosos agentes...

Percepção, filtros e processos

A única maneira de a percepção captar a vida real é através da ação de filtros. Os filtros perceptivos são agentes mediadores e influenciadores que atuam sobre nossa visão, audição, paladar, olfato e tato, alterando a forma como registramos os estímulos captados. Não se trata de procedimentos voluntários, e sim de forças que estão além da nossa vontade consciente. Quer dizer, trabalham à revelia do nosso desejo de controle. Os filtros perceptivos, em algum grau, mediam, modificam, padronizam, acrescentam, reduzem e/ou bloqueiam a qualidade e a quantidade dos dados que apreendemos. Eles afetam tudo o que conhecemos das realidades interna e circundante. Evite prejulgá-los de cara, pois não são "bons" ou "maus"; embora quase nunca atuem com neutralidade. Estão fundamentados nas profundezas do inconsciente; agem e se influenciam de forma recíproca e dinâmica 24 horas por dia, todos os dias do ano. Só por meio deles se dá nosso contato com a realidade, isto é, com o ambiente, com as pessoas e conosco mesmos. Queira ou não, estou destinado a lidar com meus filtros perceptivos durante a minha existência; portanto, a primeira atitude ponderada e sábia consiste em tentar entendê-los e saber como funcionam.

Nossa percepção acontece, por assim dizer, por intermédio de três filtros: 1º) filtro biológico; 2º) filtro sociocultural; e 3º) filtro psicológico.

O *filtro biológico* é nosso hardware – diz respeito ao corpo físico, que inclui os nossos sentidos e herança genética; estabelece e determina os limites corporais da percepção. As variações na visão, audição, tato, paladar e olfato de cada um de nós se encontram dentro dos contornos do que o corpo humano permite captar[1]. Somos uma espécie jovem demais para que se mostrem distinções significativas entre amarelos, negros, índios, brancos, mulatos, cafuzos, mamelucos etc. Isso quer dizer que do ponto de vista genômico, até hoje, as raças humanas são pura ficção científica.

Há uma infindável gama de estímulos que nos escapam: são cheiros que eu não sinto, sons impossíveis de ouvir, cores que não dou conta de enxergar. Não conseguimos ver como uma águia ou escutar como um cão. Apesar disso, no interior da circunscrição sensorial do gênero dispomos de sensibilidade para captar o necessário e o suficiente à nossa sobrevivência e ao nosso desenvolvimento. Posso apreciar as nuanças de um pôr do sol, reconhecer em uma sílaba a voz da pessoa querida, degustar o sabor do café, sentir o diáfano perfume do jasmim e o cálido aconchego de um abraço – convenhamos, não é pouca coisa.

Nossos sentidos também se ajustam à forma como somos socializados – é o que nos diz o *filtro sociocultural*. Família, educação, crenças, tabus, valores, preconceitos, religiões, ideologias, instituições, idiomas são algumas das forças que modelam e condicionam as pessoas de um determinado grupo a perceberem as coisas de forma similar. Quando caminham lado a lado em uma calçada, um aiatolá, um padre, um rabino e um pastor, são quatro mundos diferentes que eles veem.

O *filtro sociocultural* inicia sua influência no lar, prossegue através da escola e se consolida no convívio comunitário. Expressar emoções, pensamentos e intenções – seja com o corpo, a palavra, o silêncio, o movimento ou a quietude –, é desnudar a própria raiz antropológica. Quando alguém encontra pessoas que falam "sua língua" costuma se utilizar da expressão "*encontrei a minha tribo*", pois sente o alento da identificação, a segurança da inclusão e o conforto da continência. Daí ser a linguagem (verbal e não verbal) nosso principal filtro sociocultural, um autêntico cimento social, corresponsável pelas afinidades que nos levam a formar amigos, casais, turmas, clubes, equipes, grêmios, empresas, templos, sindicatos, partidos políticos e demais associações duradouras. Ao se comunicar a pessoa exibe, como tatuagens reveladoras, pistas dos grupos aos quais pertence.

Apesar de a biologia determinar um perfil uniforme ao conjunto da humanidade, e ainda que as características socioculturais nos dividam em agrupamentos étnicos e linguísticos, classes sociais etc., cada um de nós possui sua peculiar e solitária maneira de perceber. Esta é a lição do *filtro psicológico* – também chamado de *filtro pessoal*. Graças ao distintivo da individualidade as pessoas podem pertencer ao mesmo país, cultura, cidade, bairro, escola, família e serem diferentes entre si. Aplica-se agora o "cada caso é um caso" ou "cada um é um".

Alguém que se despertou com ótimo humor terá predisposição para achar a manhã mais colorida e agradável. E o inverso poderá ocorrer com quem tenha se despertado de baixo-astral. Aqui tratamos do indivíduo e suas peculiaridades. A mesma experiência pode causar impressões opostas até mesmo entre irmãos gêmeos univitelinos. Portanto, a ampla diversidade existente nos habitantes da Terra configura um atrativo e desafiador mosaico para a perspicácia e resiliência dos conversadores. *Humanidade* é um substantivo coletivo composto por mais de sete bilhões de seres singulares.

A trama da percepção, porém, não se detém nesses filtros, digamos, elementares. Há mais de meio século Noam Chomsky agregou maior complexidade a este cenário. Sua famosa tese de doutorado *Gramática transformacional* desafiou os fundamentos tradicionais das gramáticas estruturais e das teorias behavioristas de aquisição da linguagem. O linguista apontou três outros processos conduzidos pelo inconsciente, que também atuam sobre a percepção e influem de modo categórico em tudo o que aprendemos. Ainda que de passagem, vou apresentá-los aqui:

A O processo de *generalização* faz com que tornemos gerais experimentos sensoriais que são particulares. Basta queimar o dedo no fogo uma vez e logo aprendemos que o fenômeno se repete. Não importa em que lugar do planeta a gente esteja, o fogo é quente e pode nos ferir. Nesse caso o enredo foi positivo – a experiência gerou aprendizado e serviu para nos tornar mais sábios. Todavia, se a criança que em sua primeira ida à clínica odontológica é tratada pelo profissional com grosseria e impaciência, tem enorme chance de desenvolver a crença de que *todo e qualquer* dentista age como sádico-torturador. Aqui a generalização criou um preconceito, e essa rigidez impedirá a sabedoria.

A *linguagem* está entre as mais geniais das generalizações humanas.

B O processo de *criação* modifica as impressões que temos de uma experiência sensorial específica e faz com que registremos em nosso arquivo mental algo *diferente* daquilo que foi vivido. Por exemplo: ao retornar à rua do amigo, onde estive uma única vez, não recordo o número da residência, mas me lembro perfeitamente de que a casa era verde. Descubro então, para minha surpresa, que ela sempre foi cor de tijolo. Neste relato a criação só atrapalhou; mas em outros momentos ela pode nos ajudar – como quando, na falta de um abridor de garrafas, vejo na colher mais uma utilidade, ou quando substitui certo ingrediente em uma receita tradicional. Sem nossa capacidade de recriar a realidade o humor, as fantasias, a criatividade e as invenções seriam humanamente impossíveis.

A *arte* e a *ciência* estão entre as mais geniais das criações humanas[2].

C O processo de *seleção* nos faz focar e reter alguns detalhes da cena observada e "apagar" o resto. Há ocasiões nas quais coisas ocorrem bem diante do meu nariz e eu não me toco. Quem já não perdeu tempo procurando a chave que estava no próprio bolso? Pois é, mas também aqui a moeda tem duas faces. Graças à seleção podemos nos concentrar e distinguir o som de uma viola de arco tocando entre violinos, ou localizar o rosto de alguém conhecido em plena multidão.

Sem o desenvolvimento da nossa capacidade de *concentração* – uma das mais geniais formas de seleção – seríamos incapazes de meditar; ou de algo bem mais simples, como passar a linha pelo buraco da agulha!

De tudo acima exposto podemos concluir que a percepção é um processo neurológico complexo, múltiplo, contínuo e simultâneo. Entretanto, com o objetivo didático de ajudar em sua compreensão, podemos supor que se trata de um processo neurológico simples, único, descontínuo e sequencial. Admitindo por ora esse faz de conta: de início informações são capturadas pelos sentidos. Essa captação corresponde a um *input*, ou seja, dados são absorvidos e filtrados pelos sentidos e devidamente checados. Em seguida, a mente inconsciente seleciona e organiza as informações acolhidas, de modo a construir uma espécie de reprodução virtual do que foi percebido. Essa cópia artificial é chamada de *mapa mental*; outras pessoas preferem chamá-la de *representação interna* ou *modelo de mundo* – os três nomes são equivalentes. Quer dizer, reproduzo e arquivo na mente tudo o que experimento por meio dos meus sentidos.

É a partir do mapa mental, construído pela mente com o material percebido, que nós lidamos com a realidade e interferimos nela. Nesse aspecto, o mapa mental não difere em nada da carta topográfica de papel (dessas oferecidas em jornaleiros e livrarias) ou virtual (das que abrimos no celular ou *tablet* via Google Maps, Waze etc.) – nos serve de referência e orientação nos caminhos concretos que percorremos. Por certo há mapas mentais mais ou menos fidedignos, como há guias de cidades que são melhor detalhados do que outros. Entretanto, físico ou virtual, o mais exato dos mapas – em número e qualidade de informações – mostra-se insuficiente para captar e descrever ou retratar a inesgotável riqueza da realidade. O cientista e filósofo Alfred Korzybski resumiu essa advertência numa frase célebre: *o mapa não é o território*. O que tenho em minha mente não é a realidade, mas uma cópia imprecisa da realidade, com falhas, vazios e remendos.

Ciente disso, de que existem diferenças, algumas insuperáveis, entre a realidade (território) e o que a gente percebe dela (mapa), o conversador mantém uma fiel consideração pelas representações mentais, pessoal e alheia. Respeito pelo próprio modelo de mundo, porque através dele o facilitador se relaciona consigo mesmo, com os demais e com o ambiente à sua volta. Respeito pelo modelo de mundo do outro, porque eu não tenho certeza como a pessoa é, nem como percebe a si mesma, a mim e ao entorno. No máximo, seguindo pistas dos comportamentos e da linguagem que a pessoa usa para papear comigo, conseguirei chegar a uma ideia aproximada da sua representação interna. Não importa se o interlocutor acredita ser o dono da verdade e age como tal. Nada muda se ostenta arrogância e ignora, solenemente, que "*o mapa não é o território*". Há um expressivo contingente de pessoas que ainda crê que as coisas são exatamente como elas as percebem. Isso não surpreende nem amedronta o conversador; pelo contrário, estimula-o, pois faz parte dos inúmeros desafios da missão de facilitar.

Fato e suposição

O facilitador não submete o modelo de mundo da pessoa com quem conversa a "análises" ou "críticas". *Observe sem julgamentos!* – é o que sugerem os mestres, e é o caminho que o facilitador se compromete a seguir. Qualquer procedimento avaliativo dificultaria o propósito da facilitação de estabelecer com o outro o clima de abertura propício a uma relação empática – assunto do qual me ocuparei nos próximos capítulos. No contexto do encontro, o conversador conversa. Não é, não deseja ser e nem será juiz, advogado, psicólogo, psicanalista, terapeuta, consultor pessoal e menos ainda adivinho. Para evitar os riscos de cair em autoenganos e preconceitos, o conversador busca uma separação higiênica entre *fato* e *suposição*. Para descomplicar, o método da facilitação adota uma hipótese de trabalho inicial bastante prática: toma por *fato* tudo o que o sujeito constata através dos sentidos. Claro que esta escolha resulta em uma simplificação radical; mas que tem a vantagem de nos proteger contra a compulsão de julgar de imediato. Apenas grifo que se trata de uma hipótese de trabalho preliminar. Vejamos alguns exemplos na comunicação verbal:

Ela ficou vermelha

Se eu a vi enrubescer, tudo bem, trata-se de algo real, pois tive evidência objetiva da tez avermelhada. Em contrapartida, a *suposição* acontece quando formulo juízos de valor sobre o que foi percebido. Portanto, supor tem o mesmo peso que imaginar, criar, concluir prematuramente, deduzir de modo precipitado. A suposição pode não ser verídica; e com assaz frequência não é.

Tomemos outra frase:

Ela estava cheia de vergonha

Ao ouvir esta afirmação eu não tenho como saber se ela estava "cheia" ou "pela metade". E caso estivesse "cheia", como posso afirmar com rigor absoluto que era de "vergonha"?

O próximo exemplo mescla os dois anteriores:

Ela ficou vermelha de vergonha

A primeira parte da sentença reflete a percepção objetiva de que ela se ruborizou. Sei disso porque percebi isso – eu a vi corar. Até aqui caminho no terreno seguro do fato. Porém, passo a caminhar sobre areia movediça no instante em que crio relação de causa-efeito baseada numa suposição, alucinação ou "achismo". O complemento "de vergonha" é mera especulação. Só existe um caminho para sabermos o motivo do rubor apontado: investigando. Como? Ora, para começar, arguindo o sujeito da ação. Observe, pondere, reflita e constate que todos nós alucinamos, incontáveis vezes, no decurso de um dia. Daí o sábio conselho dos índios toltecas, do México: "*Não faça suposições!*" Quando tratamos de captar o que sucede conosco e à nossa volta, a prudência deve se tornar habitual. O guia de segurança dos facilitadores sugere para nos atermos às evidências sensoriais do diálogo – o resto pode ser suposição.

Voltemos à última cena. Talvez variados fatores me levem a acreditar que a causa do rubor foi "vergonha". Tudo bem. Entretanto, insisto que o modo maduro de lidar com tais dúvidas, se o contexto permitir e o detalhe for relevante, é perguntar à pessoa: "*Por que você ficou vermelha?*" Ainda assim, o ato de questionar, por si só, não nos assegura que a resposta obtida seja válida ou verdadeira. E estamos outra vez diante do leque das incertezas. A pessoa pode simplesmente mentir; ou, por mais sincera que jure ser, sua resposta pode indicar baixo nível de autoconhecimento, autoengano, desatenção, esquizofrenia etc. Além disso, a própria questão do "fato" apresenta outras dificuldades. Não tenho 100% de segurança que o rubor que vi na face da jovem aconteceu mesmo. Será que foi uma criação minha? Vamos admitir que tenha acontecido; não sei se foi da exata *tonalidade* que meu vizinho viu, se é que viu. Possivelmente, nem a própria pessoa se apercebeu disso, ou quiçá não faça a mínima ideia do que o causou...

Os desafios do plano gramatical ou analógico, que são grandes, mostram-se acanhados quando introduzimos no jogo da comunicação interpessoal as variáveis digitais. A modulação verbal ou variação musical da voz e a expressão corporal, notadamente a do rosto, podem virar a linguagem verbal de cabeça para baixo. Para a mensagem chegar ao outro com candura ou desdém, com sinceridade ou ironia, basta uma leve modulação vocal e algum trejeito facial. O mero piscar de olho faz com que o "sim" passe a significar "não", e o "não" passe a significar "sim". Note que a língua fala, porém o corpo diz muitíssimo mais – em gênero, número e grau. E ao juntarmos os dois, digo, os componentes verbais e não verbais, por Júpiter!, nem o céu chega a ser um limite.

Portanto, os obstáculos e as armadilhas que a busca pelo entendimento enfrenta em nossas comunicações são amplos e diversificados. Apesar de que simpatizo com Saint-Exupéry quando afirma que *"a linguagem é uma fonte de mal-entendidos"*, não dispomos de sucedâneo para a velha e imperfeita ferramenta. Paciência. Precisamos correr os riscos de nos comunicar, e dialogar segue sendo o melhor e mais singelo meio para a gente tentar se entender. A prudência recomenda ir devagar e pela sombra. O filósofo hindu Krishnamurti nos instigou: *"Ver sem julgar constitui a manifestação suprema da inteligência humana"*. Podemos expandir o ditame: *"Ver, ouvir e sentir sem julgar é a manifestação suprema da inteligência humana"*. O facilitador trata de perceber e evitar interpretações prematuras do que percebe. Para começar, observa e respira; em seguida, pondera, investiga, e respira; depois, respira e reflete sobre suas impressões. O respirar está proposto aqui como um intervalo que convida ao comedimento. Apenas após esses cuidados, caso seja importante e imprescindível fazê-lo, o conversador avalia, respira e se posiciona de maneira aberta e assertiva.

Respeito pela diferença, respeito pela semelhança

Se o mapa mental de cada ser humano é único, não se equivoca quem deduz que suas emoções, pensamentos, atitudes e comportamentos também o sejam[3]. À vista disso, o respeito pelo outro, que se inicia com a aceitação do seu mapa mental, deve necessariamente se estender para aceitação das suas emoções, pensamentos, atitudes e comportamentos. É requisito crucial para a prática da boa conversa. Sem consideração pela forma peculiar de a pessoa perceber a realidade e expressá-la a seu modo, não dá nem para se começar a falar com honestidade em diálogo, e menos ainda em empatia e facilitação. Essa é uma exigência imediata na reeducação do conversador. Sim, reeducação; pois a maioria de nós foi educada – com mais exatidão, condicionada – para aceitar e acatar como "normais" e "aceitáveis" só as percepções, crenças, valores e condutas semelhantes às nossas. O acatamento da diferença é algo recente na história; ainda representa uma árdua e apenas parcial conquista da civilização. Não são poucos os que, entre nós, se incomodam com a diversidade, com o ter de admiti-la e conviver com ela. Os membros da nossa espécie ainda matam e morrem por motivos fúteis, como o fim de um romance, uma opinião adversa ou um revés no futebol.

A facilitação reconhece variadas formas e graus de violência no trato interpessoal. Agressividade, sarcasmo, arrogância, ironia e indiferença são algumas delas. Dedicarei espaço para tratar de uma das piores; negligenciada a ponto de ser vista e tratada como banal e inofensiva – a *invasão de mapa mental*. Constatamos invasão de mapa sempre que o indivíduo se vale da sua própria percepção para julgar, desconsiderar, agredir ou desprezar a percepção do outro. Vale destacar que em grande parte das vezes, o invasor é movido por nobres intenções. A carapuça nos serve sob medida, pois nós somos, diariamente, mais ou menos invasores e invadidos. Há invasões quase inócuas e inocentes – como quando os pais sentem frio e obrigam a filhinha a usar um agasalho, apesar de ela dizer que não quer. Há invasões aviltantes – como quando o chefe autoritário apresenta um argumento e o empregado concorda, para evitar ser humilhado ou demitido, embora pense de modo contrário. E ocorrem inúmeras outras invasões de mapa, suaves ou duras, involuntárias ou deliberadas, todas amarradas por um nó comum: a rigidez perceptiva do invasor. A facilitação é um método de comunicação não violenta, e tem como critério inegociável a aceitação, o acolhimento e o absoluto respeito pela forma de o outro perceber e se expressar.

O conversador respeita e reverencia o modelo de mundo do interlocutor. Mas note que esse desvelo para se evitar qualquer gênero e grau de violência – recomendado com insistência ao largo do texto – nada tem de "estranho" ou "artificial". No cotidiano, sejamos conscientes ou não, nós nos esforçamos para agir assim. Se fôssemos incapazes de acolher o jeito de os outros serem, não teríamos os amigos, cônjuges, parceiros, clientes, colegas, sócios e colaboradores que temos. Às vezes até relevamos rusga, desconforto ou irritação, se quem invadiu nosso mapa foi um ente querido ou alguém de quem nós dependemos. Será que teríamos conduta tão condescendente com desconhecidos? Ou, pior, com algum desafeto? A resposta mais certeira é "não". E retornamos ao pernicioso e renitente vício de se usar "dois pesos e duas medidas".

Pare um momento, respire fundo, feche os olhos e pesquise o grau de maleabilidade que existe na sua teia de vínculos afetivos. Quase sempre a generalização cabe como uma luva: com as pessoas que guardamos do lado esquerdo do peito costumamos demonstrar maior flexibilidade, paciência e disposição para rever, reconsiderar, aceitar ou perdoar. O líquido e certo é que não costumamos ser tão flexíveis, magnânimos e até compassivos com quem nos inspira desconforto. De resto, o conversador tem diante de si a provocante missão de lidar com o mapa mental de cada interlocutor, seja este quem for, com idênticos zelo e acatamento dedicados aos mapas mentais das pessoas com as quais simpatiza. Por isso, facilitar é escolha voluntária. Trata-se de uma prática simples e exequível; mas que exige força de vontade e espírito altruísta.

Tolerância e aceitação

Respeito pelo mapa mental alheio! Esta deve ser uma atitude cotidiana e permanente, mas que tem lá suas reais dificuldades. Nossa inclinação natural, fundamentada em predisposições biológicas, nos faz manifestar afinidade e simpatia pelas pessoas parecidas conosco. A neurociência comprova isso com facilidade. A verdade não é que "os opostos se atraem"; embora isso possa, ocasionalmente, ocorrer – devido à notável capacidade que nós humanos temos de nos adaptar. Mas a regra de ouro determina o contrário: *semelhante atrai semelhante*. Física, social, cultural ou seja lá qual for, a identificação representa uma irresistível força atrativa; e que, de forma inconsciente e espontânea, nos faz compor alianças, grupos e classes. Fração relevante desse resultado é endossada pela educação e pela socialização. Portanto, os laços interpessoais sucedem numa espécie de simbiose circular: somos sociais porque biologicamente somos mamíferos gregários; e somos seres humanos porque ensinamos ao animal que há dentro de cada um de nós a criação e o desenvolvimento de vínculos afetivos. Esse processo dinâmico e recíproco dá ao ímã da semelhança sua aparência de naturalidade: a biologia começa um amplo trabalho que é socializado pela cultura, que é individualizado pela psicologia, que é expandido pela espiritualidade; e a roda gira[4].

Sendo a atração pelo igual nossa tendência intrínseca, já podemos prever a série de embaraços e obstáculos enfrentados pelo estatuto da diferença. Desde o pleistoceno, palco do primeiro *homo erectus*, até agora, nosso enredo delata a constante peleja para conviver com o que não é espelho. Um painel conciso da evolução das ideias através do tempo poderá nos ajudar a entender a dimensão e a abrangência dessa questão. Assim como os historiadores veem na invenção da linguagem escrita o marco divisor que separa a pré-história da história, a partir de uma perspectiva ocidental, pelo menos três textos ilustram a passagem da intolerância com nossas diferenças para a tolerância, isto é, a transição evolutiva da pré-civilidade para a civilidade. Ou ainda, com outras palavras, a mudança do estilo de vida medieval, baseado na ética religiosa e rígida, para o estilo de vida moderno, fundado numa ética liberal e mundana. Estou falando da *Carta sobre a tolerância*, de Locke, do século XVII; *O que é esclarecimento?*, de Kant; e do *Tratado sobre a tolerância*, de Voltaire, ambos do século XVIII. Esses escritos resumem o colossal empenho do pensamento europeu para se livrar da austera mentalidade eclesiástica e adentrar o território da razão. Buscava-se criar um arcabouço jurídico que pudesse suportar e refletir os anseios liberais da época, sintetizados no ideário da Revolução Francesa: igualdade entre os homens, convivência social fraterna e liberdade individual. Porém, o caminho que as ideias inovadoras percorrem até se tornarem consuetudinárias, quer dizer, tornarem-se práticas aceitas como naturais e adotadas no cotidiano, costuma ser largo, sinuoso e cheio de atropelos. Pois é nesse período de intensas e múltiplas lutas físicas e de ideias que podemos localizar o princípio do respeito à diversidade na moderna sociedade civil. De lá para cá nós viemos realizando notáveis avanços. Apesar disso, a leitura das manchetes diárias pode nos fazer crer que o convívio harmônico das diferenças é batalha perdida, que as forças da intransigência, do conflito e da desunião são maiores e mais fortes do que as forças da temporização, da paz e da união. Logo veremos que a realidade é outra.

Acesse agora a internet e confira: são incontáveis as organizações sem fins lucrativos que atuam para melhorar as condições de vida no planeta; embora a mais famosa e representativa delas, a ONU, seja considerada tímida em comparação com entidades menores e pouco conhecidas. O fenômeno das redes sociais tem sugerido que o futuro próximo trará inovações no contato inter-humano que hoje nem sequer imaginamos. A chamada economia solidária ou colaborativa cresce e prospera, gerando chances de trabalhos e salários compartilhados, em lugares antes dominados pelo individualismo e pela ganância. Onde constatamos problemas, e eles estão por todos os lados, podemos optar por ver a vida buscando soluções criativas. Quando perguntaram a Napoleão em que momento deveriam começar o ensino dos rebentos, o célebre general, que era também um pensador arguto, respondeu sem titubear: "*A educação infantil deve se iniciar cem anos antes de a criança nascer, através da educação dos seus avós*". E estamos seguindo nesse caminho. Há mudanças em ritmo acelerado da forma e do conteúdo dos processos educativos. Não sem resistências e sem barreiras, mesmo com retrocessos circunstanciais, começamos a preparar novas gerações para as exigências de uma sociedade plural, mais consciente e ecológica, menos consumista e individualista. Visões pedagógicas arcaicas e tradicionais cedem lugar a abordagens fundadas nos valores humanistas e na solidariedade. É nesse ambiente de abertura para novas possibilidades que se insere a atual discussão sobre nossa convivência. Na Europa de trezentos anos atrás ser tolerante com diferenças de opinião e de comportamento era conduta arrojada e constituía uma inegável demonstração de liberalismo. Mas hoje, nas sociedades que se pretendem abertas e progressistas, tolerar já não basta, tornou-se insuficiente. Necessitamos ensinar e praticar a aceitação plena da singularidade do outro. Aceitar está muito além de onde o conceito de tolerância pode pretender chegar. Enquanto tolerar sugere concessão, gentileza ou mercê, quase um favor, aceitar traduz a demonstração de acolhimento incondicional do outro. Tolerar parece coisa do século XVIII; aceitar é missão do século XXI[5].

O biólogo José María Gómez, da Universidade de Granada, e uma equipe de renomados colegas, publicaram na revista

Nature, em setembro de 2016, um minucioso estudo sobre a variação do nível de violência interpessoal ao longo da história da espécie humana. Os resultados indicam que na Idade Média as mortes causadas por lutas, crimes e guerras atingiam cerca de 12% da população. Numa projeção para nosso tempo, após o advento do Estado Moderno e demais conquistas civilizatórias, estima-se que esse índice veio decaindo, e que flutue atualmente em torno de 2%. O artigo reforça a tese do psicólogo e linguista Steven Pinker, a ser vista no último capítulo do livro, de que a violência no mundo vem diminuindo; e dá novos ânimo e respaldo aos movimentos em prol da paz mundial, ainda tomados por muitos como esforços irrealistas[6].

O monge budista e pesquisador Mathieu Ricard, intérprete e colaborador do Dalai Lama, autor do livro *A revolução do altruísmo*, garante, com base em extensas investigações de laboratório, que basta um treinamento de quatro semanas, com vinte minutos diários de meditação afetiva, para que se produza uma mudança estrutural no cérebro, capacitando as pessoas a atitudes e comportamentos mais abertos, pacíficos, amorosos e cooperativos. Portanto, admitir como possibilidade que no futuro próximo, a despeito dos eventuais ou inevitáveis contratempos, as pessoas passarão a adotar posturas mais fraternas e solidárias, não é absurdo algum. O declínio da violência letal é simultâneo ao crescimento do altruísmo. A luz no fim do túnel não é o trem vindo em sentido contrário, é a esperança real acenando para nós.

Diversidade: plural e singular

É de Alfred Whitehead, ilustre matemático e filósofo inglês, o seguinte pensamento: "*O ritmo de mudança em nossa época é tão rápido que um indivíduo, ao longo de sua vida, é levado a enfrentar novas situações jamais experimentadas. A pessoa com crenças definitivas, dedicada a tarefas imutáveis, que era anteriormente considerada uma dádiva divina, será um perigo público nos tempos que virão".* Nenhum texto poderia ser mais atual, apesar de que Whitehead o escreveu há mais de sessenta anos. Os comportamentos tradicionais, padronizados e repetidos, tão bem expostos por Charles Chaplin em "Tempos modernos", há muito não funcionam nem satisfazem. Convivemos em uma sociedade que só recentemente se descobriu diversificada; e o modelo a ser seguido hoje, às vezes, é não ter modelo para se seguir. Todos somos iguais; entretanto, nenhuma impressão digital, íris, timbre de voz ou qualquer outro ínfimo detalhe pessoal se repete. O indivíduo parece viver em uma encruzilhada dinâmica, mas pontual e exclusiva, entre o ser plural e o ser singular, entre o pertencimento à coletividade e sua insofismável solidão.

"Porque sou homem, nada do que é humano me parece estranho." A frase é de Giordano Bruno, filósofo napolitano condenado pela Santa Inquisição e morto na fogueira em 1600. *"Tudo o que não enfrentamos em nós mesmos encontramos como destino."* A tese é do psicanalista suíço Carl Jung, um ícone do século passado. Ambas as afirmações sugerem que o destino de cada ser humano é acolher sem estranhar o amplo espectro das suas peculiaridades. E entretanto, o Império da Normalidade – composto pelos padrões dominantes de classe, sexo, raça, poder, religião, *status*, costumes etc. – produziu maior número de vítimas fatais do que as guerras do passado e as atuais somadas. O medo e a culpa de ser divergente do padrão dominante contribuíram mais para criar sofrimento e vidas infelizes do que todas as pandemias da história. A fatura tardou a chegar; mas chegou com juros e não há como desconhecê-la ou deixar de honrá-la. Logo, não deveria causar surpresa nosso tempo chamar para si a responsabilidade de pagar essa conta.

Dentre as destacadas transformações que testemunhamos, nenhuma se compara à libertária ascensão do gênero feminino nos mais distintos escalões da vida social. Esse cenário positivo veio sendo construído com sacrifícios e sem a mínima delicadeza. O Anuário Brasileiro de Segurança Pública de 2018 assinala que 66 mil mulheres foram vítimas de estupro. No primeiro semestre de 2020, só o Estado de São Paulo registrou 87 feminicídios; 63% desses crimes ocorreu dentro de casa, e em grande parte foram cometidos pelos companheiros ou ex-companheiros das vítimas! Na Índia, as estatísticas são ainda mais aterradoras. E apesar de todos os pesares, a mudança ocorre de maneira consistente, irreversível e favorece toda a sociedade. O próprio homem se beneficia, ainda que se sinta confuso e inseguro diante dos desafios impostos aos papéis masculinos pela nova realidade. Paulo Freire já nos ensinava que não se pode libertar os oprimidos sem a concomitante libertação dos seus opressores. Mesmo que o débito da humanidade para com as mulheres seja, talvez, impagável, tem servido de emblema para a quitação das outras dívidas.

O advento das paralimpíadas ilustra o espírito integrador que inspira esse momento de transição, e confirma a distância que nos separa do bárbaro perfeccionismo grego, quando bebês doentes ou disformes eram mortos no nascedouro. Políticas de inclusão social – quotas para minorias, acessibilidade etc. –, apesar de preliminares, representam uma evolução. Assentos especiais nos transportes públicos para gestantes, idosos, obesos e adultos com criança de colo – um indicador pálido de civilidade – seriam impraticáveis poucas décadas atrás. São inegáveis as evidências de que estamos caminhando para a frente. Mas mesmo assim, ser diferente continua tendo custo elevado. A ousadia se paga com o sofrimento em quotas parceladas – como o jovem que põe um alargador na orelha e ouve humilhantes piadinhas diárias; e até o canhoto que, por incrível que pareça, em vários lugares, ainda é pressionado para se tornar destro; ou o sofrimento se quita de uma só tacada, com a vida –

como os homossexuais, atirados da cobertura dos prédios pelo Estado Islâmico ou, sem precisar ir tão longe, assassinados impunemente nas terras brasileiras. É lamentável que sigamos adotando práticas violentas típicas da Idade Média. No geral, ainda existe muita leniência com a intolerância, e uma assombrosa dificuldade de se criar leis duras para coibir o assédio moral e o *bullying*, ou de se imputar o racismo como crime hediondo. Esses dados da realidade confirmam o longo caminho que temos de percorrer até que nenhum ser humano careça de aceitação, respeito e solidariedade.

Pois bem, interagir com pessoas diferentes pode ser causa de incômodo para o conversador. É natural e compreensível que seja assim. Mas se o grau do embaraço do sujeito for significativo, o atalho que sugiro é o terapêutico. A terapia gera inegáveis proveitos para o cliente quando o profissional e a abordagem são bem escolhidos. Contudo, se a diferença exposta diante do conversador puder ser suportável, quer dizer, se o desconforto sentido não o intimidar, a minha sugestão é que encare seus entraves, aprenda com eles e se esforce para vencê-los. Por exemplo, conversar com alguém que possui limitação específica, digamos, que não enxerga, não se movimenta ou é portador de doença grave, costuma ser impactante. Sobretudo para quem vivencia pela primeira vez esse tipo de situação, não seria incomum ser tentado pela ilusão de que ele próprio, o facilitador, é privilegiado por lidar com um coitadinho. Mas na prática desse serviço – veremos isso no avançar do texto – não existem coitadinhos. O que conta para a facilitação é a essência da pessoa; e no que tem de essencial, não há um único ser humano que difira do outro.

Na fluência da conversa, comparar gente com gente é um ato de violência. As comparações têm sido responsáveis por larga parcela dos flagelos humanos. Seja na privacidade doméstica, no trabalho ou onde for, o uso desse expediente mais causa problemas do que os resolve, mais nos afasta do que nos aproxima. Por conseguinte, o facilitador jamais compara; vê os outros como iguais até quando apresentam as mais chamativas distinções. Ainda que só a prática confira cancha para o conversador agir com naturalidade em situações nunca vividas, todas as conversas empáticas se parecem, já que tratamos o interlocutor como um companheiro de jornada, e estamos ali para ouvi-lo e apoiá-lo.

A diferença posta diante do facilitador pode não ser uma variação física, mas comportamental; e aqui, inexiste área tão suscetível de tensões, paixões, ignorância e preconceitos quanto a da libido. Na última década o entendimento da civilização ocidental sobre a sexualidade humana deu um salto quântico; contudo, nem essa ruptura bastou para vencer o atraso milenar que continua envolvendo o tema. Daí a facilitação da diversidade sexual merecer referência à parte. Seguindo na mesma linha da orientação exposta parágrafos acima, caso o facilitador não esteja em paz e harmonia com suas inclinações libidinais, o procedimento correto é desistir da empreitada e procurar fazer terapia. Sendo malresolvido sexualmente, o servidor poderá tropeçar nos próprios medos, desejos ou preconceitos, e terá grande probabilidade de nada facilitar. Dito isso, a vida sexual do outro ao outro pertence, e ponto.

Para melhor clarear a questão, vou resumir a ópera: gênero sexual é o sexo de nascimento da pessoa; e orientação sexual é a direção que a pessoa dá ao seu desejo de prazer. O gênero e orientação sexuais afetam a forma como o sujeito percebe o mundo, seu mapa mental e a linguagem com a qual se exprime. Se somarmos o que foi confirmado cientificamente + o currículo da pessoa + as múltiplas hipóteses de trabalho, teríamos material para escrever milhares de tratados sobre a comunicação, a empatia e os vínculos interpessoais de homens, mulheres, hermafroditas, *gays*, lésbicas, bissexuais, transgêneros, *crossdressers*, poliafetivos, travestis, assemelhados, simpatizantes, pós-classificados e inclassificáveis. Não bastasse tudo isso, as linguagens são transgredidas e reinventadas para se adaptar aos dramas e comédias do momento da vida da pessoa. Por mera razão estatística, os modelos genéricos de comunicação e relacionamento têm maior aceitação e prestígio. Todavia, nesse terreno incerto, nem o facilitador calejado está a salvo das cascas de banana e do inesperado. O que poderia ser a grande vantagem da generalização se torna também a sua grande desvantagem, pois para satisfazer sua necessidade de prazer cada qual percorre uma rota singular. Se o psicanalista Jacques Lacan estiver correto em sua profecia herética, em algum momento do futuro o gênero do bebê será irrelevante na definição da sua orientação sexual; e os adultos não terão a menor preocupação sobre quem prefere quem ou faz o que na cama.

A título de ilustração, vejamos o modelo comum da comunicação e da troca interpessoal do casal homem-mulher. A mulher "genérica", ou mulher "normal", quando se sente chateada ou magoada, precisa pôr para fora suas emoções e seus sentimentos, e o meio urgente para tanto é o diálogo explícito com outras pessoas – a mulher "normal" *precisa* extroverter, *precisa* de contato social, *precisa* falar! Uma vez satisfeitas essas necessidades, ela até poderá se permitir um solilóquio, ficar calada ou meditar em silêncio. Mas só depois de extravasar. Impedi-la de verbalizar sua tristeza, de colocá-la para fora, constitui uma severa agressão à sua natureza feminina. O modelo do homem "genérico", ou homem "normal", quando chateado ou magoado, tem necessidade de entrar em íntimo contato com suas emoções e seus sentimentos, e o primeiro meio para isso é o silêncio externo e o diálogo interno. O homem "normal" *precisa* introverter, *precisa* de solidão, *precisa* ruminar calado! Após haver saciado essas suas necessidades, ele até poderá se tornar falante, abrir-se ao diálogo e discutir o assunto. Mas só depois de viver a contenção. Impedi-lo de silenciar e de experimentar dentro de si a tristeza constitui uma grave ofensa à sua natureza masculina. É mais do que provável que a maior parte das leitoras e dos leitores se identifique com essas generalizações descritas. Entretanto, todos nós conhecemos mulheres lacônicas, fechadas e concisas; e conhecemos homens falantes, abertos e mesmo prolixos...

As generalizações são didáticas, mas são generalizações. É complicado se deixar levar por elas. Não importa qual seja o local ou o teor da conversa; quem está diante de mim é um ser singular e único, e isso basta para que o trate como ele deseja ser tratado. Talvez ao longo do papo eu venha a saber algo sobre quem a pessoa é; talvez nem após décadas de convívio. Seria um equívoco pressupor ou expectar determinado tipo de ação ou reação. O simples fato de o interlocutor ser ou aparentar ser de determinado gênero ou orientação sexual é, para começo de conversa e criação da empatia, insignificante. Ademais, nada impede que a pessoa tenha se comportado do modo "X" agora, e amanhã venha a se comportar de modo "Y". Isso não significa, mecanicamente, personalidade bipolar, inconsistente ou esquizofrênica – pode ser a lista telefônica da cidade de Xangai de alternativas. E embora Freud tenha afirmado ser quase impossível conciliar as exigências do instinto sexual com as da civilização, morreu em 1939; quer dizer, não viveu o bastante para testemunhar a revolução sexual e ser desmentido pelos fatos. Ao menos no Ocidente, apesar de todos os pesares, nunca estivemos tão próximos de ajustar sexo e sociedade.

Enquanto facilitador, por via das dúvidas, traga sempre presente, na sua mente e no seu coração, o compassivo conselho de Jung: "*Conheça todas as teorias, domine todas as técnicas. Mas ao se aproximar de uma alma humana, seja apenas outra alma humana*". Mantenha-se aberto, receptivo e se abstenha de suposições. Não queira julgar; queira apenas conversar. Conversar basta, de alma humana para alma humana. Que o outro – enquanto durar o encontro – se sinta tão incluído, aceito e respeitado, que tenha coragem e orgulho de ser natural. Pois a ideia de normalidade resulta apenas de uma ditadura estatística; e como toda ilusão, gera rigidez e ansiedade nas pessoas, e não coisas boas. Além do mais, com toda certeza, como canta Caetano Veloso, *"de perto ninguém é normal"*.

Cuidar da percepção

Invariavelmente, os cursos de formação terapêutica incluem, em seus conteúdos programáticos, os temas da neutralidade e da isenção. O que se pretende é garantir que o olhar do profissional seja o mais imparcial possível. Claro, facilitação não é terapia, e conversador não é terapeuta. Mas esse cuidado com os próprios filtros perceptivos deveria ser adotado por todos, pois é extremamente saudável. É disso que falo. Por mais que alguém se dedique a manter limpos os seus filtros, o dia a dia das interações sociais termina por contaminá-los. Também é verdade que nem a assepsia mais exaustiva tem condições de nos garantir percepção 100% isenta. Ainda assim, o ideal é que o conversador incorpore as rotinas de limpeza como algo importante em sua vida. Ora, exercitar-se vez ou outra não conduz a resultados brilhantes. Portanto, o que recomendo aqui não raro tropeça na falta de continuidade. É igual aos programas de condicionamento físico e aos regimes alimentares; se não houver determinação, disciplina e persistência, o saldo será pífio. Quiçá nem isso.

Em princípio, qualquer atividade que proporcione clareza à mente e paz ao coração ajuda a deixar a percepção mais equilibrada e neutra. Prove o lazer, os esportes, as artes, a meditação, as terapias. Descubra o que convém a você e inicie hoje. Entre as opções citadas, a meditação é a que costuma apresentar melhor relação custo X benefício. Apesar de que não há nada que substitua um bom mestre, para começar a meditar basta fechar os olhos, respirar regular e suavemente e silenciar o diálogo interno. Note que em quaisquer das sugestões acima, o que se busca é, antes de mais nada, proporcionar ao conversador a experiência de calma interior. Se isso ocorre com regularidade e intenção sincera, o sujeito da ação desenvolve, aos poucos, consciência proprioceptiva e espírito apaziguado. Estes são requisitos básicos para se obter uma percepção mais respeitosa e reverente de si mesmo, da pessoa do outro e do ambiente. Talvez só os seres iluminados consigam o completo e total triunfo sobre os prejulgamentos. Contudo, nada deve nos impedir de persistir no propósito de educar os sentidos para, pelo menos, não julgar de maneira leviana, apressada ou irresponsável. Isso já será uma grande vitória!

2
Empatia é uma dança

AQUI VOCÊ ENCONTRARÁ uma introdução ao tema da empatia, os tipos de linguagem, os preceitos do acompanhamento e da condução, e o que fazer diante dos conflitos. Você sabe que não precisou de livros para se relacionar bem com as pessoas e ter os amigos que tem; e não existe amizade sem empatia. Todos nós possuímos uma competência nata para o convívio que vem gravada no DNA. As descobertas da neurociência confirmam que a biologia comanda mais as nossas biografias do que gostaríamos de admitir. O capítulo se empenha em mostrar e ensinar à mente consciente o que a mente inconsciente já faz com sabida e reconhecida habilidade. Se você passar a ter à disposição da vontade meios de criar e fortalecer vínculos empáticos ampliará sua capacidade de responder às circunstâncias em uma proporção até então desconhecida. Usar esse saber pessoal com responsabilidade para servir ao próximo resume e ratifica a missão dos facilitadores.

Empatia é a mais radical das emoções humanas (Gloria Steinem).

Como distinguir a dança do dançarino? (William Butler Yeats).

Não é o ritmo e os passos que fazem a dança, mas a paixão que vai na alma de quem dança! (Augusto Branco).

Quem vive no mar vive no mar. Quem vive na floresta vive na floresta (Provérbio chinês).

Quando percebo, não penso o mundo, ele se organiza diante de mim (Merleau-Ponty).

Ser empático é ver o mundo com os olhos do outro, e não ver o nosso mundo refletido nos olhos dele (Carl Rogers).

Os limites de minha linguagem significam os limites do meu mundo (Ludwig Wittgenstein).

Quando me preparo para falar para as pessoas, passo dois terços do tempo pensando o que querem ouvir, e um terço pensando o que quero dizer (Abraham Lincoln).

A atenção é a mais estranha e pura forma de generosidade (Simone Weil).

Deixa-me entrar, deixa-me ver um dia como me veem os teus olhos (Julio Cortazar).

Três quartos das misérias e mal-entendidos do mundo terminariam se as pessoas calçassem os sapatos dos seus adversários e tentassem entender os seus pontos de vista (Mahatma Gandhi).

Abra os olhos da mente e imagine as seguintes situações:

1) No evento social você é atraído por uma cena curiosa. Aquele convidado que chegou há pouco sozinho, e não conhecia ninguém, passados alguns minutos, integrou-se num grupo ruidoso e animado. Ele interage com as pessoas mostrando tamanha naturalidade e desenvoltura que até parece estar cercado por amigos de infância!

2) Você liga a TV, vai mudando de canal e para em uma opção esportiva. Na tela passa a final do campeonato europeu de hóquei sobre patins. A equipe azul está vencendo o jogo e desliza sobre o gelo numa ágil e perfeita coreografia: há fluidez, precisão e sinergia entre os jogadores. Ah, e vale dizer, eficácia também – tanto que a diferença do placar é gritante.

3) Na fila do cinema duas pessoas atraem seu olhar. Trata-se de um casal discretamente abraçado, e que exala um clima quase palpável de afeto, confiança e cumplicidade. Dá gosto de ver.

4) Você vai ao restaurante em que é cliente costumeiro. Embora os garçons sejam todos conhecidos e gentis, você tem preferência por um que, embora não seja o mais experiente deles, tem o dom de deixá-lo mais à vontade.

5) Um amigo comenta entusiasmado: "Lembra do Pedro? Pois é, há seis meses que eu não falava com ele, e aí senti vontade de ligar. Quando cheguei ao escritório tinha um recado para mim. Adivinha de quem?!"

6) No jornal diário, na seção "Curiosidades", você lê sobre dois cientistas de culturas muito diferentes, e afastados entre si algo em torno de 10 mil quilômetros. Eles não se conheciam, e tampouco o trabalho um do outro, mas publicaram ao mesmo tempo descobertas similares, sem que houvesse no episódio qualquer evidência de plágio.

O que há de comum nas seis situações esboçadas acima? Em cada uma é possível detectar a imanente presença da empatia. Ou seja, sem empatia nenhum desses relatos teria sido possível. Ela atua, em forma, conteúdo e intensidade variadas, onde quer que seres humanos se relacionem entre si com afeição, afinidade, harmonia, entendimento, semelhança e/ou confluência de interesses. Até mesmo se a distância e o tempo os afastam. Muito bem, mas o que *é* empatia? O conceito será construído no decorrer das próximas páginas, e já o sintetizei no capítulo anterior: trata-se da conexão ou vínculo interpessoal caracterizado por simpatia, afinidade e afeição recíprocas. Elucidar rapidamente as situações acima enumeradas ajudará a ampliar e aprofundar a compreensão, pois nenhuma delas foi acidental.

No relato inicial, o convidado desconhecido e solitário, por assim dizer, "encontrou a sua turma". A chave que possibilitou sua fulminante identificação e, subsequente, integração social foi "falar a língua do grupo". Trata-se de um implacável ciclo virtuoso: onde há empatia as pessoas se comunicam por meio de um código linguístico comum; e onde as pessoas utilizam entre si uma linguagem comum há maiores chances de que se estabeleça empatia. No segundo exemplo, o time vencedor se tornou mais do que a mera soma de talentos isolados; isto é, logrou desenvolver entre seus integrantes um verdadeiro "espírito de equipe". A harmonia entre as individualidades e o conjunto pode ser confirmada na coreografia executada com perfeição. O placar favorável comprova que em uma equipe de trabalho (ou de lazer etc.) bem entrosada a eficácia tende a se multiplicar. Na terceira cena é notório o clima de confiança, afeto e cumplicidade que foi criado pelo casal. Também notaríamos se acontecesse o inverso; se o par vivenciasse discórdias e conflitos, o "clima" em sua volta ficaria frio igual a gelo e pesado feito chumbo. A quarta situação, o contexto do restaurante, ilustra as nossas habituais preferências. E preferência no caso significa que nos sentimos atraídos por quem demonstra ser particularmente atencioso conosco. O mais correto seria dizer que cliente e garçom, de modo espelhado, escolheram um ao outro. O penúltimo e o último relatos, embora também pertençam ao âmbito da empatia, serão apenas ventilados neste livro. Testemunham situações nas quais a conexão empática acontece sem contato ou proximidade física. Mas isso é possível? Sim. No final do texto, de forma abreviada, irei expor teorias e hipóteses científicas para tais fenômenos, que nada têm de absurdos, raros ou excepcionais.

A palavra "empatia" vem do grego; o prefixo *em* quer dizer "dentro", + *pathos*, que quer dizer "sentimento". Seu significado usual traduz o que experimentamos ao nos colocarmos no lugar do outro, vendo com seus olhos, ouvindo com seus ouvidos, cheirando com seu nariz, degustando com sua língua, sentindo com sua pele e suas emoções, e pensando com sua cabeça – leia, pensando com seu mapa mental. A essência do conceito, porém, nos remete à "sintonia fina" surgida *quando* há reciprocidade; quer dizer, *quando* pessoas se permitem contemplar o mundo a partir da percepção umas das outras. De praxe, a vivência de compartilhar abordagens comuns cria na gente sentimentos de inclusão, afinação, harmonia e até de intimidade. Existe uma poética vizinhança entre o conceito de empatia, como o entendo, e a definição de amor dada por Saint-Exupéry, embebida de cultura muçulmana: "*Amar não é olhar um nos olhos do outro, mas os dois olharem na mesma direção*". Partilhar de algum enfoque idêntico ou similar costuma "aproximar as almas"[7].

Também há cercania entre as ideias do parágrafo anterior e as visões filosóficas que atribuem ao encontro interpessoal empático o poder de nos plasmar. Martin Buber adverte "*que ninguém tente debilitar o sentido da relação – relação é reciprocidade*". É nesse sentido que simpatia e reciprocidade ensejam empatia. Tal como na "psicologia do encontro" ou *psicodrama*, a técnica terapêutica de Jacob Moreno: para que haja verdadeiro encontro é imprescindível haver aceitação plena e recíproca entre as pessoas reunidas. Somente nessas condições nós conseguimos ser espontâneos, e a espontaneidade é o ser humano no estado da arte. O afamado poema de Moreno nos transmite isso ao ditar: "*eu te olharei com os teus olhos e tu me olharás com os meus*". Fica patente a profunda e dinâmica correspondência entre empatia, querer recíproco e ser/estar espontâneo.

Apesar de os experimentos nos laboratórios indicarem que a empatia e a bondade têm suas "origens" em lugares diferentes do cérebro humano, e que, provavelmente, respondem a procedimentos neurais bastante peculiares, as vivências interpessoais da vida vivida me autorizam a acreditar em uma íntima ligação entre uma e outra. Ainda que o lastro condutor dessas páginas seja o foco na conversa empática, onde se leia empatia se deve ler também a prática intencional da bondade. Pois como nos lembra o Dalai Lama, "*estamos dotados de maravilhosa inteligência e da possibilidade de desenvolver um coração afetuoso. Todos e cada um de nós podemos nos transformar em uma força para o bem*". Nós, conversadores, acreditamos nisso e praticamos isso. A prática da facilitação se dá por intermédio da boa conversa, e a boa conversa é uma força para o bem.

Tida como uma das mais importantes descobertas neurocientíficas nas últimas décadas, a célula batizada de *neurônio-espelho* pode ter papel crucial na explicação dos fenômenos da imitação e da linguagem humanas. Esse neurônio funciona como um tipo de gatilho que dispara quando o sujeito observa alguém executando uma ação. Ato contínuo, o observador passa a adotar, automaticamente, de maneira inconsciente, o comportamento observado no outro, ou algum que se aproxime dele. E vice-versa, para quando vemos alguém fazendo o mesmo que nós. O fato endossa o ponto de vista segundo o qual a similaridade dos comportamentos sociais é sustentada por uma base biológica. Essa ideia – de ressonância ou ressonância mórfica – retornará em outros trechos do texto, e apenas darei aqui um dos exemplos mais banais: nos grupos de amigas que atravessam juntas a puberdade, basta a primeira delas menstruar para que o processo se acelere em cascata e atinja todas as demais. Como um eco ressonante, o neurônio da empatia atua nos fazendo parecer iguais.

Independentemente da nossa predisposição instintiva para imitarmos uns aos outros, do embrionário conhecimento sobre a complexidade do cérebro, e do tanto que ainda temos por descobrir, podemos escolher criar relacionamentos empáticos de modo voluntário. Tal propósito resume grande parte do presente capítulo, posto que a empatia é condição necessária para que a boa conversa aconteça. Dito ao contrário: sem ela é impossível o diálogo fluir sem temores e prosperar sem tropeços. Por essa razão, o conversador ambiciona se tornar um criador consciente de empatia; almeja dominar a arte de ver a realidade com os olhos do outro e a partir da posição do outro. Faz isso porque quer fazer e o faz com bondade. Não é que abra mão da sua própria perspectiva; é que sabe que há no mundo tantos olhares quantos diferentes olhos para ver.

Ao adotar uma atitude de abertura e se colocar nos sapatos do interlocutor, o facilitador amplia seu aprendizado sobre o mapa mental da pessoa. A utilização ética e altruísta desse novo saber apreendido poderá melhorar a qualidade da interação na conversa. Essa conduta maleável e generosa equivale a um acurado respeito pelo olhar alheio – repito, sem abdicar do próprio. A abertura e a franca gentileza desse comportamento do conversador não podem e não devem ser confundidas com ausência de visão pessoal, passividade, subserviência, concordância automática ou inconsistência. Eu experimento a visão do outro para melhor compreendê-la; e, assim, melhor poder servi-lo.

No Ocidente, durante longo período, acreditou-se que *"tratar as pessoas como nós gostaríamos de ser tratados"* era evidência de evolução e de civilidade. Por certo, essa atitude representou um significativo avanço na domesticação do bárbaro que habita em cada ser humano, foi um salto gigantesco no refinamento do trato interpessoal e constituiu o principal pilar da vida comunitária. Tanto é que demorou milênios para ser desafiada e superada por outra atitude ainda mais poderosa e sublime: "*tratar as pessoas como elas querem ser tratadas*". Isso é mais que mera mudança de perspectiva; é uma mudança de paradigma com consequências imediatas, amplas e variadas. Enquanto o velho modelo ostenta maldisfarçados egocentrismo e presunção – porque eu projeto no outro as minhas próprias preferências, supondo que ele queira o mesmo que eu –, o novo modelo nos convida à prática da resiliência e do altruísmo. Há um exemplo costumeiro e lamentável: o sujeito que tem por hábito presentear os outros com o que gostaria de receber, e não o que os outros estão precisando ou desejariam ganhar. É a partir do momento em que deixo de olhar só para o meu umbigo, e acato as preferências do outro, respeito e bendigo essas preferências, que posso pretender tratá-lo, com honestidade, como ele deseja ser tratado[8]. Ninguém consegue essa flexibilidade sem exercitar a modéstia.

Três vocábulos guardam parentesco com a empatia e vale mencioná-los: *simpatia*, *antipatia* e *apatia*. Todos possuem idêntica raiz, *pathos*, que vimos se referir ao sentimento que alguém, ambiente, fato ou coisa desperta em nós. Os prefixos, todavia, vão produzir importantes modificações nos seus respectivos significados:

Sim + patia transmite afinidade ou inclinação *para* e *por*. A pessoa que seja *simpática* conosco tende a nos atrair de tal forma que reduzimos as eventuais resistências. Quando sinto simpatia por alguém, tendo a ser mais solícito do que de costume.

Anti + patia sinaliza uma oposição. O sujeito *antipático* causa em nós a sensação imediata de desconforto ou de insatisfação, e o quase incontrolável desejo de nos afastar.

Quando eu sinto antipatia pelo outro, a reação espontânea é de não me aproximar.

A + *patia* exprime a falta de calor, vivacidade e brilho. Diante da pessoa *apática* temos a sensação de indiferença e frieza; e não nos sentimos estimulados a puxar uma conversa. Se sinto apatia por alguém, ligo o botão do tanto faz como tanto fez.

Simpatia, antipatia e apatia podem ser, e amiúde são, sentimentos unilaterais. Eu posso sentir antipatia por alguém que tenta se achegar a mim com sorrisos e gentilezas. João pode se desdobrar em mesuras e salamaleques e causar em Maria a mais completa indiferença. Tudo pode. E também nessa seara a neurociência vem realizando descobertas, marcando avanços e lançando proposições. Não obstante haja mais hipóteses do que resultados comprovados, temos abundantes indícios de que por trás da simpatia, da antipatia e da apatia está nossa pródiga biologia tecendo suas escolhas. O corpo conhece as nossas afinidades primeiro e bem antes de a nossa consciência saber delas. Em todo caso, pessoas, ambientes, fatos e coisas costumam nos inspirar simpatia, antipatia ou apatia. Nenhuma dessas impressões ou sentimentos exige de nós reciprocidade ou retribuição. Caberá ao facilitador o desafio da boa vontade, da determinação e do talento para canalizá-los, quaisquer deles e sempre que viável, na direção da aspirada empatia.

"Não sou *tão* amigo de fulana *quanto* de beltrana." Nós já dissemos e ouvimos frases parecidas com esta. O conteúdo sinaliza que validamos a ideia dos sentimentos como "coisas quantificáveis". Denota que a afeição que nutrimos pelas pessoas do nosso convívio pode ser avaliada e diferenciada em uma espécie de escala numérica. Alguém com quem nos damos bem teria nesta régua alta pontuação; alguém com quem não nos damos bem, pontuação baixa. Mas dado que empatia demanda reciprocidade, exige contrapartida em alguma medida, a real prova para as habilidades do facilitador é atingir e manter com cada interlocutor específico, nesta fictícia tabela, alguma marcação elevada. Não fazemos distinções entre conversar com alguém simpático e conversar com alguém antipático; a meta de criar empatia e ser bondoso permanece igual. O exercício de se extrair leite das pedras pode ser fascinante.

Existe uma fórmula preliminar capaz de ajudar os facilitadores em suas trocas. Para fazê-la funcionar é necessário combinar três substâncias:

1ª) *Experiência vivida* – Já na primeira infância aprendemos a observar e a repetir rituais básicos para nos aproximar e para nos afastar dos pais, familiares, colegas, vizinhos, conhecidos e desconhecidos. Esse aprendizado – que não é linear e se prolonga vida afora – nos levou a provar, descobrir, inventar, corrigir e apurar conhecimentos e dicas para criar e manter boas relações interpessoais; e para estressá-las, conflitá-las e rompê-las. Também conta aqui o conhecimento formal, resultante de cursos, estudos, leituras, filmes, pesquisas e reflexões. Ao acervo desse conhecimento somamos o próximo elemento.

2ª) *Intuição* – Embora ainda saibamos quase nada sobre esse sopro visceral, que surge sem aviso-prévio e desaparece sem deixar vestígios, todas as culturas sugerem que deve ser levado em conta. Entendo que se trata da linguagem sutil e fugaz que a inteligência biológica utiliza para se comunicar com o nosso consciente a qualquer hora do dia ou da noite. Se a intuição falou, trate de escutar; contudo, não a siga com os olhos fechados. Escute atentamente e rumine sobre o que ouviu.

Para concluir, agregue...

3ª) *Autoestima* – A derradeira substância da fórmula pode ser, também ela, o resultado da junção de três outros componentes: amor por si mesmo, autoimagem e autoconfiança. Cada um desses itens solicita cuidados específicos; e ninguém melhor do que o dono para tratar de tomá-los. Parte dos problemas que eu e o leitor vemos nos outros são meras projeções das dificuldades pessoais com a própria autoestima. Se algo nesse quesito anda opaco e negativo, convém que seja cuidado até recuperar o brilho e a positividade.

A combinação de experiência acumulada + intuição + autoestima proporciona ao facilitador a preparação mínima para mergulhar nas suas novas conversas com mais confiança e segurança. Outros ingredientes podem ser adicionados, mas serão vistos no momento oportuno. Esta fórmula demanda e exige disponibilidade para o aprendizado contínuo, já que evita a reedição de ações do passado que resultaram inócuas ou inadequadas.

Apesar dos riscos e dificuldades típicas dos relacionamentos humanos, nos dá um relativo alento saber que somos genética, social, psicológica e espiritualmente habilitados para o convívio social. Sem um mínimo de capacidade para construir e preservar vínculos empáticos, nem eu, nem o leitor, nem ninguém chegaria onde está agora. Mas isso só indica uma faceta da questão. A maioria das pessoas não se dá a oportunidade de parar e refletir, com profundeza, sobre *como* esse recurso natural funciona em si e nos outros. Talvez não pare nem reflita, justamente por se tratar de algo tão genuíno. E aqui, outra vez, surge o paradoxo. Nós possuímos uma habilidade nata, que costuma atuar sem que saibamos, com clareza, *quando*, *onde*, *como* e *com qual intensidade* ela acontece. Tal descaso nos torna reféns da ignorância e transforma o êxito do processo da empatia num acaso – como se as relações gratificantes, produtivas e duradouras fossem decorrentes de um sorteio.

Não estar consciente do que se faz é como não ser o real "dono" do próprio desempenho; ficamos à mercê do inconsciente e sujeitos a toda sorte de vicissitudes. Na facilitação, o processo da criação da empatia deve ser, dentro do possível, trazido à superfície da mente desperta. Claro que jamais teremos o controle sobre nossos neurônios-espelho, mas começaremos a conversar com os outros com maior sensibilidade e discernimento, procurando equilibrar a sabedoria do corpo e a vontade da mente. Por isso, criar algo traz implícita a ideia de responsabilidade do criador pela criatura. O ético e desejável é cada qual responder pelo que cria. Assim, o conversador precisa se assumir como responsável pelo alinhamento ou pelo desalinhamento entre sua intenção e o que de fato comunica. Quando junto conscientemente o *conhecimento de como faço*, a *vontade de fazer*, o *ato em si* e a *responsabilidade pelo feito*, o meu protagonismo acontece.

Vimos que inclusão e cercania são necessidades humanas – a um só tempo, biológica, sociocultural, psicológica e espiritual. Onde quer que observemos pessoas se relacionando, vamos nos deparar com usos, costumes, provérbios, metáforas, canções, poemas, casos e mitos sobre o poder da união e o flagelo da desunião. Desde singelas danças de roda até as liturgias mais sofisticadas, com sua forja imperativa e agregadora, a vida modela nossos vínculos interpessoais. Dado que a empatia não é um estado perene, que se estabelece e pronto, mas um fluxo irregular, que exige manutenção e recusa comodismo, as trocas, encontros, contatos, permutas são momentos únicos, até quando aparentam se repetir. Por conseguinte, ninguém será bom facilitador sem que se disponha a viver o eterno improviso como algo natural. Vem daí a íntima e mútua correspondência entre empatia e espontaneidade. Ao se dispor e se abrir, de forma espontânea, à experiência da conversa com o outro, o facilitador dá como assentado que a natureza já nos fez sabiamente aptos para estabelecer vínculos empáticos.

Nos anos de 1980, Howard Gardner foi o principal responsável por consumar nossa libertação de um entendimento restrito e rígido do potencial humano. Até então se acreditava que a inteligência era uma propriedade genética impossível de ser modificada. Durante décadas os famosos testes de QI, Quociente de Inteligência, estabeleceram nossa capacidade intelectiva e a mensuraram através de um fator padronizado. Não é que se negue a validade de metodologias que busquem aferir nossos talentos e potencialidades. A questão que precede todas consiste em: O que é *ser inteligente*? A Teoria das Inteligências Múltiplas nos abriu para a visão plástica e dinâmica da nossa agudeza de espírito, permitindo o reconhecimento de um rol diversificado de talentos humanos. O conceito de *inteligência interpessoal* – entre os nove tipos identificados por Gardner – é o que nos explica por que algumas pessoas fazem amigos com a mesma facilidade com que tomam um copo d'água.

Mas coube a Daniel Goleman aprofundar o foco nos relacionamentos humanos e desenvolver a ideia da *inteligência emocional*. Segundo ele, o sujeito emocionalmente inteligente demonstra sem esforço cinco aptidões:

1) *Autoconhecimento emocional* – Competência para reconhecer os próprios sentimentos e emoções na ocasião em que eles se manifestam.

2) *Controle emocional* – Capacidade de lidar com seus próprios sentimentos e emoções, conseguindo adaptá-los às circunstâncias do momento vivido.

3) *Automotivação* – Habilidade de se encorajar, de criar significado, interesse e propósito nas metas pessoais, e lutar para atingi-las.

4) *Empatia* – Sensibilidade para captar a perspectiva e o sentimento das outras pessoas e de se colocar no lugar delas. E

5) *Habilidades sociais* – Capacidade de criar vínculos interpessoais saudáveis, duradouros, gratificantes e produtivos.

Na visão de Goleman, as três primeiras aptidões compõem a inteligência intrapessoal; e as duas últimas, a inteligência interpessoal. É a combinação entre as inteligências intrapessoal e interpessoal que torna possível a *inteligência emocional*: desenvoltura para perceber sentimentos e emoções próprios e dos outros, e responder a eles de maneira adequada, flexível e adulta. O conceito vingou, criou vida própria e conquistou o mundo, causando enorme impacto na educação formal e corporativa. Não há dúvidas de que a facilitação tem absoluta afinidade com essa perspectiva. Sem que conheça e domine seus próprios sentimentos e emoções, sem se automotivar, ser empático e sociável, é improvável que alguém venha a se tornar um facilitador efetivo.

Acompanhar, acompanhar, acompanhar...

Se a meta for criar empatia, devemos começar por reconhecer, acatar e defender, tácita e explicitamente, dos pensamentos mais silentes à mais audível verbalização, que cada interlocutor tem sua própria versão, legítima e inquestionável, da realidade. "*O mapa não é o território*" – o uso sábio desse postulado, que o conversador recita para si como um mantra, pode nos livrar da maioria das querelas interpessoais; pode nos fazer seguir incólumes onde tantos claudicam. Porém, embora acolher e respeitar o modelo mental da pessoa seja uma necessidade primária, não basta satisfazê-la para que a empatia se estabeleça rapidamente. Para tanto, precisamos lançar mão de outra importante competência, sem a qual a magia do entrosamento não acontece, ou acontece em uma versão pobre e retraída. Estou me referindo ao *acompanhamento*.

Não há chance de empatia sem acompanhamento. O facilitador precisa *acompanhar*, *seguir*, *imitar* o interlocutor como se fosse ele. Num parecer apressado e superficial, esta exigência aparenta algo técnico, artificial e frio, talvez até estranho. Contudo, a vida prática se ocupa de contradizer essas impressões. Não é "técnico", é *espontâneo*. Não é "artificial", e sim algo *inato*. Não é "frio", mas *terno* e *afetivo*. Por fim, nada tem de "estranho", posto que desde que nascemos temos feito isso no nosso dia a dia social. Lembrou do neurônio-espelho? É isso mesmo. Vemos uma ilustração corriqueira e até divertida, quando estamos num ambiente com várias pessoas, e uma delas começa a bocejar. Parece que o bocejo vai contagiando pessoa após pessoa, igual ao efeito cascata. Onde a superstição popular vê "mau olhado" e "olho gordo", a ciência vê o neurônio-espelho pondo suas mangas de fora. É que a arte de acompanhar o interlocutor já vem "de fábrica" gravada no "disco rígido", quero dizer, no DNA de cada pessoa, e se materializa nos nossos comportamentos sociais espontâneos. Então, a questão passa a ser: *Como acessar essa sabedoria intrínseca de forma voluntária, onde, quando e com quem nós desejarmos?*

Vamos por etapas. Convém reforçar que a sabedoria biológica antecede a pretensão da vontade consciente: quando tomo a decisão de acompanhar a pessoa em uma conversa posso ter certeza de que – de alguma maneira – meu corpo já tinha começado a realizar o trabalho. Em vista disso, o facilitador investe tempo e energia para se observar, sem julgamentos, e se autoconhecer. Por exemplo: se a minha respiração está calma e em ritmo suave, eu sei que me encontro em condições de vir a desenvolver conversas mais equilibradas e positivas com o outro. Em seguida, e sem perder a conexão comigo mesmo, meu foco se fixa no interlocutor. Nele e no *que* e *como* se comunica comigo. Esse exercício contínuo da atenção conduz a um *upgrade* na percepção, leva ao desenvolvimento da acuidade sensorial.

A acuidade sensorial costuma diminuir – mas não impede – nossa margem de equívoco. É só aí que trato de *acompa-*

nhar, acompanhar e acompanhar. Se for necessário, *conduzir*[9]. E volto outra vez a *acompanhar, acompanhar...*

Devido a sua determinante contribuição para o êxito das trocas, o preceito do acompanhamento – também chamado de espelhamento ou sombreamento – goza de indiscutível prestígio. Todo conversador que almeja tecer a empatia e exercer a facilitação terá de persegui-lo com equilíbrio e refletir sobre ele. E embora todos sejamos capazes de acompanhar, só a prática voluntária constrói o virtuosismo. Prática no sentido profundo que lhe dava Carl Rogers ao compartilhar que *"nem a Bíblia nem profetas – nem Freud nem pesquisas –, nem revelações de Deus nem do homem – podem ter precedência sobre minha experiência direta"*. Praticar é preciso. Não há meia prática direta; ela acontece por inteiro ou nada acontece. Colocar-se em sintonia com a pessoa, falar-lhe em sua língua, espelhá-la em forma e intensidade, no começo pode parecer algo forçado, quiçá até superficial ou falso. Mas na medida em que nós nos exercitamos conscientemente, o acompanhamento vai resgatando seu tônus relaxado, natural e fluente. Encare a tarefa como uma chance de treinar sua capacidade de adaptação. Você precisará ter disciplina para avançar nesse processo autoeducativo. O esforço valerá a pena, pois sem aptidão no acompanhamento ninguém inspira nos outros simpatia imediata, e menos ainda simpatia duradoura.

Nós nos acompanhamos uns aos outros, inconscientemente, a maior parte de nossas vidas. Já no berço fizemos os experimentos inaugurais da imitação – o pioneiro dos recursos didáticos. Tentando copiar mãe e pai arrancamos as primeiras risadas dos que estavam à nossa volta. E visto que inexiste fermento tão excepcional para a empatia quanto o bom humor, éramos estimulados a repetir o número. A brincadeira fazia sucesso, percebíamos isso e, claro, tirávamos proveito do fato.

Interiorizamos e a tal ponto nos impregnamos com esse saber copiado, que hoje ele regressa sob a forma de saber intuitivo, influenciando nossas emoções, pensamentos, atitudes, ações e comportamentos. É assim que a imitação lastreia a educação e a socialização, que podem ser vistas como uma dinâmica, gigantesca e intrincada "teia de espelhamentos coletivos". Por certo que as pulsões da criatividade e da resiliência, juntas, produzem movimentos e pressões que terminam por flexibilizar, inverter ou até anular algumas regras sociais; mas a inegável força da coletividade segue nos forjando inconteste.

"*Em terra de sapo, de cócoras com ele.*" Esta admoestação nos transmite o estado de espírito – a predisposição flexível e solidária para com o ser do outro e com sua linguagem – que norteia o espelhamento. É um dentre os incontáveis provérbios que destacam o aporte do acompanhamento para a inclusão social. Com o anseio de compreender e ser compreendido pelo sapo, o conversador se acocora e se põe a coaxar junto com ele. Quer dizer, sem que "fale a linguagem verbal e não verbal do sapo" não criará empatia, e muitos menos um bom diálogo. O conversador se exercita num desapego grande o suficiente para deixar de lado, pelo tempo que as circunstâncias exigirem, seus próprios juízos de valor. Não prejulgar o interlocutor e acolhê--lo com abertura, reitero, requer que reaprendamos a olhar e a ver, a ouvir e a escutar. Alfred Adler, criador da psicologia do desenvolvimento individual, costumava orientar seus alunos: "*Veja com os olhos de outrem, escute com os ouvidos de outrem, sinta com o coração de outrem*". O poeta Walt Whitman adotou essa mesma perspectiva para criar sua monumental obra: "*Não pergunto à pessoa ferida como ela se sente. Eu mesmo me converto na pessoa ferida*". Essas escolhas esclarecem que, na prática, o acompanhar exige dos facilitadores o jogo de cintura e a inventividade da dança que evolui ao sabor do improviso. Mas cautela: ser flexível não quer dizer se liquefazer. Há limites para o espelhamento, e eles serão vistos no momento apropriado.

Antes de prosseguir, um último reforço: note que o acompanhamento nada tem de farsa, fingimento ou mimetismo. Não é uma estratégia de disfarce ou camuflagem elaborada para enganar um predador e evitar seu ataque, ou para iludir a presa e driblar sua defesa. Na facilitação não pode haver ataque; logo, não há necessidade de defesa. Jamais o conversador interpreta comportamentos rudes ou agressivos como sendo ataques. Antes de ser qualquer coisa, a rudeza e a agressividade casuais da pessoa são questões dela e geralmente escondem medo, carência de afeição e pedido de socorro. Por favor, reflita sobre a frase anterior. Na facilitação não se toma nada de modo pessoal; adiante voltarei ao assunto. No mais, acompanhar é o que todos nós fazemos, automaticamente, ao encontrar pessoas queridas. O empenho do texto nesta altura é ensinar à mente consciente o que o leitor já faz com destreza de maneira natural e instintiva.

Acompanhe a linguagem dominante

Parecido com o investigador que se esmera na coleta de pistas que o levem a elucidar um enigma, o facilitador persiste em observar e descobrir, com elegância e discrição, as *principais características linguísticas* do interlocutor. E o que se entende por "características linguísticas" de alguém? Como identificar as "principais"? Para atender a estas questões vale se deixar conduzir por uma verdade tão genérica quanto infalível: características linguísticas são expressões verbais e não verbais que usamos repetir; e as principais, bem, estas nós martelamos além do que ousaríamos acreditar. Aristóteles já havia ressaltado o colossal papel da repetição: "*Nós somos o que nós repetimos*" – predicava o filósofo grego. Por direito de nascença e enquanto vivo estiver, cada indivíduo está intimado a reprisar a si mesmo nas formas conhecidas do público. Em nossas interações diárias todos nós insistimos em palavras, gestos, sotaque, interjeições, expressões faciais, modulações verbais, movimentos oculares, vícios de linguagem, posturas do corpo, cacoetes, trejeitos, caras e bocas, e oscilações respiratórias. Entretanto, por se tratar de comportamentos quase sempre involuntários, torna-se mais fácil reconhecer essas repetições nos outros do que em nós mesmos.

Dado que seja impossível nós sermos 100% imitadores ou 100% inovadores, usamos alternar, nas comunicações cotidianas, doses de "mais do mesmo" e doses de originalidade. Se pudéssemos comparar estatisticamente, veríamos que cada qual adota muitíssimo mais repetições do que raridades. Faça um teste: observe gente próxima e conhecida. Você confirmará manifestações verbais e não verbais que se repetem. Conseguimos notar isso, como já dito, porque estamos "do lado de fora". Veja o método adotado pelos profissionais caricaturistas e artistas imitadores: eles elegem um personagem famoso, passam a observá-lo em distintos contextos, desconstroem suas características peculiares com obstinação, pinçam os traços mais vistosos e usam essa matéria-prima na construção dos seus desenhos e de suas *performances*. O exemplo dado nos serve apenas como ilustração, pois não interessa ao facilitador simular ser cópia ou caricatura de ninguém. Se for capaz de perceber atributos notórios e recorrentes, tem grande chance de estar na pista certa do que lhe interessa descobrir: as formas prediletas de o outro se expressar. Chamo o conjunto dessa linguagem preferida, ou mais usada, de *modelo linguístico dominante*. O termo "modelo" deve ser bem compreendido e assimilado pelo conversador: é sinônimo de *preferência*, *tendência*, *inclinação* e *propensão*. Não se refere a algo duro, inflexível, mas sim ao leque gradual das aparências, que se estende desde a óbvia ululante até a quase imperceptível. Tenhamos ou não habilidade para percebê-los, os modelos linguísticos existem, e ninguém os possui em vão. Já o complemento "dominante" tampouco indica exclusividade, mas predileção.

Apossado deste conhecimento o facilitador se torna um curioso e hábil pesquisador do "modelo linguístico dominante" dos seus interlocutores; contudo, não permite que esta saudável curiosidade se transforme em obsessão. A sensibilidade para executar tal tarefa aumenta com a prática constante; quilometragem rodada faz diferença. Ser capaz de detectar a linguagem preferida do outro confere ao facilitador a oportunidade ímpar de espelhá-la no que lhe pareça essencial. Se "os semelhantes se atraem" é devido ao poder aglutinador do fator similaridade. Por tal motivo o poeta escreveu: "*Narciso acha feio o que não é espelho*"[10]. De modo análogo, a identificação por meio da semelhança linguística – como o sapo se vê refletido em quem se põe de cócoras e coaxa – explica expressões como "*nós falamos a mesma língua*", promove a inclusão interpessoal e acelera a tecelagem da empatia.

Reitero a conexão inquebrantável entre percepção e linguagem. As diferenças linguísticas estão diretamente vinculadas às diferenças perceptivas, e vice-versa, como em um fluxo de mão dupla. Quer dizer, a linguagem também constrói a percepção! Reflita sobre a frase anterior. A intimidade entre *como percebo* e *como expresso o que percebo* dá dicas para o conversador, que as toma como *pistas iniciais* ou indicadores preliminares para entender o mapa mental do colega de papo. A compreensão desse processo é fundamental para melhorar os resultados do serviço do facilitador e permite ver nos modelos dominantes de linguagem expostos abaixo, meras *possibilidades*, sem ficarmos presos ou limitados a nenhum deles.

A premissa é sempre a mesma: devemos nos comunicar com a pessoa no idioma preferido dela. Começarei pela classificação bastante difundida da *neurolinguística*. A partir da tendência comprovada de que cada ser humano desenvolve mais um sentido do que os outros, John Grinder e Richard Bandler notaram três tipos de "linguagem sensorial": visual, auditiva e sinestésica. O corpo inteiro, e não apenas a língua, as utiliza para se expressar.

1ª) *Linguagem visual* – É a tendência linguística dominante em quem tem na visão seu sentido destacado. Por conseguinte, o facilitador acompanha o modelo dominante e se comunica com as pessoas desse grupo de modo mais visual. Explico: a chance de criar empatia cresce se forem usadas palavras, posturas, gestos e movimentos que carreguem em si a própria experiência de ver. Os olhos são artífices e forjam vocábulos plásticos, como *cenário, espaço, luz, cor, sombra, forma, quadrado, amarelo, nuanças* etc.; ditam o volume de voz alto, o ritmo acelerado e a tonalidade aguda; pedem expressões corporais amplas, gestos grandiosos, rápidos e, como os olhares, dirigidos para cima. A respiração percebida costuma ser alta, quase clavicular.

2ª) *Linguagem auditiva* – É a tendência linguística dominante dos que possuem audição privilegiada. O conversador deve usar aqui estímulos sonoros, desde estalar dedos, bater palmas e assobiar até, o que conta muito, variações de tonalidade, volume e ritmo da voz – tecnicamente, *musicalidade* ou *modulação verbal*. Convém incluir nas frases termos oriundos da experiência do ouvir, como *som, silêncio, escutar, cantar, música, grave, ruído, ritmo, sonoridade, pausas* etc. Os movimentos oculares são laterais, para um lado e para outro, como se pudessem enxergar os sons capturados pelos ouvidos; e os gestos são horizontalizados, como faz o maestro em seu *diálogo auditivo-musical* com a orquestra. A respiração costuma ser arqueada e literalmente pulmonar.

3ª) *Linguagem sinestésica* – É a tendência dominante dos mais sensíveis ao tato, paladar, olfato, movimentos e emoções; ou seja, ao conjunto das sensações chamadas proprioceptivas. Essas pessoas terão maior empatia pelo facilitador que utilize palavras que transmitam a experiência do sentir, como *macio, áspero, sensações, prazer, sabor, cheiro, perfume, dor, tristeza, alegria, doce, confortável, entusiasmo, temperatura* etc. A preferência neste caso é pela voz em tonalidade grave, volume apenas audível e ritmo lento. O corpo expressa olhares para baixo, gestos curtos, contidos e dirigidos para o peito ou para o chão. A postura fisiológica é curvada para frente e sugere introspecção. "O pensador", a célebre escultura de Augusto Rodin, traduz alguém em pleno diálogo interno – um clássico emblema da linguagem corporal sinestésica. A respiração tende a ser baixa, diafragmática.

Há um quarto tipo de linguagem, chamado de *inespecífico*, que usamos para expressar experiências cujos conteúdos são sutis e complexos, e estão mais diretamente ligados à reflexão cognitiva do que à sensibilidade dos sentidos: *virtude, intelecto, vontade, número, sim, não, processo, determinação* etc. Todavia, sua utilidade nos nossos diálogos corriqueiros é mais complementar. Claro que o conversador que possua competência para facilitar um diálogo de matéria técnica precisará saber falar o jargão específico. Quem já assistiu a uma mesa-redonda em um simpósio científico teve a perfeita amostra do que estou querendo dizer.

O conversador que pretenda se utilizar do método da neurolinguística deve identificar a linguagem sensorial usada pela pessoa com quem interage, e se expressar nela. Não só nela; *sobretudo* nela! E segue devagar com o andor, pois a riqueza da expressividade humana é ilimitada. Endosso que toda pessoa se utiliza das linguagens visual, auditiva, sinestésica e inespecífica, e nossa caminhada no tema do acompanhamento está só começando[11].

O *como* a pessoa transmite suas emoções, reflexões e ideias é a pista para o conversador constatar o seu sentido predileto. O corpo e a palavra, quando se expressam, são uma espécie de nudez, mostram quem eu sou! Na conversa, a pessoa com especial sensibilidade visual tem vastíssima probabilidade – *probabilidade*, repito – de descrever opiniões e vivências com verbos, substantivos e adjetivos inspirados na agudeza da sua habilidade de ver e de enxergar. Também a linguagem não verbal, em sua silenciosa expressividade, por vezes será mais eloquente do que seu próprio vocabulário. Idêntica observação se aplica aos interlocutores com agudeza auditiva e sinestésica.

Quando uns e outros constroem seus diálogos com idêntico parâmetro sensorial se estabelece uma espécie de sintonia fina ou identificação profunda, e em pouco tempo a troca interpessoal tende a ser percebida e avaliada pelas partes como confiável, segura e agradável. Foi esse processo de identificação e espelhamento da similaridade que, páginas atrás, chamei de ressonância. Reprisando: onde há empatia as pessoas certamente se comunicam por meio de uma linguagem comum. Onde as pessoas se sintonizam utilizando uma linguagem sensorial comum há chances maiores de se estabelecer empatia. Empatia é um processo ressonante.

Outra abordagem, de Gary Chapman, tem foco específico na afeição, mas contribui para validar o poder que há na decisão de se conversar com o outro no idioma elegido por ele. Seu livro *As cinco linguagens do amor*, não por acaso vendeu sete milhões de cópias só em inglês, e foi traduzido para dezenas de idiomas. Segundo o autor, toda relação interpessoal positiva está mediada por tipos e graus diferentes de afeto. As linguagens afetivas se manifestam de cinco maneiras; e nós afetamos e somos afetados por todas elas. A questão é que cada ser humano tem particular simpatia por uma determinada. Logo, não basta simplesmente amar alguém; é indispensável se expressar na linguagem afetiva preferida desse alguém. Vemos aqui, repetido, o principal preceito da empatia: fale com o outro no idioma do outro! Abreviei essas cinco linguagens:

1ª) *Palavras de afirmação* – É o modelo linguístico do estímulo, do aplauso, do apoio e do reconhecimento. Para as pessoas dessa tendência, o que há de mais gratificante para o coração e musical para os ouvidos é ouvir afirmações de reforço, de consideração, elogios, loas, galanteios, versos apaixonados e *feedbacks* animadores.

2ª) *Qualidade de tempo* – É o modelo linguístico da disponibilidade. Se esta tendência é a dominante para a pessoa, a mais digna prova do seu amor será o período de despojada entrega ao convívio, sem tiques de ansiedade nem consultas ao relógio. Nesse contexto você terá de priorizar o *tempo-para-a-relação*, em detrimento de quaisquer outras urgências e necessidades.

3ª) *Presentes* – Trata-se do modelo linguístico dos *regalos*. Quem ama de verdade, presenteia!; agrada o ser amado com lembranças, detalhes, pequenas surpresas, prendas – assim pensam e sentem as pessoas nas quais predomina este indicador. Nada substitui um presente como demonstração do querer bem: aqui o mais singelo dos mimos será tomado por raridade.

4ª) *Atitudes de serviço* – É o modelo linguístico da solicitude. "*Quem ama, serve!*", argumentam os membros deste time. As atitudes de serviço se referem às menções e aos comportamentos que transmitam cuidado, zelo, gentileza, segurança e proteção. Como no verso da canção: "*Quando a gente ama, é claro que a gente cuida*"[12].

5ª) *Contato físico* – É o modelo linguístico do tato, da pele, do contato corporal. Quando esta tendência domina, antes de qualquer coisa, o que vale são as demonstrações *físicas* da afeição. Neste caso, o abraçar, acarinhar, beijar ou simplesmente tocar irá transmitir, sem margem de erro, a sinceridade do seu sentimento.

Chapman concentrou seus estudos e pesquisas iniciais na comunicação dos casais. Depois, junto com Ross Campbel, confirmou que também as crianças se tornavam particularmente receptivas quando se usava com elas a linguagem afetiva da sua preferência. Mas não parou aí; decidiu testar a validade das suas conclusões além da psicogeografia do lar. Afinal, afeto e empatia não são exclusivos de nenhum tipo de vínculo ou ambiente. Em parceria com Paul White, Chapman arriscou o mesmo olhar sobre o mundo corporativo e as relações de trabalho. Apesar da necessidade de reconsiderar, no contexto organizacional, a utilização da linguagem do toque físico – devido aos delicados tópicos do assédio moral, preconceitos etc. –, os resultados foram estupendos. White e Chapman concluíram que, quando a liderança entende e acolhe a linguagem afetiva predileta dos seus colaboradores, e se exprime nela, constrói vínculos colaborativos mais consistentes, produtivos e duradouros.

Não importa quem seja o outro – se parente, agregado, amante, amigo, vizinho, colega de trabalho, colaborador, chefe, cliente, conhecido ou desconhecido –, os princípios de *"falar com o outro na linguagem do outro"* e *"tratar o outro como o outro quer ser tratado"*, funcionam! Ao adaptar minha comunicação para atender especialmente a preferência do interlocutor, coopero para que haja empatia entre nós, para que haja ressonância; quer dizer, compreensão direta, rápida e recíproca.

O leitor talvez tenha reparado certa aproximação entre os enfoques de Bandler/Grinder e de Chapman/Ross/White. Não será errado deduzir que o modelo das linguagens do afeto leva um tempero neurolinguístico. Entretanto, o que deve ser acentuado neste momento não é exatamente a existência de uma ou outra abordagem; mas o fato de que os esforços para compreender a comunicação humana reiteram que percepção e linguagem são faces da mesma experiência. Lida com superficialidade, esta informação terá pouca ou nenhuma valia. Porém, se for esmiuçada nas entranhas com vontade perspicaz, se revelará de utilidade excepcional, oferecendo ao facilitador inúmeros *insights* e inspirações. Contribui, por exemplo, para que o facilitador se torne um habilidoso "poliglota", capaz de entender e de se exprimir no idioma particular de qualquer interlocutor. Não interessa se a pessoa fala chinês, etrusco ou alemão, a validade desses princípios é universal. E vemos, outra vez, a importância do acompanhamento para a criação e a manutenção da empatia. Lembro-me de ter anotado, décadas atrás, uma fala de John Grinder em sala de aula, na Universidade de Santa Cruz, na Califórnia: *"Fazemos mais amizades em uma semana acompanhando, do que em muitos meses conduzindo".*

Em busca do bom acompanhamento, o facilitador apura sua *acuidade sensorial* – como vimos, forma refinada de atentar a realidade, capaz de nos fazer notar sutilezas e minúcias no que está sendo observado. Posto que a acuidade está associada a precisão e profundeza, fica claro o porquê de a observação ser reverenciada como mestra incomparável. Portanto, o conversador aprecia, observa, aprecia. Apenas depois, acompanha. Vê mais e aponta menos. Observa, aprecia e acompanha. Acompanha, escuta mais, sente mais e fala menos. Usa o tino, a suavidade e acompanha. Aprecia, observa e acompanha. Entretanto, por ser similar a dança, a empatia não pede somente acompanhamento; precisa haver alternância no comando dos movimentos. Os instantes nos quais o facilitador toma a iniciativa de liderar a conversa são chamados de *condução* – logo adiante me deterei sobre o tema. É desse jeito, acompanhando e conduzindo, acompanhando mais e conduzindo menos, que o facilitador começa e nutre a tecelagem da boa conversa.

Tornou-se quase uma praxe nos textos sobre comunicação interpessoal se fazer referência à pesquisa realizada em 1967 por Albert Mehabian, pioneiro no estudo da linguagem corporal. Suas conclusões apontam que 93% do impacto inicial da comunicação entre as pessoas tinha sua origem na linguagem não verbal; restando às palavras meros 7%. É verdade que a metodologia dessa investigação e os números dela decorrentes são hoje contestados; mas a controvérsia serviu para chamar nossa atenção para a influência do corpo (gestos, posturas e, sobretudo, expressões faciais) e as variações da voz (tonalidade, ritmo e modulação) em tudo o que dizemos. Ao telefonar para um amigo, o seu "Alô!" já me sugere se ele está alegre ou triste; e a chance de acerto cresce se além de ouvir a pessoa eu puder vê-la – como em uma videochamada. Talvez por isso se diga que "*uma visão vale mais que mil palavras*".

Acompanhe a expressão facial – A expressão facial da pessoa é um fidedigno termômetro do seu humor. O facilitador observa o interlocutor e alegra-se com ele, se ele estiver alegre; ou se entristece com ele, se ele estiver triste. Não tem falsidade ou fingimento nessa adequação do facilitador ao estado de ânimo da pessoa; o que há é sensibilidade, resiliência e solidariedade.

Acompanhe a modulação verbal – O "canto" da voz tem o fantástico poder de definir, transformar, inverter, progredir ou anular o conteúdo das mensagens verbais. O comunicador se liga na melodia expressa na fala do seu interlocutor, e trata de ecoar as suas inflexões. Vale relembrar que, dependendo da entonação com que é pronunciada, a mesma palavra (reforçada pelo semblante expressivo) transmitirá amor, indiferença ou raiva.

Acompanhe as linguagens gestual e postural – Sob o cordato disfarce da mudez, os corpos conversam entre si, intensa e continuamente. Observe seu interlocutor, e se ele estiver de pé, levante-se. Se ele estiver sentado, sente-se também. E não pare nisso, espelhe com discrição seus movimentos e gestos – o resultado será empatia, e o fortalecimento da ressonância criada entre vocês. Se não conseguir espelhar o interlocutor em sua expressão peculiar, aproxime-se dela. Se seu parceiro de papo está sentado, e por algum motivo você não pode se sentar, ao menos se incline, de modo a sugerir sua intenção de se igualar a ele.

Acompanhe a linguagem verbal – Já descrevi sobre esse requisito. Equivale a estar na Espanha e falar espanhol; estar na Itália e falar italiano. Utilize o vocabulário mais usado pela pessoa. Ela perceberá, inconscientemente, identificação verbal com você, e esta afinidade irá aproximar, incluir, aquecer e dinamizar a troca.

Acompanhe o detalhe e acompanhe o conjunto; acompanhe o conjunto e o detalhe – A meta é refinar e acompanhar com maior precisão e mais qualidade o interlocutor. A atitude solidária adequada ao momento emotivo que a pessoa atravessa urge ser honesta e explícita. É usual alguém alegre escolher luzes fortes, cores vivas, movimentação e sons altos; e quando triste, preferir penumbra, tonalidades sóbrias, quietude e pouco ou nenhum barulho. Essas generalizações do comportamento humano têm lá suas exceções; mas o conversador, atento e flexível, ajusta-se às evidências emocionais peculiares do outro. Nada mais fora de propósito do que acolher alguém deprimido com o entusiasmo de um mestre-sala. Ser francamente solidário com o sentimento alheio é uma gratificação impagável para os facilitadores.

Dentre os aspectos da linguagem não verbal que merecem cuidado destacado convém citar a respiração. No Ocidente, apenas principiamos a descobrir o que os orientais conhecem há milênios: respirar é poderoso. Não foi à toa que Wilhelm Reich, Alexander Lowen e seguidores elegeram a respiração como a função corporal mais importante. Quando há um espelhamento rítmico apurado do pulso respiratório do outro se estabelece uma conexão sutil mas direta entre os conversadores. Aqueles que já participaram de algum coral certamente confirmarão que respirar em um ritmo coletivo induz e fortalece o sentimento de união e pertinência. Respiração e acompanhamento devem caminhar de mãos dadas; se isso ocorre, ocorre ressonância; e se há ressonância, há melhor continência para o diálogo fluir[13].

Acompanhar, está bem-entendido, é a prática prioritária do facilitador. Quer esteja conversando com interlocutores verborrágicos ou autistas, com campeões olímpicos ou paraplégicos, com gente feliz ou infeliz, a dinâmica permanece inalterada: acolhimento do outro sem reservas, sem críticas nem julgamentos. Poderá mudar a forma e o ritmo com que o espelhamento vai ocorrer; apenas isso. De resto, o facilitador respira, observa, aprecia, acompanha, acompanha e confia.

As boas dicas do Tio Dale

Para uma última confirmação de que entre as abordagens eficazes na criação da empatia existe um fio condutor comum, será útil dedicar alguns parágrafos ao renomado método de Dale Carnegie. Na primeira metade do século passado, sua grande sensibilidade e pragmatismo o levaram a sistematizar uma série de dicas capazes de agilizar a aproximação e melhorar a qualidade do vínculo entre as pessoas. Seu livro *Como fazer amigos e influenciar pessoas*, na primeira edição de 1937, esclarecia ao leitor que o "único propósito" da publicação era "[...] *ajudá-lo a resolver um de seus maiores problemas: o de relacionar-se bem com as pessoas e de influenciá-las na vida cotidiana, nos negócios, no trabalho e na vida social*". Desde então transcorreram 80 anos, e a receita, que virou *best-seller* nos Estados Unidos, expandiu-se por todos os continentes, com mais de 50 milhões de exemplares vendidos. No Brasil, ultrapassou a 51ª edição!

Embora ainda haja um esnobe torcer de nariz da elite acadêmica pelo saber mundano de Dale – que não chegou a ter um diploma universitário –, hoje encontramos respaldo científico para suas indicações; antes apoiadas apenas na aguçada percepção que ele tinha dos comportamentos e das relações humanas. Aliás, seria no mínimo estranho se todo esse êxito se devesse ao mero acaso ou à sorte do escritor.

Dentre as variadas orientações que Dale Carnegie assegura serem imprescindíveis para a criação da empatia, pincei as principais para apresentar aqui. Você notará como elas se encaixam com perfeição na ideia de acompanhamento:

1) Seja um bom ouvinte. Incite a pessoa a falar sobre si mesma.

2) Faça a pessoa se sentir importante, e aja assim com sinceridade.

3) Lembre-se de que o nome de uma pessoa é, para ela, o som mais doce e importante que existe em qualquer idioma.

4) Fale de coisas que interessem à pessoa.

5) Sorria. E

6) Não critique, não condene, não se queixe.

Tenha presente que nenhuma dessas dicas sugere conduta forçada, falsa ou hipócrita de se demonstrar simpatia. O reconhecimento da importância do sorriso, por exemplo, não indica que o facilitador deva viver com os dentes expostos. A expressão alegre deve traduzir, na medida certa, a autêntica satisfação pelo ensejo do encontro. Sinceridade e equilíbrio são valores que norteiam a prática da facilitação.

Só não é mais fantástico o fato de que, à sua época, Dale Carnegie esquematizasse as sutilezas da comunicação interpessoal que, posteriormente, a linguística tornaria banais, porque a observação e a perspicácia são as mais velhas, conhecidas e celebradas portas do conhecimento humano. Entretanto, o que sobressai na seleção indicada acima é a atitude de abertura, aceitação e respeito pelo outro. Carnegie percebeu com maestria o quanto acompanhar e acolher geram simpatia e aproximação entre as pessoas durante o encontro. Se somarmos estas dicas às demais espargidas neste texto, e às outras oriundas das experiências, pesquisas e intuições do conversador, teremos no final da combinação uma atratividade forte, original e única.

Certamente, o foco do livro citado ultrapassa a criação de vínculos empáticos entre as pessoas e um bom papo. O interesse de Dale é, *sobretudo*, ampliar a capacidade de persuasão e de liderança dos seus leitores. O facilitador nada tem contra persuadir ou liderar alguém. Mas se o gerente, o consultor comercial e o vendedor podem proceder desta maneira, não é o nosso caso. O conversador não inicia, não desenvolve e nem conclui um diálogo tendo o objetivo premeditado de conquistar liderança ou convencer o interlocutor a comprar algum produto ou mudar suas atitudes de consumo. Este aspecto merece ser grifado: *no enfoque da facilitação, as chances de convencimento e comando decorrem de variáveis circunstanciais; e o facilitador pode perfeitamente ser persuadido e liderado pelo interlocutor.* Por que não? O diálogo é um fluxo que ora vai, ora vem, e qualquer pessoa que demonstre coerência na exposição dos seus argumentos e das suas preferências possui condições de persuadir ou liderar o conversador. Nada há de mal nisso.

Conquanto a prática do acompanhamento do outro seja um estatuto mandatório, há ocasiões, pontuais e esporádicas, nas quais o comunicador abandona sua praxe conciliatória, reativa e assume o comando do diálogo. Trata-se de liderança ocasional, rápida; quer dizer, deve acontecer apenas em breves momentos ou em passagens específicas. Portanto, a *condução* complementa o coreográfico vai e vem/vem e vai do bailado da conversação, e desempenha função estratégica vital no decurso da facilitação.

O que significa *conduzir*?

Imagine que está conversando com alguém que tagarela sem parar, igual a uma matraca, e não se preocupa em ouvir, por um só instante, o que você tem a dizer. Imagine agora o contrário: você dialoga com quem apenas ouve e cala, só ouve, bovinamente, como se não tivesse opinião própria. Pois estas duas cenas opostas e extremas nos ajudam a visualizar e entender a essencialidade do intercâmbio para a saúde das comunicações interpessoais. Foi com esse intuito que usei a dança como representação da empatia. A pessoa que gosta de dançar desfruta com prazer do parceiro que saiba dar e receber, imitar e dirigir, ceder e comandar. De forma igual, um papo não rola com soltura e vivacidade sem que haja um azeitado ir e vir. Bailado e conversação pedem graça, molejo, interação, fluência, permuta e criatividade. Se escassear algum desses ingredientes, bailarinos e conversadores deixam de ser complementares, cúmplices, e se tornam chatos, rígidos, cansativos; por vezes rivais e, em casos extremos, até adversários.

Para que um diálogo mereça o sentido etimológico que abriga (fala *entre* duas ou mais pessoas), seus participantes têm de alternar reciprocamente seguimento e liderança. De preferência nesta ordem: seguindo e escutando primeiro, falando após; espelhando no começo e comandando depois. Esta é a regra de ouro da empatia: *acompanhar, acompanhar, acompanhar e, se for necessário, comandar*. Já demos o espaço devido ao acompanhamento; chegou a ocasião de examinar mais de perto o verbo *conduzir*. Começarei pela inversão do seu significado real: o que conduzir *não* é?

Conduzir não *é forçar*

Crie na tela da mente o filme de um casal bailando. Se um dos dançarinos deseja ser criativo e toma a decisão de alterar o movimento (a divisão rítmica, a postura corporal, a sucessão de passos, tanto faz), só poderá fazê-lo por meio de duas alternativas: a técnica ou a força física[14]. Se a escolha for a força, o resultado frequente é que o par se confunde no ritmo, a marcação do bailado desanda, e a assistência logo vê que alguma coisa emperrou, saiu mal, deu errado. Contudo, se a opção for o caminho da leveza, será necessário aguardar o compasso oportuno para criar a inovação. Caso a pessoa seja hábil o suficiente para realizar a mudança com sensibilidade e rigor técnico, não haverá solução de continuidade no movimento realizado. Será impossível para o público assistente distinguir *quem conduziu quem* na inspirada reviravolta!

A partir da perspectiva da facilitação em uma conversa casual, a forma e o conteúdo dos assuntos tratados devem ser escolhidos pela pessoa, cabendo ao facilitador ter a desenvoltura necessária para acompanhá-los. Porém, é legítimo que no meio do papo o conversador deseje alterar o rumo do que estiver sendo discorrido. E tem direito de tomar tal iniciativa, desde que sem forçar a barra, sem imposição nem ardil. Deverá esperar a ocasião propícia para a mudança pretendida e saber conduzi-la com precisão e maestria. Após isso volta a acompanhar.

Conduzir não *é manipular*

Se o sujeito convida alguém para bailar e já vai planejando tudo o que ocorrerá no salão... Hum, onde está o princípio da troca? Aonde foi parar o espaço para o outro ser parceiro na execução dos passos e rodopios? Na sinuosidade do bailado cada pessoa atua como agente ativo e cocriador dos rumos do fluxo que se cria. Um dançarino não é e não pode ser joguete a serviço da vaidade e do exibicionismo do seu par. Quando fluem gestos e movimentos de confiança e entrega, recíprocos, entre os artistas da dança, há criações que surgem tão perfeitas, que eles se entreolham surpreendidos pelo resultado belo e inesperado. É com essa pegada que a boa conversa acontece.

O facilitador que inicia um diálogo preocupado (de modo literal, *pré*-ocupado) com quando poderá conduzi-lo, já tem um pé firmado no terreno da manipulação. Na troca aberta, transparente e igualitária, nem roteiro nem liderança são pré-fixados. Só com bola de cristal se poderia prever aonde a conversa vai chegar, e se haverá limitação ou comando de qualquer tipo. Decerto que até podemos definir tema, estipular horário ou duração, coisas do gênero. Se estas variáveis forem tratadas com franqueza, lisura e transparência não caracterizam maquinação. A riqueza de uma conversa é justamente construir o caminho onde ela vai dar. Todavia, quem dissimula ou cria artifícios para manter o diálogo circunscrito num determinado assunto, forçando-o a chegar numa premeditada "conclusão", invade o mapa mental do outro e rompe os valores da facilitação[15].

Conduzir não é querer ser mestre ou guru

Na festa, o casal recém se conheceu e começa a dançar. Vamos supor que um tenha *performance* de profissional e o outro apenas ouviu falar de ritmo. Embora seja razoável acreditar que sempre podemos aprender com quem sabe mais do que a gente, a hora do baile não é a ocasião apropriada para bancar o professor e querer dar aula. O dançarino virtuoso terá o zelo de acolher as reais limitações do seu par, humildade para se adequar a elas e fará isso com discrição e bom humor.

Na boa conversa mais vale a intenção sincera e despojada percebida um no outro do que a qualidade e a quantidade do que se tem para permutar. Ainda quando esteja na pauta do diálogo aquele assunto que conhece como a palma da mão, o conversador se coloca como colega de aprendizado. E evita extremos: não camufla o seu saber nem tampouco adota postura professoral. Uma coisa é fazer um comentário breve e oportuno sobre algo, outra bem diferente é discursar ou soterrar o outro com uma avalanche de dados estatísticos e bibliográficos. Já mencionei que o facilitador ouve mais e fala menos. Se adiante encontra a chance de dirigir o diálogo em outra direção, por considerar a mudança mais feliz para a conversa, o faz de igual para igual, logo repassando ao interlocutor a função de comando, e retornando a sua habitual função de coadjuvante.

Conduzir é...
O facilitador entende que seu serviço é pequeníssima fração do todo. Comparada ao leque de oportunidades que a vida oferece, diariamente, ao crescimento de cada pessoa, a missão de conversar talvez represente, no máximo, um modesto subsídio. Por nobres, impecáveis ou excelsas que sejam suas motivações, não lhe é facultado impor, seduzir, aliciar, prometer, intimidar, constranger, criar dependências ou impressionar (através da cultura, porte, riqueza, poder etc.) o parceiro de papo. O conversador, mesmo quando lidera, quer conversar, e não catar seguidores, arregimentar adeptos, asseclas ou simpatizantes. Sua liderança, sempre ocasional e passageira, transcorre em uma sincera confirmação da troca e da permuta, e nunca como negação delas.

A metáfora da dança lançou luz sobre o conceito da condução e sua fundamental importância para a empatia e os facilitadores. Apenas para aclarar o espírito que norteia e rege o recurso vamos imaginar o facilitador interagindo com um interlocutor adolescente. É natural que os jovens necessitem de liderança em suas vidas, quer dizer, necessitem de quem lhes dê mais exemplos concretos e menos conselhos abstratos. E podemos acreditar que não haja ninguém tão indicado para tal tarefa do que pai, mãe, mestra ou mestre. Entretanto, papear com adolescentes em época de transformações tão aceleradas e constantes requer perenes e pragmáticas atualizações de requisitos e reciclagens de certezas. Isso sem falar da desleal concorrência dos super-heróis, cantores de *rock*, artistas de cinema e atletas campeões! O facilitador acompanha, entra na conversa como igual, sem recitar (nem para o jovem, em voz alta, nem para si mesmo, em surdina) a ladainha do "sou mais velho, mais experiente etc." Ainda que esses argumentos sejam verdadeiros e legítimos, nesse instante carecem de utilidade prática. Para efeito da empatia, o que conta é que adulto e adolescente se coloquem frente a frente, mediados por um vínculo construtivista: ambos ensinam, ambos aprendem. O conhecimento é uma construção decorrente do trabalho coletivo; somos todos mestres e todos somos alunos, simultaneamente. Se alguém aprende mais ou ensina mais, o que é quase inevitável que aconteça, está bem. Não existe diferença alguma entre dar e receber. Para a facilitação os dois verbos têm iguais conotação e valor.

Note que os papéis de *co*-mandante e *co*-mandado devem se complementar e se suceder, de preferência em uma alternância leve, contínua e sem fim; se possível, divertida. Quiçá os anos de vivência e o histórico curricular possam dar ao conversador veterano alguma "vantagem" no encaminhamento do papo; porém, ainda assim, ele acompanha antes e depois do menor gesto de liderança. Essa disposição altruísta para a troca tem um fundo simbólico e uma função didática: o adolescente começa a compreender que – independentemente de idade, instrução etc. – ele próprio é o protagonista da sua vida e seu primeiro fiador. A mercê do facilitador será estimular no jovem a modelagem de uma personalidade responsável, autônoma e saudável.

Sem dúvida que, jurídica e explicitamente, nós adultos seguimos respondendo pelos menores; porém, a vida caminha no sentido de lhes atribuir novos direitos e crescentes obrigações[16].

De resto, o conversador interfere o mínimo necessário no andar da carruagem. Se perceber que uma eventual mudança no diálogo suscitará na pessoa ampliação do seu cardápio de escolhas, intervém momentaneamente, com sutileza e rapidez. Em caso excepcional, talvez possa dar uma opinião pessoal sobre as melhores opções, mas não vai além. Aceita e reconhece no próximo o protagonismo da sua história, bem como do intercâmbio que acontece. Jamais usurpa o direito de o interlocutor decidir por si próprio. O conversador respeita e bem-diz a decisão. E se a escolha não foi a mais adequada ou sábia, paciência; errar é humano e faz parte dos riscos que usufruir do livre-arbítrio nos autoriza. Numa situação dessas, e se solicitado for, poderá contribuir na avaliação do processo. Porém, o facilitador nunca, em hipótese alguma, culpa, critica, destrata nem tripudia sobre resultados fracos, "pisadas na bola", inconsistências e/ou dificuldades do outro. Seguimos a perspicácia de Aldous Huxley, que compreendeu com profundidade que *"experiência não é o que acontece com o homem, e sim o que o homem faz com o que acontece com ele"*. À vista disso, quando a facilitação é efetivada com maestria, o equívoco porventura ocorrido se transforma em aprendizado e fonte de crescimento. Afinal, também o conversador comete enganos. Aprender com os erros é parte constituinte do processo. Então, se além disso pudermos estimular umas boas risadas, será tudo que há de bom!

Em qual momento conduzir?

Não há na facilitação – como tampouco há na dança – um mandamento peremptório que nos assegure, com 100% de acerto, quando passar do acompanhamento para a condução ou, após a condução, quando retornar ao espelhamento. O único princípio geral a ser deveras respeitado é: sempre que os valores da facilitação forem ameaçados ou agredidos o facilitador deixará de ser acompanhante do interlocutor e intentará conduzir a conversação no sentido de resgatar seu lastro ético. Caso contrário, seria como permanecer omisso e passivo diante de alguém que, numa estrada movimentada, destrói placas de sinalização de trânsito. É o que está em pauta agora. Os valores nos orientam para seguir por uma rota clara e confiável, e serão abordados com vagar no capítulo 6. Ao impedir que sejamos injustos ou antiéticos, os valores também nos proporcionam segurança e paz de espírito. Fora isso, o conversador conversa e acompanha. Incita a pessoa a descobrir suas próprias capacidades, criar alternativas, acreditar nas próprias pernas e assinar as decorrências das suas escolhas. O efêmero comando que o facilitador assume durante o diálogo sempre terá por meta aumentar a clareza que a pessoa tem do seu poder pessoal e da sua missão no mundo.

O ato de conduzir aparenta simplicidade e é simples, mas nada tem de pueril. Somente a prática e o tempo, juntos e associados, possibilitarão ao conversador atingir o domínio da habilidade. Se para o conversador a boa liderança é, necessariamente, sutil e breve, o sinal da excelência consiste em não distingui-la do acompanhamento. Dito com outras palavras, há maestria na condução quando a pessoa que conduz e a que permite ser conduzida não podem ser diferenciadas. No estado da arte da boa conversa inexistem condutores e conduzidos; há empatia, há ressonância: um conversador facilita outro conversador.

Dificuldades podem ser dádivas

Dificuldade, todos sabemos, é o atributo ou característica que torna algo difícil. São infinitas as variáveis que interferem no andar da conversa, tornando-a lenta, truncada, tensa, agressiva, chata ou curta. Faz parte do ofício voluntário da facilitação lidar com qualquer tipo de circunstância e continuar pondo suas fichas na empatia. Porém, a perícia para encarar os problemas como naturais, talvez superá-los, talvez não, e seguir ileso adiante, não surge de graça. Ou seja, essa competência o conversador necessita criá-la, e para tanto constrói seu próprio repertório de dicas, saberes e técnicas que possa protegê-lo e ajudá-lo em caso de necessidade.

Dizem que o inferno está cheio de boas intenções. E o céu, com mais razão. Imagine dois comunicadores determinados a obter sucesso: quiçá aconteça que onde um tropece em percalços e relutâncias, o outro deslize com fluidez e liberdade... Ou, quem sabe?, pode ocorrer o contrário. É que nem uma constelação de virtudes pode nos eximir de, às vezes, encontrar barreiras, algumas delas intransponíveis. Faz parte da empreitada experimentar objeções, resistências, oposições, cometer atos falhos e mancadas de gravidade e tamanhos variados. Quando um problema aparece não há de ser por pura fatalidade. Nas circunstâncias adversas os conversadores se inspiram na famosa frase de Nietzsche: "*O que não nos mata nos fortalece*".

Conquanto se possa ver no obstáculo um problema, o facilitador escolhe tomá-lo como chance de aprendizado e crescimento. Mediante a adoção de uma postura aberta e amigável para com a dificuldade, posso testar meus limites, talvez me aprimorar ou criar possibilidades novas que me permitam ampliar meu repertório de soluções. Ademais, estou convicto de que cada qual atrai o tipo e o grau das maravilhas e dos embaraços colhidos por onde passa. Quer faça o possível ou o impossível no afã de realizar a contento sua missão, o conversador pode não ajudar, pode ajudar pouco e até pode estorvar em vez de contribuir. Ninguém tem meios de assegurar, previamente, o sucesso deste ou daquele conversador. Há nesse cenário uma única e poética certeza: conversar é preciso; conversar não é preciso.

O adágio das artes marciais *"quem teme perder já está vencido"* tem utilidade aqui. O facilitador inicia a troca interpessoal motivado a estabelecer empatia e a colaborar com o bem-estar mental, emocional, espiritual ou físico do outro. Porém, isso talvez não aconteça, pois empates e derrotas também são possibilidades previstas nas regras do jogo. Embora queira ser vitorioso em sua missão e se esforce para isso, o facilitador não se deixa escravizar pelo placar exposto no marcador. Quando o resultado do diálogo é favorável para o interlocutor, ótimo; quando lhe é indiferente, tudo bem; e se resulta na sua piora, paciência. Toda experiência pode ser vista como nutriente do amadurecimento do conversador. No momento em que eu decido transformar derrotas, empates e vitórias em instrutivas lições de vida, eu decido crescer.

O facilitador dispõe de um menu com múltiplos recursos para enfrentar situações adversas. Tenho particular predileção por três deles, e entendo que quem desejar utilizá-los terá de realizar um disciplinado trabalho sobre o ego e a percepção. Essas escolhas darão ao conversador mais segurança e confiança em contextos nebulosos ou mesmo hostis, e o ajudarão a extrair luz da escuridão. Vamos a eles:

Ressignificar – Para quê? Primeiro, para expandir sua perspectiva; e em seguida, para proteger e empoderar a memória. Vou me explicar. Com frequência, o significado que se dá a um fato tem mais relevância, e acarreta maiores consequências, do que o próprio fato em si. O facilitador se empenha em enxergar os efeitos e desdobramentos positivos que o percalço ou a complicação enseja – quase sempre os há, embora não sejam necessariamente óbvios. Por isso, não se intimida nem julga o ocorrido; intenta aproveitá-lo para se instruir e tentar algo inovador. É através desse olhar criativo que as dificuldades que surgem no diálogo podem ser interpretadas como dádivas. Ao dar ao empecilho um significado desafiador e instigante, motivo-me e me autorizo a superar limitações. Foi inspirado no uso sábio e comedido das ressignificações que Richard Bandler forjou a aguda e bem-humorada provocação: "*Nunca é tarde para se ter uma infância feliz!*"

Tal como ocorre nos arquivos guardados na memória do computador, os arquivos armazenados na memória da mente são identificados e catalogados de acordo com o nome que damos a eles. Quando buscamos localizar uma determinada lembrança na memória, nos guiamos pelo título com que registramos o referido conteúdo. Há pessoas que têm uma enormidade de experiências batizadas e arquivadas com nomes como "*sofrimento no amor*", "*perdas nos negócios*", "*decepções com amigos*" etc. Ora, a neurociência há décadas comprova o que as tradições milenares estão cansadas de saber: as palavras têm poder; e têm mais poder ainda quando estão associadas a alguma emoção. Quem organiza os arquivos da mente com nomes inspiradores, como "*satisfação pelo aprendizado*", mesmo que o aprendizado tenha sido resultante de uma vivência difícil, ou "*alegria de crescer*", mesmo que tenha sido uma dura prova para a vaidade do ego, terá mais chance de extrair benefícios da memória do que quem dá às suas experiências títulos nefastos. Essa analogia é necessária para que possamos visualizar a importância de se dar a cada experiência pessoal guardada dentro de nós significados e títulos positivos.

Separar a pessoa do comportamento – Para quê? Para não embaralhar as coisas – ninguém duvida que o comportamento faz parte da pessoa, mas *não é* a pessoa. Milênios atrás, o filósofo Sócrates já nos ensinava isso: "*Não pense mal dos que procedem mal, pense apenas que estão equivocados*". Por mais que eu saiba que o sujeito está envolvido no problema, dificilmente o sujeito é o problema. Separe um fator do outro. Esta higiênica precaução, sozinha, tem o poder de suplantar a maioria das trombadas interpessoais que testemunhamos por aí. Aqui o facilitador segue de olhos fechados o preceito áureo de calejados negociadores: seja duro com o problema e seja suave com a pessoa. Jamais teremos maturidade para tanto se seguirmos repetindo o erro juvenil de tratar o comportamento do sujeito e o próprio sujeito de modo igual. Por isso, outra vez, reitero a necessidade de reeducar os sentidos e torná-los aptos para discernir com a exatidão possível, onde termina o indivíduo e onde começa a dificuldade. Dê ao problema criatividade e solução, e dê à pessoa gentileza e empatia.

Asseguro que os benefícios desse recurso para a saúde emocional das relações interpessoais são quase ilimitados. Contudo, admito que a ampla maioria da população do planeta esteja agarrada à crença de que a pessoa e seu comportamento são a mesma coisa. Vê-los como coisas diferentes e separadas representa uma ruptura só equivalente à mudança de paradigma. Não é fácil nem rápido desfazer a fusão e a confusão que a família, a escola, a comunidade, a corporação e o Estado chancelam e reforçam no dia a dia. Uma humilde sugestão: tente! Eu também estou tratando de fazer o mesmo. Quando consigo, a sensação é libertadora.

Não tome nada como pessoal – Para que agir assim? Para descomplicar a vida e conduzi-la com maior leveza. Vou explicar. Se o conversador durante o diálogo ouve uma grosseria do interlocutor e a acolhe de forma pessoal, ou seja, coloca esse lixo (a grosseria) na própria mochila, vai suportar o seu peso pelo caminho afora. Quem recebe descortesia e não a toma como algo particular, sabe que o lixo (a descortesia) pertence ao outro, e se alguém tiver de carregar esse fardo, que seja o próprio criador do fardo. Simples assim. Só me atinge de fato o que toca a minha essência e só toca a minha essência o que eu der poder e autorização para fazê-lo. A nenhuma crítica, ofensa ou comportamento mal-educado eu dou permissão para ir tão profundo.

Mas atenção: idêntico raciocínio serve para elogios e louvações; só que nesse caso, o cuidado passa a ser com o narcisismo e a inflação do ego. Quem toma qualquer tipo de exaltação como pessoal corre o risco de se tornar refém de aplausos. Não é incomum a vaidade nos trazer mais pepinos do que alegrias. Em todo caso, melhor guardar no coração o que for positivo, amoroso e, detalhe importantíssimo, não seja pesado. O poeta espanhol Antônio Machado nos ensinou a importância da leveza ao versejar: "*Nunca persegui a glória, nem deixar na memória dos homens o meu cantar. Amo os mundos sublimes, ingrávidos e gentis com bolhas de sabão*". Pessoalmente, pude confirmar o valor de uma mochila leve na prática, em 2009, ao fazer o Caminho de São Tiago. É uma metáfora que vale para a vida.

Agora a pergunta que se recusa a calar: esses recursos sempre dão certo? A resposta é: não! Desconfie de todo recurso, técnica ou ferramenta com fama de infalível. Entretanto, jamais saberá se funcionam com você se, no calor da hora, não se atrever a experimentá-los. De resto, ao término de cada encontro o facilitador repassa no seu monitor mental a reprise do papo, retém dicas úteis do que aconteceu, aprendizados, conclusões e, como se diz, "zera o hodômetro". À noite, dorme tranquilo, por sentir e saber que fez o seu melhor. Amanhã será outro dia, com chances de novas conversas.

Quando a empatia se desfaz

"*Não há bem que sempre dure, não há mal que nunca acabe!*" Este axioma popular nos encaminha para as situações nas quais alguma coisa acontece e a fluidez harmônica da troca se interrompe. É impossível elaborar uma relação completa e exaustiva das causas que contribuem para tal desfecho. A norma é tão antiga e genérica quanto implacável: *o que pode criar, também pode destruir*. Logo, com monótona frequência, a raiz do rompimento da empatia costuma se encontrar na falência de um ou de vários dos elementos que se combinaram para criá-la. A justificativa honesta é também a mais assídua: *o acompanhamento falhou!* Só irão variar a maneira, a ocasião e a intensidade com que a falha aconteceu.

Se a sintonia que une as pessoas vai sendo minada em câmara lenta, através de pequenas e seguidas rusgas, o vínculo entre elas também se esgarça em ritmo de valsa. Nessas circunstâncias homeopáticas, dizemos que houve esfriamento do afeto e declínio da importância da relação. Se indolor, o enredo talvez possa desaguar na indiferença. Contudo, se há freio brusco em um pico de alta velocidade, experimenta-se tremendo impacto, um verdadeiro choque. Dizemos então que a afeição se inverteu, podendo ceder lugar a formas radicais de antipatia. É este o cenário perfeito para emoções eriçadas, ânimos exaltados e o pior: confrontos verbais e até mesmo agressões físicas. Parte dos crimes chamados passionais resulta da abrupta inversão de um bem-querer extremado em um ódio extremado. Na maioria dos casos, porém, a quebra da empatia produz efeitos menos dramáticos, situados dentro dos limites civilizados do desconforto. A regra usual é que as reações soem espelhar uma proporção simétrica entre três indicadores: o nível de harmonia conquistado, o tipo de ruptura havido e a velocidade em que se deu a mudança – igual à lei da ação e reação.

Retomo a metáfora da dança, em que o rompimento de empatia é inócuo e elucidativo. Imagine-se à noite numa festa superanimada: há gente bonita, ambiente aprazível, penumbra e som perfeitos, bebida e comida de qualidade. Você está com a pessoa amada. Por cima, a banda inicia os acordes daquela música que tanto gostam. Não dá para permanecerem sentados.

Você se apressa, puxa seu par até o salão, onde mergulham num abraço dançante. A suave sinergia dos movimentos vai criando um clima de bem-estar crescente. Uma gostosa sensação de sonho parece não ter limite. No auge desse idílio... Pumba! A música para e luzes fortes são acesas. Com a rapidez do raio, uma onda de desconforto percorreu você, seu par e os demais dançantes. Ecoam um dissonante coro de Ohhh!!!, assobios de protesto e exclamações impublicáveis. Que é que é isso?! Por que tanta irritação e nervosismo? Se há explicação plausível para essas reações em cadeia, é que algo atingiu o estado de espírito das pessoas com o impacto violento de um inesperado soco no estômago. Tal é a sensação que ocorre com a gente quando o clima gerado pela empatia se interrompe de forma abrupta, num repente, sem aviso anterior.

Fiel ao cumprimento da sua missão, o facilitador intentará extrair do esfriamento da afeição e da ruptura da empatia benefícios para a pessoa. E isso será possível? Digo que impossível não é – o que permite brecha para a esperança. Pois no geral, o rompimento dos vínculos empáticos não se dá num supetão, mas decorre do encadeamento progressivo de ruídos, pequenos atritos etc. Claro que há situações graves, como quando o entrosamento da conversa esfria num estalar de dedos, passando de uma fogueira junina para o gelo polar; e aí pouco há o que se fazer. Em tal contexto, evitar o conflito já seria uma enorme vantagem – e para tanto há de contribuir a postura aberta, pacífica e mansa do facilitador; sem dúvidas, um potente antídoto contra o veneno dos temperamentos exacerbados. Quiçá a opção prudente, neste caso, seja dar tempo ao tempo, para que as partes ruminem suas razões, consultem seus corações, possam lamber suas feridas e/ou esperá-las cicatrizar.

O gesto do perdão, o bálsamo dos bálsamos, traria para os envolvidos no rompimento da empatia, benefícios curativos e instantâneos. Mas poucas pessoas possuem a coragem e a grandeza de conjugar o verbo perdoar em tempo real, no presente do indicativo. Embora não seja recomendável a ninguém carregar bicos, melindres e ressentimentos – porque oprimem e não compensa carregá-los –, pode ser realista o facilitador imitar a corrida de revezamento com bastões, e passar a tarefa adiante, para outro conversador. Caso essa estratégia seja viável, e haja disposição para tanto, é imperativo que o facilitador novato supere qualquer contaminação com a tão comum "solidariedade corporativa", e que se abstenha de julgar o que quer que tenha havido entre a pessoa e seu antecessor.

Sem dúvida, nos desentendimentos triviais, isentos de gravidade, as chances do conversador são maiores. Se houve esfriamento da empatia entre a pessoa e o facilitador, é mister para a retomada da troca que a pessoa volte a expressar um mínimo de simpatia. E será poderoso respeitar o *timing* alheio: do interlocutor virá ou não o sinal verde para que o trabalho de reaproximação possa ser intentado. Paciência e perspicácia são ferramentas indispensáveis nesse cenário. Exímios conversadores transformam carvão em diamantes – usam o incômodo que costuma se seguir ao ruído ou rusga na conversa em pretextos para ampliar os mapas, o próprio e o do outro. Para esses hábeis facilitadores, até as tensões são bem-vindas, pois comprovam o colapso das expectativas viciadas. O recurso de usar o conflito como fermento da aprendizagem tem sido utilizado em diversas práticas pedagógicas e terapêuticas, e tido bons resultados. Já sabemos que facilitador não é didata nem terapeuta; entretanto, se a empatia serve a ambos, a ausência dela também poderá servir – vai depender da presença de espírito, da resiliência e da inventividade de cada um.

Não devo concluir este tópico sem ponderar que a apatia também abrevia diálogos e relações. Seguimos com a mesma ilustração para esmiuçar o processo: visualize que durante a dança um dos bailarinos manifesta entusiasmo nos movimentos, enquanto seu par esbanja mostras de não querer mais dançar. Com certeza esse casal não ficará por longo tempo no salão – um dos dois tomará a iniciativa de propor o término do bailado. Ninguém alimenta a conversa se nota grande desequilíbrio de intenções ou interesses.

Seja por meio da lentidão do *esfriamento* ou do choque da *ruptura*, o fim da empatia deixa nas pessoas um sentimento de futuro do pretérito – algo que poderia ter sido e não foi. Tanto maior a sensação de mal-estar quanto mais elevado o nível da satisfação antes obtido. O preço das desavenças que sucedem a concórdia nunca é baixo demais que valha a pena ser pago. O caso de ex-amigos tornados oponentes ou até desafetos amiúde redunda em uma cruel ironia: costuma visitar o coração humano a saudade dos momentos fraternos, quando tudo rolava em paz e perfeita harmonia. Quem já não sentiu a falta do amigo querido que se afastou da gente após um desentendimento? É que nossa memória afetiva armazena, com especial carinho, as prazerosas lembranças das comunhões empáticas que vivenciamos. Por isso se diz que recordar é reviver.

Previna-se contra as armadilhas do ego

Toda ação gera algum tipo de reação. Inexiste atividade, trabalho, passatempo ou lazer que esteja completamente isento de consequências. O ato de conversar não foge à regra. Ao adotar a máxima "melhor prevenir do que remediar", o conversador se fia na prudência para avançar com confiança rumo ao seu propósito. Pois bem, no enfoque da facilitação, as piores ameaças, confusões e embaraços que aparecem no transcorrer do diálogo não costumam ser da responsabilidade direta da pessoa. Estão originadas no próprio facilitador, e podemos classificá-las, sem exagero, de atrozes! Não as defino assim devido a poderem causar danos à nossa integridade pessoal ou algo parecido – até porque podem. São atrozes por pertencerem ao gênero de perigo que criamos para nós mesmos, e que alimentamos sem nos dar conta. Na maioria das vezes, só notamos essas ardilosas arapucas, autênticas autossabotagens do inconsciente, depois de nos estatelarmos nelas.

O cuidado contra sinistros de percurso que podem acometer o facilitador durante a conversa segue normas similares às da "direção defensiva", no trânsito de veículos, e da "prevenção de acidentes", na segurança do trabalho. O capítulo 6, que tratará sobre questões éticas, nos oferecerá uma profilaxia eficiente, efetiva e eficaz. Nosso objetivo ao adiantarmos três dos "vírus potenciais" que nos rondam é tornar o conversador, desde já, consciente da necessidade de fazer da prudência um hábito de higiene pessoal. Confira:

Onipresença – Por mais solidário que o facilitador pretenda ser, não lhe está consentido usurpar a liberdade que a pessoa tem de conceber o seu próprio filme: criar o roteiro, atuar no papel principal e dirigi-lo. Quando o conversador relembra a boa conversa com um interlocutor específico, seu pensamento reflete confiança no colega de papo e na jornada dele. Esse posicionamento de "soltura" nunca deve ser confundido com apatia, comodismo, indiferença ou "não tô nem aí". O desapego equivale a uma cabal demonstração de crédito na autonomia do próximo e, de quebra, combate e sobrepuja qualquer vestígio de onipresença. Uma coisa é o facilitador se dedicar à pessoa enquanto dura o diálogo; outra, bem diferente, é seguir se ocupando dela em sua ausência. Quando sozinho, ao conversador convém cuidar de si – tarefa que se for cumprida à risca ocupará seu tempo o suficiente que não lhe sobre para brincar de deus.

Exceções existem. Há situações nas quais nos ocupamos da pessoa a distância sob um prisma válido. Por exemplo, quando fazemos uma ação benéfica e solidária destinada a alguém fisicamente afastado. Pode ser sessão de reiki, meditação, prece, mentalização ou algo menos sublime, como o depósito de dinheiro em uma conta bancária. Em alguns casos até podemos permanecer anônimos, e a pessoa beneficiada nem chega a saber o que fizemos para o bem dela: o propósito da ação atingirá de modo infalível a sua meta.

Imediatismo – Cada ser humano tem o seu cronômetro e suas formas próprias de contar. O tempo biológico de um não é o mesmo do outro. O prazo psicológico do outro não costuma coincidir com o meu. Essas peculiaridades não fazem ninguém melhor ou pior, mas fazem cada indivíduo ser singular. O facilitador poderá dar "respostas mais rápidas" que o interlocutor num ou noutro tema. Contudo, a recíproca haverá de existir, e em outros momentos as "respostas mais rápidas" virão do interlocutor. Não é pelo nosso *timing* que o andamento da troca deve ser pautado e medido, e sim pelo do interlocutor. Além disso, a facilitação não se resume na atuação de só um servidor voluntário ou de uma única conversa – sua utopia possível consiste em criar uma teia global de facilitadores, na qual todos nós sejamos, na lida diária e *ad aeternum*, facilitadores uns dos outros. Então, para que ansiedade e apuro? Respire fundo e não pretenda apressar nada; a fila anda e o rio corre sozinho.

Vaidade – É natural a gente sentir alguma satisfação ao ajudar alguém numa necessidade. Trata-se de uma reação emocional saudável; afinal de contas, nossa autoestima se alimenta também dessas prosaicas vitaminas. Porém, apenas um milímetro além do jardim da satisfação começa o pântano da vaidade – esse velhaco, sedutor e corrosivo vício da espécie humana. O alarme que delata a iminência do atoleiro "dispara" quando o contentamento do facilitador se torna o objetivo primário da sua atuação. Aí a ilusão da autoimportância finca profundo, infla o ego e deturpa o propósito do propósito. Portanto, que não haja convencimento, soberba ou presunção do conversador por causa de qualquer benevolência, favor, ajuda ou contribuição para o bem-estar e crescimento de outrem. Claro que se o interlocutor perceber algum benefício oriundo da permuta e se mostrar grato, ótimo. Mas se houve uma contribuição efetiva e a pessoa não a percebeu ou simplesmente não quis agradecer, está tudo bem. O conversador não cria uma boa conversa visando obter alguma forma de reconhecimento.

Na verdade, o facilitador conversa como se plantasse tâmaras. Explico-me: um adágio árabe nos ensina que *"quem planta tâmaras não colhe tâmaras"*. É que antigamente a planta levava cerca de oitenta anos para dar seus primeiros frutos. Plantar uma palmeira com tal característica era um gesto de amor e generosidade para com as gerações futuras. Hoje, com modernas técnicas de cultivo, as tâmaras não tardam tanto a frutificar. Mas a mensagem do provérbio nos serve sob medida. Apostar na boa conversa é um ato de confiança no futuro. Daí que a melhor recompensa consiste na oportunidade momentânea de servir. E que jamais o conversador tolere, estimule ou acolha manifestações de bajulação, dependência ou de servilismo.

Por fim, a facilitação clama e reclama o cultivo da "amnésia seletiva": ao se despedir do outro, o artífice da boa conversa, automaticamente, se esquece do bem que talvez tenha praticado; embora relembre com gratidão a oportunidade da conversa e os benefícios que recebeu[17].

3
Forças que expandem & forças que limitam

AQUI VOCÊ ENCONTRARÁ o modo como a facilitação entende e trata a questão central da consciência. Para os facilitadores é necessário, imprescindível mesmo, que a criação da empatia durante o diálogo seja um processo elaborado conscientemente. Ficará claro a contribuição do *feedback* para a evolução das relações interpessoais. Você verá as quatro etapas do ciclo da aprendizagem, e como elas impactam nosso desenvolvimento. Saberá que todos nós possuímos molas expansivas e travas limitadoras que se manifestam e se repetem sem que a gente, muitas vezes, se dê conta delas. Aqui também são aprofundados os importantes comportamentos de abertura, confiança e espontaneidade. Introduzo a tese que liga a conversa e a empatia à conectividade e à ressonância. O capítulo encerra com uma reflexão sobre a ecologia pessoal e a urgência de usarmos nosso saber altruisticamente, com responsabilidade e equilíbrio.

O modo como nossa simpatia espalha-se ou encolhe-se é que realmente determina nossas vidas (D.H. LAURENCE).

Nossas aspirações são nossas possibilidades (ROBERT BROWNING).

Se você pensa que pode, pode. Se pensa que não pode, tem razão (MARY KAY ASH).

Qualquer coisa que aumente, diminua, limite ou amplie o poder de ação do corpo, aumenta, diminui, limita ou amplia o poder da mente. E qualquer coisa que aumente, diminua, limite ou amplie o poder de ação da mente também aumenta, diminui, limita ou amplia o poder de ação do corpo (SPINOZA).

Todo ser humano é prisioneiro do que lhe é familiar (GARY HAMEL).

Alguém que vive dentro de suas possibilidades sofre de falta de imaginação (OSCAR WILDE).

Toda natureza está, a todo momento, se esforçando ao máximo pelo nosso bem (HENRY THOREAU).

A ação é a negação de todas as possibilidades, menos de uma (ÉDOUARD HERRIOT).

A medida da inteligência é a capacidade de mudar (ALBERT EINSTEIN).

Algumas pessoas querem que algo ocorra, outras sonham com o que poderá ocorrer, outras fazem a coisa acontecer (MICHAEL JORDAN).

Participamos do enredado tecido social formado por classes, camadas e estratos, associados e divididos segundo os mais discutíveis critérios. Para onde se vire a gente verifica a diversidade: sua vizinha pode não estar nem aí para o equilíbrio ambiental, pode ser membro do partido político X, considerar tolice se discutir desigualdades econômicas, ser farmacêutica aposentada ou uma *workaholic* incurável. Basta olhar para ver pessoas de todos os matizes e grupos menos ou mais receptivos a quem queira se afiliar. Nós, facilitadores, elegemos pertencer ao conjunto de cidadãos que acredita que nosso planeta pode e deve se tornar um lugar melhor para se viver. Mas a marca que nos identifica e o elo que nos reúne não se restringem à firme crença em uma humanidade que venha a se tornar mais pacífica, solidária e justa. Nós nos empenhamos em ser protagonistas, constantes, esperançosos e emocionalmente comprometidos com as transformações que desejamos realizar.

Faz todo sentido a reflexão de Gandhi: "*Se eu quero mudar o mundo, tenho que começar por mim*". Logo, devo iniciar as mudanças que pretendo; primeiro, no meu interior, e materializá-las nas atitudes e comportamentos que adoto no cotidiano. Se eu não fizer assim, não há outra forma de fazer. Líderes políticos, celebridades, empresários, religiosos, cientistas, artistas e atletas conhecidos têm ecoado essa necessidade imediata de coerência. Cidadãos comuns têm repetido o mesmo apelo. O pensador francês Teilhard de Chardin, no começo do século passado, já nos alertava que "*só uma revolução da consciência humana poderá salvar nosso planeta*". Acreditar que uma meta dessa importância e magnitude possa e deva se iniciar em nós mesmos, com as pessoas próximas e nos ambientes onde circulamos, parece ser algo justo e realizável.

Embora a facilitação pressuponha, da parte de seus agentes, um perene e incansável labor de aprimoramento pessoal, sua razão de existir é serviço. Já foi dito: facilitar é servir o próximo. E o serviço que nos propomos a realizar consiste em contribuir para a melhoria da condição emocional, mental, física e espiritual do outro; em utilizar cada troca interpessoal, cada conversa como meio para atingir essas metas. Porém, tal anseio só encontra sustentação presente e chances de futuro, só prolifera de verdade, nas relações que conhecem um mínimo grau de empatia. É habitual que o "soltar-se" no diálogo apenas aconteça na medida em que as pessoas se sintam confiantes e seguras. A percepção de um clima interpessoal inclusivo e harmônico em torno de si nos estimula a deixar de lado amarras, medos e travas, e a nos expor tal como somos – ou o mais próximo disso. O ambiente acolhedor e protegido favorece a criação de vínculos confiáveis, e vice-versa. Abertura e confiança formam um círculo virtuoso a partir do qual nós nos damos permissão para sermos *espontâneos* – e a espontaneidade expressa e sintetiza o estado interno mais fértil para o aprendizado, a criatividade, a diversão e o crescimento[18]. Quem quer que se empenhe, como artífice consciente, na tessitura de um ambiente interpessoal aberto e confiável está afinado com a essência da facilitação.

A criação consciente da empatia

Tenho me referido constantemente à necessidade de que a criação da empatia seja um processo *consciente*. Mas, afinal:

- O que é *consciência*?
- Como estar consciente no momento da conversa? E
- Qual a vantagem de se investir energia nisso?

Estas são questões decisivas para a prática da facilitação e chegou o momento de me ocupar delas. Respondê-las não é tarefa que se possa reputar de fácil, porém resulta num apaixonante desafio. Sublinho de início que não há unanimidade na definição de *consciência*. A filosofia, a ciência política, a linguística, a neurologia, a psicologia, a psicanálise, a psiquiatria e a neurociência utilizam o termo com entendimentos relativamente heterogêneos. Só para ilustrar, cito a seara multifacetada da psicologia. Desde as considerações clássicas de Sigmund Freud – que no final do século XIX tomava a consciência como um dado da prática imediata do sujeito – até o recente paradigma transpessoal de Stanislaw Grof e Ken Wilber – que vê na consciência um fenômeno que transcende limites da experiência temporal-espacial do indivíduo –, poucos conceitos suscitam tão extensa e acalorada discussão. Porém, ainda que estas linhas não tenham a mais remota pretensão intelectual de harmonizar as dissonâncias e resolver as controvérsias, é preciso explicitar como eu, enquanto facilitador, entendo e utilizo o termo.

Dizem que mais vale acender uma vela do que amaldiçoar a escuridão. Assino embaixo. Alguns se contentam em dar à consciência um significado utilitário, curto e grosso: é a percepção que tenho do meu momento e desempenho, através dos sentidos, neste exato aqui e agora. A redução do conceito ao que pode a percepção sensorial imediata parece razoável para os fins do simples bate-papo, mas se mostra acanhada para os propósitos da facilitação. Não basta para o conversador fazer coincidir a consciência com a mente desperta, em estado de vigília – nem se incluirmos aí os dados da memória rápida ou superficial. Faltam conexões com a ideia de totalidade e com a ideia de atuação responsável. O entendimento de que estamos conectados a uma dimensão maior é, a meu ver, essencial; mas este ponto será tratado no último capítulo. Já a ligação entre o "dar-se conta" e o agir com responsabilidade será focalizada agora.

A partir da perspectiva dos facilitadores, apenas uma conceituação de consciência pragmática, comprometida com a ação responsável, se alinha com a crença de que a transformação da realidade passa pela evolução das nossas próprias emoções, pensamentos, atitudes e comportamentos. Mas embora essa forma de entender a consciência, ancorada no princípio *"saber e não fazer é não saber"*, da filosofia Zen, agrade e satisfaça plenamente aos facilitadores, concedo relativizar a questão. Sim, é possível saber e não fazer. Contudo, quando o que eu sei não se realiza, não se converte em ação, meu saber permanece no plano abstrato, não interfere na realidade. Se eu não pratico o que sei jamais terei *consciência* do que poderia ter sido modificado a partir da minha ação. Pensando de modo inverso: quando meu saber se realiza, quando se manifesta e transforma o mundo através das minhas ações, eu me sinto e sei que sou responsável pela mudança que causei.

Os primeiros traços de nossa autoconsciência aparecem em torno do ano e meio de vida, e segue desde então em uma elaboração contínua, que nunca se conclui. Conquanto esta seja uma porta que se abre pelo lado de dentro, também sofre as influências advindas das nossas interações sociais. Sem a ajuda do outro não há como eu tomar ciência de mim – o que torna fácil compreender o decisivo auxílio dos *feedbacks*. Através dos *feedbacks* consigo ampliar o que sei acerca de *quem* e de *como* sou, do que possuo de bom e posso refinar, e o que será conveniente ou preciso corrigir, polir, ampliar, superar, diminuir ou descartar. É que consciência e comportamento são lados da mesma moeda: a consciência se explica e se justifica como tal ao produzir comportamentos coerentes com ela, e um comportamento específico ganha legitimidade e consistência ao espelhar a consciência que o produziu. Para os facilitadores, consciência e responsabilidade estão associadas. Durante a prática da boa conversa eu estou ciente da interação e, ao mesmo tempo, sou responsável pelo resultado do meu desempenho.

Este entendimento mental-prático do termo consciência não haverá de satisfazer filósofos ou neurocientistas, mas tem utilidade para nós, meros conversadores, por seu inegável pragmatismo. Tivessem estas páginas ambição acadêmica, teria de avançar além dessa brevíssima reflexão; pois a investigação sobre a consciência tem produzido não muitos volumes, mas bibliotecas inteiras. A coerência entre percepção, emoção, pensamento, linguagem e ação talvez seja o mais audacioso e atrevido desafio da nossa existência, e assumi-lo é escolha pessoal e intransferível, mesmo que não haja qualquer garantia ou aval de que chegaremos a ter uma vida boa – como pretendia Aristóteles. Aos facilitadores resta confiar na consciência como o navegador confia na bússola para singrar os mares, varar as noites e, provavelmente, atracar no seu porto seguro. Para os conversadores é imprescindível o indivíduo responder pelo que faz; e por isso que consciência e responsabilidade andam de mãos dadas.

O motorista que sabe que álcool e condução de veículos não devem se misturar e, apesar de saber disso, bebe além da conta e assume o comando do carro, deve ser chamado de *consciente*? O senso comum responde *sim*; tanto que se flagrado, o sujeito responderá perante a justiça pelo crime de embriaguez ao volante. Mas do ponto de vista da facilitação, a resposta é *não*. Parafraseando Aldous Huxley, talvez pudéssemos dizer que *consciência não é o que a pessoa conhece, mas o que a pessoa faz a partir do que conhece*. Do contrário, cabe se perguntar: Qual tipo de estado mental é esse, no qual o sujeito lê o *manual de direção responsável*, reflete sobre seu conteúdo, sabe dos riscos da bebedeira, enche a cara e decide ligar a ignição e pisar no acelerador? Contestar que a vida não é tão "certinha", que não somos robôs e nem monges tibetanos, que os prazeres mundanos estão aí para serem desfrutados, nem de leve arranha o miolo do problema. Por certo que o estado mental de quem assume comportamentos de risco é legítimo, mas talvez não devesse ser chamado de consciente. Pelo menos, não na acepção que nós, conversadores, damos à palavra. Claro que nas adições químicas há elementos que debilitam e entorpecem a vontade do sujeito; porém, ainda assim, o motorista com mínimo de consciência deveria escolher a prevenção: *antes de beber, entrega as chaves do veículo a algum condutor sóbrio.*

Segundo a andragogia, método de educação de adultos, ninguém ensina ao adulto – é ele quem ensina a si próprio. Apesar dessa visão, ainda que todos sejamos, em alguma medida, autodidatas, só um tolo recusaria o ensejo de aprender com o outro. Estar consciente representa uma opção autoeducativa, e educar a si mesmo requer autonomia e disciplina. Ao criar empatia de modo consciente eu me reconheço como responsável por encontrar e oferecer respostas criativas e adaptadas aos meus interlocutores. Quando a facilitação sugere que *a consciência é a chave da liberdade* está assumindo todo o encargo que o ser/estar livre acarreta. Então, consciência pode ser, pragmaticamente, o estado da mente no qual eu sei algo, faço o que sei e respondo pelo que fiz.

Como posso estar consciente no decurso da conversa?

A reiterada solicitação para que o conversador crie empatia de modo consciente atende ao fato de que só operando nesse estado mental o agente da facilitação consegue escolher e controlar seus atos – quer dizer, pode ser responsabilizado por eles. Mas isso, o estar ciente de si, do próprio desempenho, da interação com os demais, do ambiente etc., resulta da prática e do domínio da atenção. Se deixada ao léu, a mente humana costuma se comportar como o macaco na cristaleira. Além de pular de um lado para outro, sem propósito, facilmente produz desastres. Vamos supor que o morador participa da reunião do condomínio, e está preocupadíssimo em responder a um e-mail no celular. A pergunta que fica é: Será que ele está mesmo *presente* nas discussões? Por certo que na lista de presença da reunião consta seu nome assinado; contudo... Bem, entre os facilitadores dizemos que esse sujeito exemplifica com perfeição o "absenteísmo psicológico" – o corpo dele está na hora e no local do evento, mas sua consciência perambula em um lugar distante dali. A maneira efetiva de ancorar e garantir presença física, emocional, mental e espiritual, já sabemos qual é: conexão com o fluxo respiratório. Hoje, expressiva parcela das abordagens terapêuticas considera uma das evidências relevantes da cura do cliente a fluência harmônica da sua respiração. Ao colocar foco consciente em como estou respirando, dou um importante passo para me responsabilizar pelo presente, requisito necessário para a facilitação prosperar.

Qual a vantagem de investir energia nisso?

O mais valioso ganho ao investir energia na consciência do momento é desfrutar plenamente da vida. Essa vantagem aumenta a distância que separa o mérito da sorte. Explico-me: todo e cada instante vivido sem o aval da mente consciente equivale a uma experiência conduzida no piloto automático. Sob essa condição, os resultados conseguidos sempre são o que a sorte permite; não há espaço para o merecimento. A decisão do facilitador de agir de modo lúcido e voluntário implica responsabilidade e conduz ao crescimento – que às vezes pode ser doloroso. A eventual escolha do outro de permanecer na cinzenta zona de conforto, protegido por uma suposta inércia, apesar de legítima e merecedora de respeito, pode ser ingênua e até ilusória. Mudar é verbo imperativo, e o mutável fluxo da vida segue sem que nada o detenha. Como facilitadores, uma vez diante do impasse entre ficar estagnado ou se expandir, não há relutância; tomamos fôlego e, com nosso mais apurado bom-humor, reprisamos a irreverente pergunta de Bandler: *"Para que você quer ser quem é, se você pode ser alguém muito melhor?"*

Investir em si mesmo compensa. Ao apurar o seu senso de presença, o conversador aprimora a agudez da escuta, amplia o mapa mental e, de quebra, expande a consciência. Tudo está relacionado. Quando observo a realidade com acuidade sensorial, aumento a quantidade e a qualidade dos dados captados, produzo sinapses mais ricas e construo modelos mentais mais efetivos. No viés da facilitação, porém, como o leitor já foi advertido, a expansão da consciência incorpora a ideia de múltiplas alternativas e de escolhas mais sábias. Esta distinção é significativa, pois reforça que consciência e ação responsável se afinam e se aprimoram inseparáveis. De nada adianta eu dispor de um cardápio com abundantes oportunidades, se não for capaz de, exercendo minha liberdade responsável, tomar as melhores decisões.

Expandir a consciência também traz consigo a vantagem de amainar a bruma que separa a percepção da realidade. Apesar das nossas óbvias restrições perceptivas, conseguimos, dentro de determinados limites, reduzir a brecha que "afasta" nossos sentidos do ambiente, dos outros e de nós mesmos. A forma mais natural que este empenho pode assumir é a *atenção*. Já me detive sobre ela e a ela retornarei outras vezes. Quando a mente focaliza "algo", cresce a probabilidade desse "algo" ser esmiuçado. Uso a atenção *interna* quando observo a mim mesmo; e a atenção *externa* quando observo o outro e o meio ambiente. Se coloco propósito em um único alvo, digo que a atenção é *concentrada*, e a emprego para digitar o número no celular ou descobrir a fruta que deu sabor ao suco. Se os focos são múltiplos e simultâneos, lanço mão da atenção *difusa*. É o caso dos músicos em uma banda de *jazz* e do juiz em uma partida de futebol. Contudo, posto que a prioridade do conversador é a troca, tão logo percebo minha própria respiração, o foco que estava difuso volta a se unificar. Convém que minha atenção esteja, a maior parte do tempo, dirigida ao que acontece no decurso da conversa.

No que concerne à clareza da consciência, portanto, a atenção tem um papel relevante a cumprir. Esclarecer é verbo nascido da luz; daí o ser/estar mais ou menos consciente equivale a ser/estar mais ou menos esclarecido ou iluminado. No Oriente, os textos clássicos, as ordens monásticas e escolas meditativas aludem a passagem da consciência cerceada para a consciência sem limites de *iluminação*, e compartilham a ideia de que quando um único ser humano se ilumina, a humanidade inteira usufrui do acontecimento. O benefício ocorreria devido a uma crença milenar, comungada por diversas culturas: todos nós estamos conectados. A ciência do século XXI caminha no sentido de validar essa visão. Admitir como possibilidade que "vivemos em rede" já não assusta nem escandaliza o meio acadêmico.

Voluntários da conversa, os facilitadores defendemos uma postura moral prática e objetiva: é importante e necessário materializar os dons e potenciais positivos que possuímos. Se cada um fizer o que sabe fazer melhor, o resultado repercutirá e o conjunto da obra tenderá à excelência. Mesmo sabendo que existem avanços seguidos de retrocessos, fico satisfeito sempre que noto a mínima evolução em alguém, no outro ou em mim. A pessoa que amplia a percepção dos seus dons e potenciais positivos também amplia – quer queira quer não – a responsabilidade de possuí-los e o dever de realizá-los. Esse entendimento inspira cada conversador a se comprometer com o significado e o propósito da facilitação: quando a gente usa conscientemente os dons que possui está ajudando a natureza a se realizar.

Embora os diálogos possam ser visualizados como elos de uma corrente viva, não convém endossar certezas sobre seus andamentos. Ainda que tenha havido da parte do facilitador iniciativa, empenho e determinação para criar empatia com a pessoa de modo voluntário, o mais prudente e sábio é evitar expectativas. Quando se tem expectativas, junto com elas chegam as cobranças – e cobranças não raro antecedem frustrações. Laboramos com fé humana, que é confiança na condição do ser humano; diferente da fé religiosa – na qual se espera da divindade que intervenha em nosso benefício, alterando fenômenos e fatos naturais. Essa postura livre de aguardamento simplifica bastante a contabilidade dos conversadores: se não há expectativas, não há dívidas; não havendo dívidas, não há cobranças; não havendo motivos para cobrar, não há razão para nenhum tipo de espera. Vendo com olhos empáticos as relações humanas, servir e ser servido se igualam, dar sempre é igual a receber. Ao adotar essa atitude despojada no vai e vem da boa conversa, o facilitador fortalece a aproximação e o desapego.

Só por intermédio da empatia o exercício da facilitação perde sua aparência isolada e acidental e se manifesta como algo conjunto. Então, posso dizer que *me* realizar é, em sua essência, *nos* realizar. Nesse sentido, o diálogo empático funciona segundo o princípio dos vasos comunicantes; ao colaborar para que o outro esclareça e amplie sua consciência, o mesmo processo reverbera e me beneficia. E não somente a mim, mas a qualquer ser humano que esteja alinhado com o significado e propósito da ação. Isso ocorre por conectividade e ressonância. Essa é a principal, senão a única, tese do livro: o poder da boa conversa consiste em conectar e repercutir empatia, solidariedade, altruísmo e compaixão.

O ciclo da aprendizagem

Há indícios de que a origem do método chamado pelos gregos de *dialético* ou *peripatético* seja muito remota, localizando-se no Extremo Oriente, pelas regiões da China e da Índia. No Ocidente, foram os filósofos da Antiguidade clássica que inauguraram o hábito de ensinar seus discípulos através de conversações. O título da principal obra de Platão, *Diálogos*, é por si só esclarecedor. De lá para cá, num sinuoso percurso histórico-geográfico, o costume da transmissão coloquial do saber veio angariando prestígio crescente. No início do terceiro milênio, nenhum pedagogo sério discute a validade ou a eficácia do método, cujo potencial didático cresce e se multiplica se são utilizados os recursos geradores de empatia.

Conversar é uma ação influente. Quanto mais o comunicador expressar naturalidade e confiança em si, maior credibilidade terá diante dos seus interlocutores. Mas vale insistir: o uso da técnica não implica nem pode implicar frieza, maquinação ou rotina. A bem da verdade, deve ocorrer o inverso; quer dizer, o método, de tanto aplicado, termina por se incorporar ao jeito espontâneo do conversador. Não há excesso em se frisar o que foi dito. Parafraseando um pensamento de James Baldwin, poderíamos afirmar que *a espontaneidade é mais importante do que a técnica; e isso é o que torna a técnica importante.* A conversa espontânea representa o veículo perfeito da atuação do facilitador, e para ela não existe sucedâneo; nada consegue substituí-la. Se a técnica e a espontaneidade se unem e se confundem, estão dadas as condições ótimas para o bom diálogo fluir, como o mar de almirante para os marujos e o céu de brigadeiro para os aviadores.

Para o praticante da facilitação, o clima de harmonia e entendimento com o interlocutor não deve ser decorrente da sorte ou do acaso, como se jogássemos dados. Tenho utilizado desde as primeiras páginas o termo "criação consciente" para sublinhar a precisão de a tecelagem da empatia resultar de ações hábeis e voluntárias. Refeita esta ponderação, cabe agora se perguntar qual a exata correlação entre *habilidade* e *consciência*. Vimos o que nós conversadores entendemos por ser/estar *consciente*. Já o conceito de *habilidade* tem a ver com desenvoltura, agilidade, destreza. Afirmo que alguém é habilidoso quando o vejo executar com repetido êxito certa tarefa física ou intelectual. Contudo, para aclarar de modo definitivo a expressão "construção consciente da empatia", reproduzo abaixo uma consagrada maneira de compreender a evolução do aprendizado. Trata-se do modelo pedagógico criado na década de 1970 por Noel Burch, colaborador da empresa norte-americana GTI. Segundo ele, o domínio da competência ocorre em um processo cíclico, atravessa quatro fases sucessivas, se refaz, prospera e nunca para de rodar:

1ª etapa: *incompetência inconsciente* – É o estado no qual a gente ignora que não sabe fazer algo. Usarei uma ilustração absurda, mas com reconhecida eficácia didática: torta de nada. Nessa etapa preliminar, a pessoa desconhece que existem "tortas de nada" e, óbvio, ignora como prepará-la.

2ª etapa: *incompetência consciente* – Nesse estado a pessoa se dá conta da existência da "torta de nada", mas não tem nenhuma noção da receita; desconhece como fazê-la. Note que agora a pessoa tem ciência da sua limitação, e pode, se assim desejar, procurar a receita, e – caso a encontre – se arriscar na cozinha. Essa é a etapa em que vamos ampliando o saber e reduzindo a ignorância.

3ª etapa: *competência consciente* – É o estado no qual a pessoa manifesta habilidade consciente na execução da tarefa. Não apenas ela já sabe preparar a inusitada iguaria, mas o faz muito bem! A essa altura, o saber já foi aprendido em grau satisfatório, e a pessoa consegue demonstrá-lo voluntariamente. E

4ª etapa: *competência inconsciente* – Representa um estágio avançado: o conhecimento foi tão interiorizado – por meio da prática e da repetição –, que a pessoa prepara a "torta de nada" de modo automatizado, mecânico, inclusive simultaneamente com outras tarefas.

Após esta exposição, resulta fácil constatar que a ambição do facilitador é atingir a terceira etapa do ciclo da aprendizagem. Se a empatia – presente no passo a passo da facilitação – não fosse criada através da habilidade voluntária, os requisitos ideais de nossa prática dependeriam de um acidente fortuito ou de alguma esporádica coincidência. Por suposto, alguns criam empatia com invejável talento natural; porém, mesmo esses privilegiados podem se beneficiar ao compreender conscientemente o que realizam tão bem de maneira espontânea ou intuitiva. As ilustrações cabíveis aqui são incontáveis. Quando John Grinder e Richard Bandler acompanharam e dissecaram, durante cerca de um ano, a quase-mítica habilidade hipnótica de Milton Erickson, e publicaram, em 1975, o primeiro volume sobre os "padrões técnicos" descobertos, o velho psiquiatra se surpreendeu com os resultados e, humilde, confessou: *"Vocês explicaram melhor do que eu o meu próprio trabalho..."*

Acompanhar progressivamente a evolução da aprendizagem em uma atividade conhecida irá consolidar a compreensão do ciclo pedagógico. Vamos imaginar a jovem que queira tirar sua carteira de habilitação. É provável que a aluna tenha permanecido na primeira etapa do processo, ou seja, na incompetência inconsciente, apenas nos primeiros anos da sua infância. Na maioria das famílias urbanas, qualquer criança em torno dos cinco anos possui uma relativa consciência de que não sabe dirigir. O "saber que não sabe" corresponde a um tíquete de entrada na segunda etapa do ciclo pedagógico. As primaveras passam, e uma década depois, a jovem se matricula em uma autoescola. Ao se sentar no banco do motorista, tendo o instrutor a seu lado, a aluna se sente insegura e perplexa: se dá conta, na prática, de sua inabilidade de manejar o veículo. Nesse momento ela aprofunda a percepção da própria incompetência. Mas também é nesse período, durante as aulas iniciais, que as primeiras sensações de capacitação e de segurança começam a ser construídas. A permanência da aprendiz nessa fase durará o tempo necessário para ela se instruir e prestar, com êxito, os exames exigidos pelo Código de Trânsito. A aprovação nesses testes indicará que a jovem ascendeu à terceira fase do processo pedagógico, à *competência consciente*; e a posse da carteira de motorista simboliza a chancela social de sua nova aptidão. Agora começa a ter novas vantagens – como o bônus da habilitação; e novas obrigações – como o ônus da responsabilidade. Passados meses e anos de prática e repetição, nossa condutora se mostrará confiante na direção do automóvel. Se já não precisar pensar para pisar nos pedais nem para manejar o câmbio com perícia, terá galgado o quarto e "último" patamar do processo de aprendizagem, o nível da *competência inconsciente*[19].

Observe que a ambiguidade permeia todas as etapas do processo, e nenhuma das fronteiras entre os estágios do ciclo pedagógico é rígida ou imutável. No geral e no particular, todos estamos aprendendo, desaprendendo, reaprendendo e ampliando o aprendizado, sem intervalo para descanso. Porém, há um paradoxo que deve ser considerado com a devida cautela: a competência consciente representa, simultaneamente, tanto uma libertação da ignorância quanto um freio de mão para o saber. O que julgamos conhecer também pode nos impedir de evoluir; como está dito por Gary Hamel no início do capítulo: "*somos prisioneiros do que nos é familiar*". A roda da vida não para de girar, e até a tecnologia de ponta, que nos dá orgulho dominar, na medida em que o tempo passa vai se tornando anacrônica. Note que o quarto estágio do circuito pedagógico avança, roda e depois retorna à condição do primeiro – porém, já em um patamar superior, como num espiral evolutivo. O primeiro estágio vai se transformando no segundo, o segundo se converte no terceiro, e o ininterrupto fluxo d'água impede o moinho de estancar. Talvez uns saibam e outros não, uns gostem e outros desgostem dessa dinâmica, mas assim é. E embora a maioria absoluta das complexas e sofisticadas competências humanas – como o caso da "administração" do nosso sistema nervoso central –, transcorra de forma inconsciente, esse dado ressalta e valoriza o diminuto território onde impera nossa vontade.

Refletindo sobre o ciclo da aprendizagem não será difícil chegar à conclusão de que o desejável é que no curso do diálogo, consciência e competência caminhem juntas. Ao possuir um saber e não tê-lo sob meu controle, vou me sentir como o cavaleiro comandado pelo cavalo, ou o dono do cofre que se esqueceu onde guardou a chave. De que adianta possuir uma habilidade se não consigo usá-la quando preciso e quero? Nosso poder sobre a destreza será sempre proporcional ao quão estamos conscientes dela. Então, o clímax almejado pelo facilitador – buscado através da observação, estudo, prática, *feedback* e reflexão – é atingir o patamar da competência consciente na habilidade de criar empatia com o outro. Tudo o mais que possa eventualmente advir do encontro, advirá por acréscimo. O conversador não se ocupa nem se preocupa com conectividade, ressonância etc., nada disso. Seu foco está dirigido para criar uma boa conversa, e a empatia faz o resto...

Forças que expandem e forças que limitam

Há pessoas que parecem ser imunes a crises e percalços. Não me refiro àquelas que fingem alto-astral até quando estão na pior; tampouco às Polyanas, que ignoram ou negam suas próprias mazelas. Menciono o especialíssimo tipo de ser humano que, quando encontra limões pela frente, decide fazer uma saborosa limonada. Foi com tal espírito – encarando as dificuldades como mestras, e os obstáculos como desafios exigentes rogando para serem vencidos – que o Comandante Ernest Shackleton definiu o otimismo como "a verdadeira coragem moral". Sem sua retidão irreprochável e obstinada determinação para superar o que aparentava ser insuperável, por certo não teria conquistado lugar no panteão dos líderes destacados do século XX. E isso por quê? O Navio Endurance sofreu, entre as geleiras da Antártica, o mais longo e dramático acidente náutico de que se tem notícia; mas graças à impecável liderança de Shackleton, o plantel inteiro dos tripulantes conseguiu sobreviver. Absolutamente todos foram unânimes nos seus relatos: era impossível algum marinheiro terminar uma conversação com o comandante do mesmo modo com que a tinha começado. Shackleton possuía o dom de fazer as pessoas se sentirem maiores e mais poderosas do que seus temores, problemas e inseguranças. Liderava através do diálogo, ouvindo com concentração e zelo, e sempre reconhecia e valorizava o que cada ser humano tinha de especial. Isso é pura facilitação!

Afirmar que quem recebe sinceros elogios e palavras de louvor, em público ou de forma reservada, desenvolve autoestima e autoconfiança, hoje parece um truísmo. Porém é didático recordar que até pouco tempo atrás a crença dominante não era esta. Aliás, era exatamente ao contrário. Acreditava-se que a forma adequada de contribuir para a boa formação do caráter de alguém consistia em – mesmo diante da sua destacada *performance* – manifestar avaliação rigorosa ou indiferença. A fatídica frase "*Não fez mais do que a sua obrigação!*" chega a ser afável se comparada à insensibilidade com que se recebia e se tratava o autor de tarefas bem-concluídas. Pensava-se naqueles idos, que a explícita admissão do mérito pudesse despertar a vaidade, a bravata ou o convencimento da pessoa; e que o costume de ver ressaltados seus pontos fracos e imperfeições apurasse a busca da retificação das falhas e a virtude da humildade.

Convém examinar de perto esses argumentos, pois à luz da psicologia atual eles revelam espantosa fragilidade. Mas o que os manteve firmes e incólumes no passado e lhes garantiu tanta longevidade? É que havia louváveis "intenções positivas" para justificar a rigidez dessa conduta – boas intenções culturais, filosóficas e até religiosas. Para começar, as críticas estimuladas e praticadas na família, na escola e no trabalho nunca visaram diminuir, denegrir ou humilhar ninguém. Posto isso, acreditava-se piamente que o desempenho excelente nascia da identificação, análise e correção constante do que não se fazia bem. Hoje compreendemos que nós, seres humanos, somos tão sensíveis ao parecer verbalizado pelos outros – sobretudo se vindo de entes significativos – que, com assaz frequência, as críticas produzem e reforçam exatamente o que pretendem evitar. Ora, se os julgamentos impedem, bloqueiam e intimidam as manifestações espontâneas dos talentos pessoais, como ficam a educação e o ensino na família, na escola e na empresa?

Só no último meio século amadurece a gestação de um mais profundo, sistêmico e ecológico entendimento da natureza humana. A psicologia positiva, a nova pedagogia e a neurociência já não discutem o que consideram fato consumado: a excelência só pode brotar da apreciação e reforço do que nós temos acima da média. Identificar, analisar e corrigir nossos pontos fracos não nos tornam excelentes – embora, com certeza, essas ações devam ser realizadas. Daí a importância de que pais, educadores e gestores se abram e se atualizem para técnicas, táticas e estratégias que favoreçam a descoberta, a realização e o aprimoramento das aptidões natas dos seus rebentos, alunos e colaboradores, respectivamente. Na facilitação sempre partimos das qualidades; e, só depois, se houver necessidade, contemplamos o que pode ser melhorado.

O assunto é fascinante, inesgotável, polêmico e até controverso, porém não podemos desviar nosso foco: no curso da boa conversa todas as palavras e comportamentos que enalteçam e empoderem as aptidões notadas no outro são, em princípio, bem-vindos. O clima de entusiasmo e a formidável produtividade típicas das equipes de alta *performance* – nas artes, nos esportes, nas organizações etc. – confirmam que os rituais que destacam competências e méritos são estimulantes poderosos. Reitero que na raiz da radical transformação no jeito de perceber, acolher e tratar nossos desempenhos estão constatações científicas que agora nos parecem assustadoramente óbvias: elogiar, exaltar e apoiar as qualidades pessoais – por discretas que sejam elas – contribui muitíssimo mais para criar seres humanos capazes, saudáveis, felizes, bonitos e produtivos do que a crítica, a falta de reconhecimento, o silêncio, a neutralidade e a indiferença.

Embora importante e necessária, como já argumentei que é, a correção dos erros e a superação dos entraves não bastam para fazer o sujeito atingir um desempenho destacado. Marcas excepcionais e quebra dos recordes só podem advir do refinamento do que os/as atletas já fazem com reconhecida desenvoltura. Vem daí nossa persistência no foco positivo. Não importa a qual aspecto da esfera privada ou profissional se refiram, o destaque, o elogio e o aplauso – na hora, forma e medida justas – começam a ser aceitos como impulsionadores comprovados da boa *performance*. Por isso, antes de prosseguir, será oportuno fazer referência à difundida prática do *feedback*.

Oriundo da Teoria de Sistemas e utilizado no mundo inteiro, o termo inglês ganhou fama como ferramenta da comunicação interpessoal por transmitir a ideia de retroalimentação. *Feedback* é um nutriente, pois me permite saber de que modo sou percebido pelos olhos e ouvidos dos outros. Portanto, ao oferecer um *feedback* a alguém, eu não falo desse alguém; eu falo de mim *para* esse alguém. Compartilhar com a pessoa o pensamento, a reação e o sentimento que tive no momento em que fui impactado pelas suas palavras e comportamentos é o mais honesto e generoso presente que eu posso lhe dar. Sim, *feedback* consiste em um presente; não sou obrigado a dá-lo, eu o ofereço porque quero.

A facilitação entende que o *feedback* gera maior valor agregado quando está focalizado nos aspectos destacados de quem o recebe. É a partir desse olhar que a ferramenta tem se mostrado a melhor estimuladora da plena manifestação dos talentos pessoais, e tem levado famílias, escolas, equipes esportivas, elencos artísticos, instituições e empresas a praticá-la com êxito nos quatro rincões do planeta. Tal como o reconhecimento e o elogio, o *feedback* positivo equivale a um fermento da autoestima. Não é à toa que pais, professores, líderes e *coaches* bem-sucedidos costumam *"elogiar em público e criticar em particular"*[20].

Nas empresas, o chamado *feedback 360º* tem contribuído para a prática da abertura nos ambientes de trabalho; ainda que estejamos muitíssimo distantes da gestão 100% transparente. Por meio dele, cada profissional tem a chance de nutrir e ser nutrido com percepções vindas de todas as direções, numa dinâmica que envolve colaboradores, pares e superiores com os quais mantenha intercâmbio. Se bem conduzida, a prática produz resultados promissores. Contudo, nas organizações cujos gestores já atuam no papel de facilitadores, quer dizer, são profissionais maiores do que seus egos e sem deslumbres com a hierarquia, o instrumento perde muito do seu impacto. É compreensível e natural que assim seja, pois quando os gestores dão exemplos diários de confiança, respeito e boa educação, os colaboradores tendem a replicar esses comportamentos; então, a jornada de trabalho passa a ser, toda ela, palco de trocas abertas, confiáveis e transparentes. Assim se cria um ambiente laboral que apoia e incentiva as pessoas a serem verdadeiras; e sempre que as pessoas conseguem ser elas mesmas, há esperança não somente para a empresa, mas para a humanidade.

O filósofo grego Heráclito de Éfeso afirmava que "*ninguém se banha duas vezes no mesmo rio*". O psiquiatra suíço Carl Jung dizia que "*apenas o que se transforma permanece verdadeiro*". Essas duas ideias – que guardam entre si cerca de 2.500 anos – nos convidam a ver na verdade um fluxo em constante transformação, e a reconhecer na transformação um dado que confirma o que é verdadeiro. Nós, os conversadores, nos identificamos com essa visão; seja porque nos percebemos como agentes voluntários de transformação, seja porque nos comprometemos a contribuir, através da boa conversa, para que as pessoas possam ser verdadeiras. A espontaneidade é a plena verdade da gente.

Durante a conversa empática há dois aspectos do mapa mental ou do modelo de mundo da pessoa que atraem a atenção do facilitador: os que demandam encorajamento e reforço, e os que solicitam esclarecimento e superação. Tirando fora a empatia em si estamos diante da questão central da facilitação. Uma parábola dos silvícolas norte-americanos nos serve com perfeição agora. O idoso cacique explicava ao círculo de jovens que lhe ouvia atentamente: *"Todos nós levamos dentro do coração dois lobos fortes e poderosos. Um lobo é mau; o outro lobo é bom. Eles travam entre si uma terrível luta, o tempo inteiro, desde que nascemos até a hora da nossa morte"*. Ao concluir a frase, o veterano contador de histórias respirou fundo, fechou os olhos e se calou. A pausa teatral era necessária para que alguém da audiência pudesse formular a indagação que inevitavelmente surgiria. Um índio miúdo, de olhar curioso e penetrante, não se conteve e perguntou: *"Chefe, qual dos lobos ganha essa luta?"* E o ancião, abrindo os olhos, arrematou com a precisão da agulha: *"O lobo que você escolher alimentar!"* Assim é. Levamos dentro de nós a delícia e a dor de sermos quem somos. O facilitador se compromete a dar água, comida e afeição ao seu próprio lobo bom; após essa tarefa, peleja e coopera, tanto quanto possa, para que o lobo bom da pessoa com quem conversa também esteja bem-alimentado, nutrido e afetuosamente acolhido. *Pari passu*, intenta contribuir para que os lobos maus sejam contidos, mitigados ou até domesticados. É que a facilitação constitui um processo educativo. Foi pensando no poder transformador da educação que Mandela afirmou: "Ninguém nasce odiando outra pessoa pela cor da pele, pela origem ou pela religião. Para odiar as pessoas precisam aprender e se podem aprender a odiar, podem ser ensinadas a amar". E dado que a facilitação é um exercício de amor ao próximo, pode ser ensinada, aprendida e praticada por qualquer pessoa.

Considerando que este é um texto dirigido a conversadores, evitei fazer distinções – entre forças, traços, estados, virtudes e talentos humanos – encontradas na literatura escrita por e para psicólogos. Esses detalhes e requintes, tão necessários à abordagem do profissional especialista, merecedores de todo o respeito, não me interessam aqui. É que eu – como qualquer facilitador – apenas quero bater um bom papo. Então, respaldado nas experiências pessoal e de colegas dialogadores, tomei a decisão responsável de simplificar a boa conversa. Feita esta aclaração, sigo adiante. Chamo de *forças* ou *pulsões expansivas* as emoções, pensamentos, atitudes, comportamentos e linguagens manifestados pelo interlocutor, que o animam, o motivam e o impulsionam para se transformar em uma edição melhorada de si mesmo. Forças ou pulsões expansivas alimentam o lobo bom e tornam a pessoa mais saudável, sábia, alegre, amorosa, bonita, realizada e feliz. As *forças* ou *pulsões limitantes* são o inverso disso; estão compostas por emoções, pensamentos, atitudes, comportamentos e linguagens manifestadas pela pessoa, que causam estagnação ou piora da sua qualidade de vida. Forças ou pulsões limitantes alimentam o lobo mau e tornam o sujeito mais susceptível de doença, ignorância, tristeza, raiva, frustração e infelicidade. Algumas abordagens entendem as limitações humanas a partir do olhar do psicanalista e filósofo alemão Erich Fromm: *raramente os nossos defeitos e fraquezas são algo diferente do que o excesso das nossas qualidades e virtudes.* Não se trata de uma opinião superficial, mas de uma observação refinada e perspicaz. Vale que se pense e se medite sobre ela, pois uma vez confirmado que a hipótese se aplica ao sujeito com quem interage, o facilitador deverá atuar mais com o pé no freio e menos no acelerador. Os efeitos que decorrem da atuação das principais forças ou pulsões expansivas e limitantes costumam se revelar sem grandes dificuldades no modo de agir de cada ser humano. Ora, a conversa empática é uma oportunidade real para a abertura e a espontaneidade, o que propicia as tendências pessoais a se manifestarem.

Portanto, durante a troca interpessoal, após investir na criação consciente da empatia, e sem descuidar da sua manutenção, o conversador dirige o foco dos seus sentidos para a captação de dois objetivos sucessivos. O primeiro é: *Perceber e endossar as forças expansivas da pessoa*. E logo, o segundo: *Perceber e, se for viável, desafiar suas forças limitantes*.

Assim, o serviço voluntário do conversador visa identificar e validar habilidades, virtudes, competências, dons, traços, estados, qualidades e quaisquer outras manifestações positivas observadas no interlocutor, tenham elas aparência estável ou fugaz, sejam conscientes ou não. Este foco é prioritário, imediato e permanece ativo enquanto durar o encontro. Ato contínuo, o foco do servidor se dirige para a identificação dos eventuais entraves, tais como mágoas, medos e impedimentos. O nível de empatia criado, as peculiaridades da pessoa e as circunstâncias do momento ditarão a conduta flexível do facilitador.

Esta sequência não é fortuita – a facilitação se inicia e evolui mediada por *feedbacks* focados nas características pessoais vistosas e positivas. A negligência para com essa ressalva pode comprometer os resultados pretendidos. Em ambientes caracterizados pela ênfase na competição é mais fácil encontrar gente inclinada a apontar defeitos e maldizer falhas do que gente predisposta a admitir e alardear virtudes e aptidões. Na medida em que verbaliza os pontos fortes de alguém, o facilitador demonstra se gratificar com o talento alheio, e confirma a intenção de construir uma relação de apreciação, reconhecimento, colaboração e respeito. Isso facilita a interação. Ao apreciar honesta e oportunamente as habilidades percebidas no outro – quer o outro as admita ou não –, o facilitador amplia as possibilidades do diálogo.

Cabe apenas salientar que o uso do *feedback* com foco positivo só se sustenta quando ancorado em observações reais e consistentes; e sob nenhum pretexto deve ser confundido com mentiras educadas, falso testemunho, hipocrisia ou puxa-saquismo. Posto isso, a apreciação honesta das habilidades do outro transmite simpatia, dissipa suspeitas de egocentrismo e favorece o intercâmbio ganha-ganha. Quem já atuou orientado por este princípio pode confirmar sua eficácia. Dado que o *feedback* é uma escolha voluntária do facilitador, seu poder amistoso se concretiza, e quem recebe apreço e admiração, fortalece o amor-próprio e enaltece a autoimagem. Acolher e aplaudir uma pessoa por seus méritos representa para o facilitador uma vitória do altruísmo sobre a vaidade do ego e a arrogância individualista. Quanto mais cresce o número dos facilitadores, dos que observam, apreciam e reverenciam as qualidades alheias, mais míngua e se debilita a ilusória e enganadora aparência de que somos competidores insaciáveis, distantes e desconectados uns dos outros.

Todos nós possuímos habilidades inconscientes – competências que desconhecemos possuir. São "tesouros adormecidos" à espera de um gatilho eficaz que os tornem "tesouros despertos". Porém, a prática mundana nos ensina que nem sempre despertar o que está adormecido resulta em uma tarefa trivial. Aqui o caso mais complicado nem é o do interlocutor que tem dificuldade de acordar; mas o da pessoa que escolhe se manter dormindo. Uma ilustração recorrente mostra o sujeito que possui um belo timbre vocal, mas que não acredita nos *feedbacks* positivos que recebe. De nada vale insistir e argumentar, pois algo o impede de se apropriar do talento que possui. Como de hábito, o conversador não põe esse peso em sua mochila, não se estressa; acompanha e acompanha. Talvez conversar apenas seja o que se tem para hoje. Talvez. Nunca sabemos onde uma conversa pode chegar. Pelas dúvidas, o conversador acompanha. Manter o clima de empatia, abertura e confiança poderá sensibilizar a pessoa e deixá-la mais flexível e receptiva para um toque certeiro, um movimento que produza o "clic", que desperte a sua consciência sonolenta para o que ela "não sabia que sabia".

Se o *insight* ocorre, a pessoa passa a se apropriar do que já era dela, e utiliza a "nova" habilidade com autonomia, no instante em que desejar e como bem entender. É o que chamo de expansão mental. A partir daqui há chance de o sujeito, agora seguro do que lhe pertence – no caso, a voz –, assumir o comando da própria vontade.

Sem jamais perder o interesse imediato e prioritário pelas características destacadas do sujeito, o facilitador agora amplia o foco da sua atenção para contemplar as forças limitantes. São aqueles aspectos que talvez atrasem, dificultem ou impeçam o brilho do interlocutor. Intentará captar o que houver de sombrio, incompleto ou pesado nas expressões da pessoa. Tal como acontece, por exemplo, quando o sujeito se sente culpado de algo e sofre com isso. Não importa o rumo da conversa, o facilitador escuta, acompanha e acolhe com paciência e amorosidade o que o outro compartilha. Só isso já justifica seu serviço. Mas adentrar o continente das pulsões limitantes sempre exige do conversador cuidado redobrado; sem que o saiba, pode estar lidando com substâncias tóxicas e explosivas. Se o outro quiser superar o bloqueio e o facilitador tiver condições de ajudá-lo nessa empreitada, não deixará de fazê-lo. Se a pessoa não desejar ou não puder superar o problema, o facilitador acatará e respeitará a sua escolha. Com frequência, só a disponibilidade para acolher com interesse o interlocutor sombrio e o que ele tem para compartilhar produz melhorias imediatas no seu estado de ânimo. Tudo o que o ser humano entristecido costuma implorar aos céus é ter a oportunidade de ser ouvido por alguém com atenção, paciência e respeito.

Deixei por último a facilitação das evidências mais voláteis: o que eu percebo que a pessoa "não sabe que não sabe" – a incerta e instável área da incompetência inconsciente. Só facilitadores com larga experiência se movem com alguma desenvoltura nesse cenário noturno. Muitas vezes nem eles. E embora haja nessa instância uma mina virgem e potencialmente rica para ser explorada, carece de utilidade prática nos determos nela. O caminho das pedras é acompanhar o interlocutor. Se isso acontecer, ótimo; a boa conversa já se justificou.

Usar a conversa como meio de ratificar, fortalecer e difundir uma visão positiva da vida e do nosso protagonismo nela dá significado e propósito ao ofício do conversador. Estarei contribuindo para isso se durante o contato com o outro confirmo ou descubro alguma das suas forças expansivas. Não importa se converso com crianças, adultos ou idosos, se com enfermos ou gente saudável, presidiários ou juízes, eruditos ou analfabetos, mestres ou alunos, desconhecidos ou parentes, aliados ou oponentes, amigos ou desafetos: minha missão em nada muda. O que conta é colaborar para que ao final do encontro o interlocutor esteja melhor do que estava no início dele. Todavia, o realismo nos demonstra que nem sempre os efeitos da conversa são radiantes. Diante de uma hipotética piora do estado de ânimo do interlocutor, a manutenção do seu nível de energia no mesmo patamar do início do papo pode ser vista pela facilitação como um bom resultado.

Abertura, confiança & espontaneidade

A prática da abertura tem sido responsável por várias das recentes e profundas transformações dos nossos costumes. Mesmo assim, apenas tateamos diante das chances que ela nos oferece. Ser aberto constitui uma dificultosa prova para as culturas que começaram ontem a utilizar nas falas do dia a dia expressões como inclusão social, verdade radical, transparência e respeito pela diversidade. Indivíduos, famílias, grupos, comunidades, empresas, nações e países anseiam – alguns em ritmo vagaroso ou de forma contraditória – a libertação dos impedimentos que cerceiam a abertura. Em qualquer uma das suas múltiplas versões, desde o sair do armário individual até a pretensão global do Wikileaks, passando pela exposição das contas públicas na internet e pelo direito à nudez em locais públicos, a abertura, por mais difícil que ainda possa ser admiti-la e aceitá-la, veio para ficar. Claro que é comum a ocorrência de excessos nesses processos de mudança dos costumes, mas logo passam; são movimentações naturais de adaptação e ajuste cultural.

Se formos pensar em todos os elementos necessários para que ocorra uma boa conversa, não há qualquer dúvida de que a abertura encabeça a lista. A abertura para aceitar o outro como ele é representa um inegável avanço da civilidade e um poderoso aval para a nossa convivência pacífica. Sem isso, empatia é sinônimo de quimera. Nos contatos interpessoais, que podem ser breves, essa disponibilidade incondicional para com o outro produz vantagens imediatas, pois suscitam inclusão e confiança. Quando o interlocutor percebe abertura e confia no facilitador, sua tendência é ser espontâneo. Por suposto que abertura, confiança e espontaneidade existem em graus distintos e dependem de variáveis. Se a ocasião for inoportuna, mesmo que o local seja favorável, a naturalidade não brotará. Em hora oportuna, mas com local inadequado, tampouco. Mas se o momento e o lugar forem aceitáveis, crescem as chances de a pessoa vir a ser quem ela é. Ao procurar a melhor situação para um diálogo empático, o serviço da facilitação está buscando continência para que a pessoa se sinta confiante e possa ser natural.

A espontaneidade constitui o ápice da aventura humana. Essa forma de compreender o significado e o propósito da existência está presente na cosmovisão de diferentes povos. Uma antiga lenda do Oriente nos conta que para cada alma que desencarna o criador faz somente uma única pergunta: *"Na vida que Eu lhe dei você foi você mesmo?"* E não se pode contestar *"Mais ou menos"*; pois deus não tem tempo para enrolação. A resposta precisa ser sim ou não. A lenda assegura que quem perdeu a chance da espontaneidade terá de buscá-la numa outra encarnação. Ser quem se é, sob vários aspectos, constitui uma decisão simples; mas simples não quer dizer fácil. Em quaisquer dos cenários possíveis vai exigir do sujeito a irrestrita libertação do medo e da culpa.

As pessoas que demonstram espontaneidade parecem ter luz dentro de si. Embora só homens e mulheres chamados de "iluminados" consigam ser totalmente naturais as 24 horas do dia, essa elucidação nos faz compreender por que o conversador espontâneo gera credibilidade sem nenhum esforço adicional. Se nos sentimos intrigados ou receosos em uma conversação com alguém, há grande possibilidade de que nossa percepção – consciente ou não, pouco importa – tenha capturado algum tipo de inconsistência na comunicação alheia: ou o sujeito disse uma mentira, ou fez algo diferente do que afirmou ter feito, ou omitiu parte relevante do que pensa, ou... Quiçá nunca venhamos a saber com exatidão do que nós desconfiamos. Porém, quando intuímos que alguma peça sumiu ou está fora do lugar, pode estar faltando abertura.

À medida que nós criamos empatia também somos criados por ela. Em um continente empático, em que a aceitação e o respeito são recursos reais e fluentes, eu costumo me sentir seguro o bastante para me dar permissão de mostrar como sou; ou o mais próximo disso. A empatia nos permite captar com mais precisão as escolhas linguísticas expressas por uns e outros, porque favorece nossa melhor expressão. Ao perceber coesão e harmonia nos sentimentos, ideias, palavras, comportamentos e ações do interlocutor, o agente da facilitação sabe que se depara com evidências de confiança. Onde a pessoa se mostra confiante, tende a se mostrar confiável. Abertura, confiança e espontaneidade se espelham, se amparam, se complementam. Nós criamos a hora e o local favoráveis e, por ressonância, o ambiente favorável retribui, estimulando-nos a ser socialmente as pessoas que no íntimo já somos.

Checagem ecológica

Sorrir faz bem? Antes de atender qualquer questão, o facilitador trata de contextualizá-la. No geral, respostas automáticas são meio-caminho para confusões. Contextualize. Essa recomendação deve ser cumprida à risca, pois embora se diga que "prudência e canja de galinha não fazem mal a ninguém", é possível citar dezenas de situações nas quais tanto prudência quanto canja de galinha acarretariam consequências desastrosas. O eventual impacto que minha linguagem pode causar em mim mesmo, nos demais e no meio ambiente, explica e justifica o hábito preventivo que chamo de *checagem ecológica*.

Não existem emoções, pensamentos, atitudes e comportamentos cujos efeitos sejam completamente neutros. Pendemos para um lado ou pendemos para o outro. O que definirá se determinada ação é benéfica ou prejudicial vai ser o produto de uma operação contábil: o balanço entre os ganhos e as perdas envolvidas no caso. Se ao final das contas o que se ganha redunda em vantagem real, digo que o movimento percebido é ecológico. Se a contabilidade de prós e contras pende para o lado negativo, concluo que o movimento é antiecológico. Por certo, uma averiguação exigente solicitaria um mundo de informações sobre *como* determinada ação influencia os principais aspectos da vida do sujeito. Ora, nos papos rápidos e superficiais é impossível realizar tal averiguação. E mesmo nas conversações longas e profundas convém ir com tato; afinal, o facilitador não é um inquiridor voraz, nem a pessoa está ali encarnando o papel de dócil respondente, disposto a lhe contar as intimidades de sua biografia. Não é por aí. A ideia da ecologia nos convida a perceber e aceitar que nossas partes vivem e convivem numa constante busca de equilíbrio; e nossas forças ou pulsões, por não serem aleatórias, desempenham nessa rede dinâmica funções peculiares e únicas.

A facilitação adota o princípio da psicologia behaviorista, segundo o qual um comportamento só perdura enquanto gerar benefícios para quem o expressa. Alerto para o fato de que os "benefícios" amiúde disfarçam ou ocultam perdas, resultando no conhecido *barato que termina custando caro*. A ressalva nos ajuda a entender por que há condutas limitantes que se mantêm firmes e resistentes, após intensos e repetidos esforços para superá-las. Vejamos um caso emblemático: o hábito de fumar propicia "sentimento de segurança" e "sensação de prazer" ao fumante. Qualquer tentativa de privar alguém de "se sentir seguro" e de "desfrutar do prazer" encontrará forte oposição interna, pois colide com necessidades humanas básicas. Argumentos do tipo "Não devo me abster dos deleites da vida" são repetidos como ladainha pelos fumantes do planeta. Muito além das crenças, os componentes orgânicos do tabaco, tais como a nicotina e o alcatrão, ampliam a dependência química, fechando e reforçando o cerco da adição. São teias de fatores e variáveis iguais a esta que tornam tão fascinante quanto inesgotável o tópico da checagem ecológica. Bem, qual o papel da facilitação no caso específico do tabagismo? Depende do grau de empatia criado, das pessoas envolvidas e do cenário no qual se dá a conversa. Em primeiro lugar, ressalto com toda a veemência que temas complexos – como é o da dependência química – só devem ser iniciados pelo interlocutor interessado. Se durante a conversa o fumante expõe sua intenção de abandonar o cigarro, o facilitador ouve atentamente a informação e a acolhe. Quer dizer, escuta os motivos da pessoa, verbaliza seu apoio à mudança pretendida, cala-se e espera. Só acompanha; não inicia uma cruzada antitabagista. Vale ponderar que, diante de outros graves problemas que a pessoa possa estar enfrentando, o cigarro quiçá seja o menos urgente deles. Se isso for verdadeiro, o tema tabagismo se torna irrelevante e periférico. Em última instância, sabemos que existem maneiras mais amenas de o fumante obter "segurança" e "prazer" – nem que seja passando a consumir cigarros mais fracos ou em número reduzido. E que fique registrado que não há aqui qualquer julgamento de valor sobre a decisão pessoal de fumar. Os vícios não envolvem questões éticas, mas bioquímicas e psicossociais. O facilitador *jamais* reforça no interlocutor a canoa furada do sentimento de culpa. Ainda que as estatísticas provem à exaustão que o tabagismo é perigosíssimo para a saúde, nada nem ninguém pode usurpar a liberdade de o sujeito conduzir com autonomia as suas escolhas.

Antes de finalizar este capítulo convém dar um aval de tranquilidade aos leitores. De modo geral nossas principais forças, tanto as expansivas quanto as limitantes, não costumam exigir uma exaustiva investigação: elas se entregam numa bandeja de prata, pois se repetem manifestas e inconfundíveis. Se o interlocutor conversa espontaneamente, dando mostras de ser determinado, perspicaz, calmo ou alegre, seu comportamento basta para que o facilitador lhe ofereça continência e apreciação. Mas e se for fingimento, encenação? Não importa; riscos e equívocos integram as possibilidades do encontro e da conversa, porque integram as possibilidades da vida. A mentira não afeta o vínculo do facilitador com a pessoa. Se foi criado um clima de abertura e verdade, a própria empatia fará o interlocutor perceber o quão era desnecessário mentir. É comum a mentira e a omissão serem utilizadas como mecanismo de defesa; e na boa conversa não existe ataque, nem julgamento, nem preconceito. A pessoa é protagonista da sua vontade e responde pelas consequências das suas eleições. Por isso, de início, toda e qualquer forma de expressão pode ser saudada como verdadeira e bem-vinda. De resto, o tema do equilíbrio ecológico é relativamente recente e deveras amplo; foge a meta do texto ir além dessa menção. Porém, o conversador reconhece e confirma a sua importância através do zelo que dedica a si, ao outro e ao ambiente.

4

Quando conversar ajuda a crescer

AQUI VOCÊ ENCONTRARÁ o palco adequado para a prática da facilitação: a troca interpessoal. Há explicações e justificativas de como um diálogo pode servir para alavancar o crescimento de uns e outros. Você saberá como identificar forças positivas e modos de acompanhá-las e fortalecê-las. Verá que endossar uma pulsão luminosa da pessoa equivale a apoiar a realização do seu talento potencial. O painel das principais forças expansivas servirá de parâmetro para o ajustamento do trabalho do facilitador, que envolve perceber, apreciar e reconhecer o que o sujeito tem de melhor. O capítulo aprofunda a compreensão do papel essencial do acompanhamento das linguagens verbal e não verbal usadas pelo outro, para que haja abertura, confiança e espontaneidade; ou seja, haja clima de empatia. Acompanhar o interlocutor é uma ilibada demonstração de generosidade. Com frequência, só isso basta.

Um procura um parteiro para os seus pensamentos, outro alguém a quem possa ajudar: é assim que nasce uma boa conversa (Nietzsche).

Tudo que é dito é dito por alguém (Humberto Maturana).

O silêncio, tal como a modéstia, ajuda muito numa conversação (Montaigne).

Os homens a quem se fala não são aqueles com quem se conversa (Rousseau).

Para mim, o maior suplício seria estar só no paraíso (Goethe).

Uma boa conversação deve esgotar o tema, não os interlocutores (Winston Churchill).

Só fale se você for melhorar o silêncio (Ariano Suassuna).

Haverá algo mais belo do que ter alguém com quem possa falar de todas as suas coisas como se falasse consigo mesmo? (Cícero).

Em uma conversação o humor vale mais do que a inteligência, e a sensatez mais do que o conhecimento (George Herbert).

Se não mostras o que és, deixas que pensem o que não és (Provérbio chinês).

A verdade é que somos todos interdependentes e temos que conviver nesse pequeno planeta. Portanto o único meio sensato e inteligente de resolver nossas diferenças e choques de interesses, não importa se entre indivíduos ou nações é o diálogo (Dalai Lama).

É inconteste o sucesso editorial dos assuntos científicos escritos em linguagem popular. O fato indica a geral e crescente curiosidade de pessoas leigas sobre temas até então circunscritos à torre de marfim dos acadêmicos. O físico norte-americano Stephen Hawking foi um dos responsáveis por ter chegado aos nossos lares um entendimento facilitado da Teoria Quântica. As informações da astrofísica, sobretudo as oriundas do Supertelescópio Hubble, são divulgadas na internet, em diários e revistas. Após 12 anos de viagem interplanetária, o pouso da Sonda Rosetta no cometa 67P foi acompanhada com emoção, nas redes sociais, por cidadãos comuns. Graças a tantas iniciativas de simplificar e difundir o conhecimento, ninguém mais discute a noção de que desde o *Big-Bang* – a explosão primordial que teria ocorrido bilhões de anos-luz atrás e gerado o microcosmo e o macrocosmo conhecidos –, o universo físico está em plena expansão.

Além disso, as ciências humanas – em particular, a Antropologia –, e as biológicas – com destaque para a Genética –, com suas incessantes e surpreendentes descobertas, têm lançado novas luzes sobre o sentido da participação humana nesse bailado cósmico natural e expansivo. O conjunto desses dados está produzindo consideráveis alterações na maneira como nós vemos e compreendemos nossa funcionalidade. Assim, quiçá não soe absurdo forjar, como exercício intelectual, uma pergunta instigante e sedutora: Será que a consciência humana espelha esse mesmo movimento de propagação? Ainda não possuímos a resposta que calará a dúvida. Se confirmada a hipótese, só poderíamos acelerar ou retardar nosso andamento na coreografia expansiva, mas não teríamos como dela nos excluir. Independentemente da conclusão a que se chegue, talvez não constitua uma falta gravíssima considerar que o serviço da facilitação *acompanha* o movimento do universo rumo ao seu destino de amplidão. Mas veja nesse raciocínio apenas uma bem-humorada conjectura; facilitador não é cientista, é simples conversador.

Sob o título de *forças* ou *pulsões expansivas* reuni os impulsos internos conscientes e inconscientes capazes de favorecer, estimular, fortalecer a integridade, a desenvoltura e a espontaneidade da pessoa. Se tais pulsões são endossadas no contexto da troca interpessoal, mediante o *feedback* focado nas qualidades, tendem a se vitalizar, passando a incidir na mente do interlocutor para expandi-la. Isso quer dizer que, uma vez consciente do recurso, a pessoa poderá vir a usá-lo sob o comando da sua batuta. Damos pistas dessas propensões por meio das atitudes, comportamentos e linguagens que utilizamos no dia a dia. Contudo, se nossas forças expansivas, únicas e pessoais se inclinam à realização, isso não quer dizer que podemos cruzar os braços, relaxar na rede e aguardar para vê-las automaticamente se realizarem. O que estou afirmando é que há uma distinção real entre tendência e fato consumado. Para a inclinação expansiva se manifestar de verdade, e produzir crescimento e evolução, faz-se necessário não apenas empenho e persistência, mas sobretudo o gatilho da ressonância interpessoal: o *feedback* do outro me ajuda a realizar o ser que eu sou; e o meu *feedback* ajuda ao outro a realizar o ser que ele é.

Apesar de sermos indivíduos autônomos, somos seres interligados. Quando estabeleço com o outro uma conexão empática, estabeleço a condição necessária e suficiente para que a expansão da consciência aconteça em ambas as direções. No decorrer da conversa, ao perceber e estimular em mim os meus próprios comportamentos, atitudes e linguagens mais positivos, o próprio vínculo interpessoal como que avaliza, estimula e dá permissão para que os comportamentos, atitudes e linguagens mais positivos do outro se realizem também. E vice-versa. Isso foi chancelado pelo Prêmio Nobel da Paz Nelson Mandela num parágrafo bastante conhecido:

> *Nosso medo mais profundo não é de sermos inadequados. Nosso mais profundo medo é de sermos poderosos além da medida. É nossa luz, não nossa es-*

curidão, que mais nos assusta. Nós nos perguntamos: Quem sou eu para ser brilhante, atraente, talentoso, fabuloso? Na verdade, quem é você para não ser? Você é uma criança do Espírito. Você, pretendendo ser pequeno, não serve ao mundo. Não tem nada de iluminado no ato de se encolher para que os outros não se sintam inseguros ao seu redor. Nós nascemos para manifestar a glória do Espírito que está dentro de nós. Ela não está somente em alguns de nós, ela está em todos nós. E conforme deixamos que nossa luz brilhe, inconscientemente nós damos permissão para que os outros façam o mesmo. À medida que nos libertamos dos nossos medos, nossa presença automaticamente liberta o medo dos outros.

Do ponto de vista da facilitação, é através das trocas empáticas do cotidiano que posso somar na criação de uma rede positiva e ressonante de conversadores. Partindo sempre do comprometimento com minha luz pessoal – que, como nos lembra Mandela, cada ser humano possui – consigo atiçar a luminosidade dos outros, de forma que toda conversa, prosaica ou formal, seja parte de uma reação em cadeia, planetária, de inclusão e solidariedade. É utópico? Não. Veremos na ocasião adequada que nunca vivemos em um cenário tão pacífico e propenso ao diálogo.

Reconhecendo e estimulando forças expansivas

"*Dizem que as conversas são capazes de mudar o mundo. Ora, que grande bobagem. As conversas só conseguem mudar as pessoas!*"[21] E conseguem mudar as pessoas com particulares rapidez e intensidade, quando os conversadores, espelhadamente, apreciam, reconhecem e estimulam as pulsões expansivas uns dos outros. Contudo, o facilitador não espera nem depende da reciprocidade alheia para cumprir sua missão; respira profundo e põe as mãos na massa. Sua meta prioritária é reconhecer e estimular o que o interlocutor tiver de notável.

Embora a neurociência e a psicologia positiva ainda disponham mais de hipóteses do que de certezas, projetam um futuro promissor. Inúmeros fenômenos estão esperando por explicações consistentes, mas isso não nos impede de lidar com eles de modo prático: há coisas que não sabemos 100% como acontecem; mas acontecem e ponto. A experiência prática sugere que nossas forças ou pulsões constituem uma rede, de maneira que quando alguém ou algo estimula uma delas, as assemelhadas, por ressonância, também vibram com o movimento realizado. Tal como acontece da pedra lançada no lago gerar círculos concêntricos que se ampliam, uma força expansiva ao ser estimulada se fará repercutir no mais vazio dos nossos átomos. Assim, a iniciativa de endossar determinada pulsão positiva percebida no interlocutor corresponde a contribuir para liberar as suas demais pulsões positivas; e tende também a conter, atenuar ou dirimir suas pulsões limitadoras. Essa dinâmica sistêmica é confirmada nos processos pedagógicos e terapêuticos, quando um avanço pontual, tópico, provoca "efeito cascata" mais vastos e diversificados do que se poderia supor um olhar rápido e superficial. Nós funcionamos como a teia de aranha: a mínima vibração em um segmento irá impactar nos outros segmentos – tanto internos quanto externos. Quando o aluno e o cliente da terapia têm *insights*, várias áreas das suas vidas são afetadas, e até da vida das pessoas com as quais eles convivem. Retornamos à conectividade, à ressonância e à percepção de que aquilo que nos une também nos afeta.

Esta magnífica trama de fatores que influem em cada *pessoa-contexto-processo* pede que utilizemos nossos variados tipos de atenção. Estar atento, inicialmente com foco na própria respiração, é como o facilitador se mantém consciente do tempo real, visto que as ocasiões para facilitar amiúde surgem num piscar de olhos, e noutro piscar de olhos se vão. Se o ensejo passou e foi desperdiçado, paciência. O que passou não voltará. Mesmo quando um enredo aparenta se repetir, o tempo é outro – o que faz com que ele, o enredo, já não seja igual.

O serviço da boa conversa exige modéstia compulsória: não nos é dado saber com antecedência o que ocorrerá, nem se ocorrerá. A chave do nosso empenho abrirá de fato algo? Se a resposta for "sim", abrirá o quê? Será a gaveta de um armário empoeirado, esquecido no sótão da mente, ou uma porta imponente do seu salão principal? Ninguém sabe, ninguém tem como saber. Não há soberba que resista a tão bem-aventurada ignorância. Ainda que se crie para o diálogo o ambiente ideal e perfeito – aberto, confiável, seguro e protegido –, pode ser que nem assim o interlocutor colabore, e fique calado ou disperso ou cheio de reservas. Isso não é problema. Nosso propósito determina que nos fixemos na tecelagem da empatia, abertos e disponíveis para acolher o que a pessoa desejar compartilhar, seja a palavra ou o silêncio. Nunca questionar o porquê das escolhas do interlocutor seria para o professor e o psicólogo uma omissão inadmissível, mesmo uma tortura; mas para o conversador as razões e os porquês são irrelevantes; os motivos do outro são da mochila do outro. Se o interlocutor quiser abrir a boca e compartilhar algo, o facilitador irá escutá-lo, e o fará como qualquer facilitador faria: com atenção concentrada, acolhimento e cortesia; e sem julgamentos, análises ou críticas.

Acompanhe as manifestações expansivas

Alguém tem boas chances de crescer durante uma conversa sempre que suas forças mais úteis e construtivas são apreciadas, reconhecidas, apoiadas e estimuladas. O facilitador fica atento para notar evidências desses fermentos expansivos, que embora possam ser tímidos, precisam se mostrar congruentes. Nas reuniões de trabalho que transcorrem de forma equilibrada e serena, você verá que parte significativa dos participantes possui os atributos do comedimento e da tranquilidade. Pois é, simplesmente não dá para nossas características principais, sejam elas brilhantes ou medianas, passarem despercebidas nos lugares onde atuamos. Nem sempre nos damos conta de que contribuímos, nem do quanto contribuímos para o clima dominante no ambiente; mas todos nós sempre contribuímos, ainda que seja pouco ou de maneira imperceptida. No cenário da convivência humana o clima sempre é o resultado de uma construção coletiva.

Em sua maioria, as forças expansivas não são virtudes raras; ao contrário, são competências usuais, orientadas por valores positivos. Contudo, o facilitador as interpreta como sendo práticas especiais. No curso da conversa, ao perceber uma qualidade no interlocutor, por tênue ou breve que seja sua aparição, tão pronto vê o momento oportuno, oferece seu *feedback*, com naturalidade e sem demasia. Se o instrumento foi usado com habilidade e adequação, a informação irá enriquecer a autoimagem e fortalecer o autoconceito da pessoa. Daí em diante, cabe a ela se apropriar do achado; pois a consciência permite o exercício da escolha. E quando digo que a consciência permite opções, estou dizendo que o sujeito consciente do que pode tende a se tornar mais responsável pelo que faz.

As qualidades notórias funcionam como *facilitadores internos* – umas mais intensas, outras menos; porém todas elas nossas leais e constantes aliadas. Exemplo: ao presenciar a pessoa agir com outrem de forma altruísta temos ali um sinal de que no mapa mental dela (da pessoa) o ser humano é merecedor de zelo e cuidados. O facilitador aprecia a manifestação do altruísmo. Tão logo a ocasião permita, comunica ao interlocutor a sua percepção. Sem excesso, mas também sem receios, verbaliza com clareza o que sentiu e o que pensou diante da sua ação. Quantas vezes o gesto de apoio ou frase de reconhecimento caíram como uma luva em nossa carência de confirmação? Visto que atuamos mais movidos pelo comando do inconsciente, quando alguém "me mostra a mim" através do *feedback* sincero, passo a reconhecer e me apropriar do que já era meu. Esta tomada de consciência, ou mesmo o reforço, do que a pessoa já sabia, vitaliza o seu crescimento.

Se uma força expansiva do interlocutor se mostra de forma cristalina no primeiro momento da conversa, o trabalho do facilitador quiçá comece amaciado. É comum, porém, a troca interpessoal se iniciar permeada de indefinições, defesas, disfarces e reticências, em clima de cautela. As aparências ora nos enganam, ora não; e a atenção volta a reivindicar sua utilidade. Haja acuidade sensorial! Apenas com filtros devidamente limpos o facilitador poderá simultaneamente aumentar sua margem de acerto e diminuir o risco de erro. Estando atento, terá maior chance de diferenciar, nos comportamentos da pessoa com quem conversa, as pistas verídicas dos vestígios enganadores.

A seleção de forças positivas exposta a seguir provém de observações pessoais e alheias, e de inúmeros diálogos entre conversadores sobre a experiência de facilitar. Nela estão alguns dos principais modelos expansivos que fazem brilhar os olhos do conversador. Pessoas e grupos possuem e demonstram possuir tais pulsões – pois é dificultoso ocultar qualidades. Até porque esconder os próprios talentos ou reprimi-los, quer dizer, tê-los e não usá-los, gera uma fatura elevada; e não raro, insolúvel. Caso você tenha um dom nato ou mesmo desenvolvido com esforço, pouco importa, compartilhe. Trate de usá-lo da melhor maneira que puder. Não fazê-lo, já foi dito, tem sua gravidade. É através da manifestação diária e generosa das nossas forças promissoras que damos significado e propósito à nossa existência. Estamos aqui para isso. Colocar o que temos de mais valioso a serviço da vida, do outro e da comunidade constitui também uma forma de agradecer e retribuir a dádiva de estar passando por aqui. Jamais resguarde o que tem de bom, compartilhe, distribua.

Nas boas conversas que tece o facilitador se gratifica ao encontrar no interlocutor evidências das seguintes forças expansivas:

Conhecimento de si mesmo

Com especial satisfação, o facilitador dá boas-vindas às evidências de que a pessoa se ocupa com seu autoconhecimento. Para muitos se trata do principal recurso expansivo, pois conduz às profundezas de nós mesmos e, invariavelmente, à descoberta de outros atributos pessoais. É uma forma prática de *religare*. Numa de suas ótimas tiradas, Einstein asseverou que "*o mundo se tornará melhor quando as pessoas olharem mais para dentro de si e menos para fora*". Não há quem possa se conhecer sem reservar alguma fração de tempo para tal finalidade. Não tem atalho e nem "jeitinho". Desbravar trilhas, picos e desvãos da própria intimidade exige um labor sem fim, mas tem lá suas compensações. Quem procura se conhecer já está num bom caminho – possivelmente, no melhor deles. Você reconhece no seu interlocutor essa inclinação? Aprecie, parabenize, pergunte, apoie e aproveite para aprender com ele.

Bom humor

A pessoa bem-humorada pode tudo, menos passar despercebida. E ninguém possui bom humor por acaso! Os efeitos colaterais dessa pulsão radiante são múltiplos e hiperbenéficos. O companheiro de conversa espirituoso, mais rápido do que a média, convalesce de enfermidades, soluciona desavenças e supera mazelas. O bom humor é uma alavanca criativa, colorida e luminosa. Quem perceber essa virtude expansiva sabe que se encontra diante de um gerador natural de possibilidades. O facilitador se deixa contagiar pelo clima trazido pela pessoa e persegue o rastro do alto-astral, acompanhando forma (risadas, caras e bocas, sons, gestos, respiração, postura etc.) e conteúdo. Corrobora a expansão pessoal. Aqui, a facilitação quase se limita a seguir a alegria. Vai conduzir o quê? Rir é um excelente remédio![22]

Sentido de missão pessoal

Comum aos líderes, inovadores, protagonistas e desbravadores, mas também encontrado de forma discreta em qualquer pessoa, o sentido de missão pessoal dá a quem o possui uma sustentação existencial ímpar. Se o outro acredita ter uma tarefa singular para realizar nessa vida, o facilitador lhe estende um tapete. Claro que não se trata de reverenciar inclinações messiânicas, fundamentalistas, egocêntricas ou dogmáticas. Geralmente as convicções interiores são ancoradas por fé humana; que, já vimos, é fé depositada na própria competência[23]. Pode ser o artista convicto da importância da sua arte, a cientista convicta do poder da sua ciência ou o vendedor convicto da utilidade do seu produto e da sua capacidade de persuasão; não importa. A ideia de missão está associada a significado e propósito, enche-nos de determinação para afrontar resistências, vencer obstáculos e costuma fazer diferença. Tanto mais se o significado que a pessoa dá ao exercício do seu talento puder beneficiar, direta ou indiretamente, além da própria pessoa, o seu entorno, a humanidade e o planeta. Se assim for, a afinidade da sublime missão do interlocutor com a própria missão do conversador se fará ululante. Como ensina um antigo adágio: *"tudo que se eleva, converge"*.

Amor

Se há um consenso entre os povos e suas culturas é que o amor constitui a mais poderosa energia que o ser humano pode sentir, receber e propagar. Tamanha é a variedade das formas e proporções com que o verbo amar se manifesta, que dele todos somos eternos aprendizes. Disse o poeta que *"qualquer maneira de amar vale a pena"*. E vale mesmo! Ao perceber que a pessoa ama, o conversador testemunha uma bênção, um prodígio; convém aproveitar essa oportunidade privilegiada e bendizer a existência do afeto – sem importar quem ou o que lhe serve de inspiração. Oxalá este sentimento não se concentre, exclusivo, só no objeto amado, mas se esparrame, generosamente, em todas as direções. O primeiro registro histórico comprovado da frase *"amar o próximo como a si mesmo"* é de cinco mil anos atrás!

Nelson Rodrigues escreveu: *"Todo amor é eterno. E se acaba, não era amor"*. Faz sentido. Pois o amor é, em si, pleno, perene e incondicional. Entretanto, amar o amor talvez seja a única possível transcendência dos amantes. Então, ao facilitador cabe apreciar, acolher e aplaudir.

Autoestima

Em todo processo de crescimento saudável é possível identificar a autoestima desempenhando bem sua função. Vimos que ela pode ser concebida como a síntese de três importantes componentes: amor-próprio, autoimagem positiva e autoconfiança. Quando o facilitador encontra na pessoa um desses ingredientes, oferece continência; e acompanha com prontidão, à espera dos demais. Sim, porque costuma ser questão de tempo os outros dois aparecerem. Mas o principal serviço do conversador aqui é apoiar o poder de alavanca que a autoestima possui. Ela transforma sucessos, insucessos e quaisquer outros ocorridos em propulsores de madurez. Uma vez que a pessoa comece a utilizar, voluntariamente, essa energia agregadora, ganhará em autonomia. Além disso, quem cultiva bons sentimentos, pensamentos e crenças sobre si mesmo possui uma autêntica cornucópia. A visão dos olhos da mente tem poder profético: inspira-nos a criar o futuro, ao mesmo tempo em que o atrai.

Coragem

Aristóteles considerava a coragem a rainha das virtudes. De acordo com o filósofo grego, só ela torna as outras virtudes possíveis. Não é um argumento qualquer; o fundador do Liceu nos obriga a pensar. Para que alguém seja honesto e justo, por exemplo, precisa ser antes corajoso. Mas dependendo do ambiente onde esteja, precisa ser *muito* corajoso! De um modo ou de outro, se percebo que o interlocutor adota uma postura altaneira e destemida diante de circunstâncias adversas e de passagens difíceis ou dolorosas da vida, como conversador eu aprecio e logo lhe dou o meu reconhecimento. Sempre por meio do *feedback* compartilho com a pessoa o que senti ao observar o seu comportamento impávido. Em seguida, escuto e trato de acompanhar. Numa eventual condução, se for o caso, quiçá encaminhe o diálogo para as questões do equilíbrio e da prevenção contra excessos.

Disciplina

A facilitação atribui à disciplina papel estratégico na espiral de expansão da consciência. Sob inúmeros ângulos, educar é disciplinar. A questão aqui é: quais as conquistas realmente extraordinárias da humanidade obtidas sem um mínimo de organização e método? O facilitador que consegue identificar no desempenho do outro o requintado verniz da disciplina tem nas mãos uma pista consistente. Se a evidência se confirma, há chances de acelerar andamentos que, por outros meios, talvez tardassem a dar frutos, ou jamais os desse. É fato que um bom-senso de ordenamento e prazos no mapa mental do interlocutor pode otimizar sua atuação em diversas áreas. O facilitador agora redobra sua vigilância no acompanhamento; e a condução eventual ocorrerá no sentido de se evitar a rigidez.

Gratidão

Quem é capaz de expressar gratidão revela uma nobre faceta do seu modelo mental. Para qualquer conversador, acompanhar essa força expansiva resulta duplamente gratificante; primeiro, porque quem se reconhece beneficiado por algum gesto, palavra ou favor de outrem dá mostras de retidão e humildade, e isso por si só é grandioso; segundo, porque o agradecimento resulta em um dos mais desprendidos, bonitos e dadivosos *feedbacks*. No curso do acompanhar, o facilitador, se achar por bem, comenta a gigantesca distinção entre ser grato e se sentir devedor ou subserviente. Devido ao fato de que, para a facilitação, dar é igual a receber, toda gratidão genuína é uma pulsão, simultaneamente, modesta e altiva, simples e profunda. Como nos versos da canção que a voz de Mercedes Sosa tornou universal: "*Gracias a la vida, que me ha dado tanto...*"

Paciência

As pessoas pacientes mantêm um acordo secreto com o tempo. Ele passa por elas numa cadência insondável, sem queixa, sem ansiedade, sem apuro. Agostinho, o santo católico, predicou que "*a recompensa da paciência é a paciência*". Com outras palavras, o cineasta sueco Ingmar Bergman disse o mesmo: "*A paciência é a única virtude que requer uma moral inabalável*". Quando se depara com alguém paciente, o facilitador espelha sua espera e respira fundo. Já que a paciência também atende pelo poderoso nome de *esperança*, não há nada para se fazer aqui além de aguardar. Mas, com vigilância. Pois o conversador não lida com a esperança do verbo *esperar* – que é passiva e dominada pela inércia. A esperança da facilitação provém do verbo *esperançar* – que consiste em um aguardar ativo e, embora moderado, pleno de afazeres.

É gratificador perceber a paciência atuando no perfil de gente que, devido a circunstâncias ou períodos peculiares, facilmente expressaria ansiedade. Refiro-me de modo particular às gestantes, convalescentes e presidiários. Facilitar com essas pessoas exigirá do conversador tino e perspicácia. Mas quando a pulsão da paciência se mostra ativada nesse público, a espera experimentada perde seu tônus obrigatório e passa a ser vivida quase como se fosse uma livre-escolha.

Empatia
Encontrar uma pessoa empática faz o facilitador provar uma emoção parecida com a de quem grita "Bingo!" Enquanto a troca acontece nem se nota o correr das horas, e no seu final, os envolvidos estão nutridos e fortalecidos por uma energia limpa, tão fácil de sentir quanto fácil de explicar. A boa conversa acontece em mão dupla, como deve acontecer. Isso está expresso nas linhas e nas entrelinhas deste livro, já que a reciprocidade abre caminho para a inclusão e o compartilhamento. No instante em que o outro e eu atuamos com empatia, ambos somos facilitadores.

* * *

Esse decálogo constitui apenas uma pequena amostra das forças expansivas que podemos apreciar, reconhecer, apoiar e estimular no interlocutor durante uma boa conversa. Inúmeras outras pulsões poderiam constar desta lista. Seria inexequível exaurir todo o nosso potencial positivo.

Acompanhe a linguagem verbal expansiva

Ninguém verbaliza apenas para fora. Também falamos para dentro; e ao fazê-lo, desfiamos nossos inaudíveis diálogos mudos. Não é incomum quem possui boa e altiva aparência dizer, habitualmente, na silente intimidade de si mesmo, mensagens animadoras; e o oposto – quem aparenta tristeza ou depressão, parece sussurrar para a alma mensagens pouco alentadoras. A regra não tem rigidez matemática, mas funciona na ampla maioria dos casos. No que toca aos diálogos internos, quando o interlocutor fala silenciosamente para dentro, o conversador nada pode fazer além de observar. Mas se a pessoa falar para fora, há esperança do facilitador ouvi-la, e o acompanhamento tem chance de prosperar.

Conversar ajuda a pessoa a crescer quando o facilitador aprecia, reconhece, acolhe e estimula os seus *modelos verbais expansivos*. Faz bem ouvir alguém dizer algo bonito, favorável, afirmativo, seja um sonho, meta, sentimento, visão, fato ou conquista. Falar liberta. Vocábulos, frases, provérbios e histórias que transmitem otimismo e entusiasmo parecem brotar diretamente da primitiva e abundante fonte da vida. O conversador, ao escutar tais evidências, passa a ratificá-las, apoiá-las, instigá-las, como faz diante do menor sinal positivo. A melhor forma de oferecer continência nós já sabemos, é apreciando, acatando e seguindo as escolhas da pessoa. Em caso de abuso ou exagero, o facilitador primeiro pondera se essa sua percepção resulta de prejulgamento ou distorção. Se não for, e se lhe parecer adequado e viável, intenta conduzir o diálogo no sentido da moderação. Note que o apelo ao comedimento vem de vários lados. No viés oriental, a tradição Zen nos recomenda seguir pelo *caminho do meio*. No viés ocidental, os gregos perpetuaram em Delfos a seguinte exortação: *"Precavem-te contra os excessos"*.

Exteriorizar nos revela, e o conversador se orienta pelo que escuta. Se o que é dito pelo interlocutor expressa positividade, confiança e entrega, com certeza contribui para melhorar o seu estado atual. As pistas verbais das forças expansivas são consideradas quando há repetição ou ênfase de:

Palavras positivas

A fala rica de termos confiantes costuma indicar que o mapa mental da pessoa tem crenças e valores otimistas. Quem possui um vocabulário restrito, pouco diversificado e reutiliza as mesmas palavras positivas, também se insere aqui. O facilitador aprecia essas pistas, as anota e acompanha o conversador: ora lhe fazendo eco, ora buscando sinônimos para as expressões empregadas, ora trocando opiniões sobre conceitos análogos, mas não necessariamente idênticos. Após o acompanhamento, se preciso for, a condução poderá ser criativa, e não há limite para tanto: quiçá, estimular a curiosidade da pessoa sobre a origem dos termos; ou, para os que têm tal habilidade, usar trocadilhos com humor; ou... Não importa, o que vale é desfrutar da conversa que utiliza o tempero saudável de um vocabulário estimulante.

Frases assertivas

A sintaxe orienta a disposição das palavras na oração, e das orações no discurso. Exprimir frase reclama, portanto, nível de elaboração mais complexo do que a solidão da palavra. A frase assertiva, bem-estruturada, dita com propriedade no decorrer do diálogo, sugere ao facilitador que a linguagem verbal da pessoa possui boa articulação. Essa pista é magnífica e, se confirmada, a conversa deve ser conduzida de forma que a mente consciente do interlocutor possa reconhecer e se apossar dessa qualidade.

O conversador talvez peça ao interlocutor para esclarecer com algum exemplo o sentido do que disse. A reprise fortalecerá a ambos, se bem que por motivos complementares. A pessoa sairá fortalecida pela reafirmação verbal da sua ideia; e o facilitador, por escutá-la duas vezes – e já sabemos quão possantes são as repetições. O importante é valorizar a contribuição da mensagem da pessoa para o aprendizado do facilitador. Assim, a experiência da troca resulta transparente e validada.

Provérbios

Ao escutar um provérbio da boca da pessoa com quem conversa – sobretudo se nota coerência entre o que foi dito e o comportamento de quem o disse –, o facilitador talvez tenha à sua disposição algo além da simples pista a ser perseguida. Podemos afirmar que, na medida em que refletem juízos éticos ou morais, os provérbios são um curto e grosso balizador de condutas; atuam como cunha comportamental. Caso a ocasião permita, o conversador acompanha a fluência do tema recitando um sucedâneo, outro adágio, e explorará a mina. Quem sabe, deva anotá-lo na memória para – com o intuito de grifar sua intenção – recitá-lo mais adiante.

Temos aqui uma pista qualitativamente superior ao vocabulário e às frases, e aponta para a *probabilidade* de crenças e valores sedimentados no mapa mental. O provérbio dito com congruência sempre expõe algo essencial e demonstra, em um segundo, mais da visão de mundo do interlocutor do que longas horas de palavreado. Mas também se inclui neste rol, e com idêntica função, citações literárias, versículos religiosos (dos Vedas, da Torá, do Corão, da Bíblia etc.), trechos de canções e versos poéticos.

Metáforas

De maneira ainda mais intensa que os provérbios, a história contada pelo outro soa aos ouvidos do facilitador como uma melodia reveladora. Podemos estar diante não de algumas pistas, mas de um caminhão delas! Metáforas, contos populares, anedotas e "causos" traduzem profundos arquétipos do inconsciente pessoal e coletivo, e constituem eficazes radiografias psicológica e sociocultural do sujeito. Quem teve a pachorra de memorizar uma narrativa articulada leva dentro de si, sem se dar conta, um fantástico e habilidoso agente de autoeducação.

Considerando que o recurso das metáforas costuma refletir, com rara fidelidade, o que há de mais profundo nas representações internas do narrador, seu sistema de crenças e valores, a norma do conversador é se entregar à escuta com redobrado afinco. Aprecia e acompanha o relato, sem se atrever a interpretar coisa alguma. Evita o compulsivo "eu acho que...", e não ultrapassa a confirmação do óbvio. A história positiva e coerente, quase com certeza, já está trabalhando e servindo ao esclarecimento e expansão da pessoa como autêntica alavanca de Arquimedes. No decorrer da narrativa talvez surja espaço para alguma palavra estimulante, frase assertiva ou trama complementar. E se não, tudo bem. A simples atitude de abertura e acolhimento do facilitador, que ouve e escuta concentrado uma metáfora, serve para a pessoa como um regalo de atenção; e para aquele.... Bem, para o conversador é a realização plena da facilitação. O interlocutor, com seu relato, contribui para que o conversador aprenda e expanda seu próprio saber. Ou seja, os papéis se invertem e se complementam: a pessoa se torna facilitadora do facilitador. Foi Einstein quem disse uma das frases mais instigantes sobre a expansão da consciência: *"A mente que se abre a uma nova ideia jamais volta ao seu tamanho anterior"*. Então é correr para o abraço, e não custa aplaudir no final.

As metáforas são joias preciosas, mesmo que intangíveis. São dádivas para todos os seres humanos; notadamente para as crianças. Por isso, os adultos jamais deveriam deixar de contar-lhes histórias quando solicitados. A necessidade e a importância dessa fantasiosa nutrição para o saudável desenvolvimento mental e emocional dos futuros cidadãos estão expostas com todas as tintas na literatura pedagógica atualizada. O Estado, através do Ministério da Educação, deveria conceder ao assunto cuidado similar ao que o Ministério da Saúde dedica ao aleitamento materno, e promover campanhas esclarecedoras, junto às famílias e escolas, por todo o território nacional. É como nos diz Robert Mckee: "*Histórias são a conversão criativa da própria vida numa poderosa, mais clara e significante experiência. Elas são a moeda de troca do contato humano*". Jamais deixe de contar boas histórias para os pequenos.

Acompanhe a linguagem não verbal expansiva

O corpo nos revela muito mais do que o verbo. Embora a língua possa mentir, a fisiologia não mente jamais. Entretanto, estamos mais acostumados a escutar e entender a linguagem verbal e menos acostumados a observar e traduzir a linguagem não verbal. É exatamente isso que se faz necessário aqui: apreciar o que o corpo tem a nos dizer. Ao perceber no outro expressões e movimentos corporais definidos e equilibrados, elegantes e harmônicos, o facilitador se regozija com o achado e, respeitando o *timing* da sua completa manifestação, trata de acompanhá-los. O corpo traduz vontades do inconsciente, o que está longe de ser pouco, e contribui para elucidar aspectos obscuros ou imprecisos da pessoa. Nossa silente linguagem corporal surgiu muito, muitíssimo antes do que a linguagem sonora e audível. Apesar de que há milênios ambas coexistem e se tornaram banais, ampla parcela de nós ainda precisa de treinamento para captar e entender o mudo e rico idioma da fisiologia. Portanto, enquanto conversador, focalize sua percepção, observe, se exercite sem pressa; dê crédito ao tempo. Com ou sem dúvidas, aprecie, acompanhe, acompanhe, acompanhe.

Aprecie e acredite, repetição e empenho serão bem recompensados. Seja em suaves prestações, seja até quando parece não prosperar, o aprendizado termina por ocorrer. Eis abaixo uma seleção de pistas indicadoras:

Olhar firme
Nossa civilização, marcadamente *voyeur*, outorga ao olhar firme uma inquestionável importância. A cultura latina costuma interpretá-lo como sinal de autoconfiança, e até de retidão. O facilitador poderá estimular essa atitude espelhando o comportamento da pessoa com equidade. Devolver ao outro a firmeza no olhar não significa desafiá-lo, intimidá-lo ou seduzi-lo; mas apenas fitá-lo: sem segunda intenção, sem invasão de privacidade, sem faltar ao respeito, sem afetação. Para acompanhar o olhar firme o conversador não precisa, necessariamente, só se afixar nos olhos da pessoa. Deve manter o propósito e ser criativo; por exemplo, olhar para o mesmo objeto, ou no mesmo sentido e direção. Ao acompanhar com sutileza essa competência, o facilitador oferece à pessoa a chance de se notar correspondida, o que pode torná-la mais consciente desse seu atributo. Quando isso ocorre, o conversador também aprende e se gratifica com a experiência, pois a reciprocidade é, a um só tempo, causa e efeito da ressonância[24].

Respiração plena
Com a distinta exceção de uma ou outra ordem monástica, o valor dado à respiração pelo Ocidente foi, durante séculos, praticamente nenhum. A vulgarização desta visão míope e estreita foi responsável pela enorme resistência a se atribuir ao ciclo respiratório seu atual prestígio[25]. O jeito como respiramos é um sensível termômetro fisiológico do nosso estado de espí-

rito. Nenhum outro órgão humano reage tão rápido às alterações do humor quanto os pulmões; nem o coração – o que faz do *acompanhamento do ritmo respiratório* da pessoa um passo sutil, mas decisivo para acelerar a criação da empatia. Respirar é uma função vivificante; a ótima oxigenação do sangue melhora o metabolismo, o que garante energia sã para o corpo (nosso hardware), para a mente (nosso software) e para o espírito (nosso soulware). Ao constatar na pessoa um respirar rítmico, seguro, completo, o facilitador aproveita para apreciá-lo e reconhecê-lo, e não se faz de rogado, começa a experimentá-lo.

O conversador não é clínico, porém a saudável curiosidade – sobre si, as pessoas e sobre o mundo – deverá conduzi-lo a buscar conhecimento, ainda que genérico, acerca de inúmeros assuntos. No caso presente, poderia descobrir que possuímos três tipos básicos de respiração: diafragmática, torácica e clavicular. Embora a primeira seja de longe a mais saudável, o grosso de nós costuma respirar das duas últimas formas.

Postura ereta

Este tópico está vinculado ao anterior, pois só somos capazes de usufruir da respiração plena ao adotarmos uma postura fisiológica adequada. A "atitude corporal" do interlocutor guarda alegórica correlação com seu "modo de encarar os fatos". Em outros termos: postura física e atitude mental estão interligadas e de algum modo são correspondentes. Nos anos de 1970 Walter Franco, polêmico compositor da MPB, lapidou um verso luminar: "*A questão é manter a mente quieta, a espinha ereta e o coração tranquilo*". O ótimo posicionamento físico, a compostura esguia e equilibrada não raro remetem a um senso interior de coesão e ajustamento, e favorecem outras manifestações expansivas. O facilitador espelha a pessoa com quem interage, e se congratula com ela pela elegância postural. Posicionar bem o corpo pode inspirar ou sugerir se posicionar bem na vida.

Gestos fluentes e definidos

Gesto é o movimento que, no transcurso da comunicação, transmite ou reforça um significado específico. Pode ou não estar apoiando ou sendo apoiado pela linguagem verbal. Por conseguinte, entende gestos fluentes e definidos como sinais da expressão pessoal (física) segura; ou como evidências da linguagem corporal livre de entraves, bloqueios e repressão. Ora discretos, ora eloquentes, cabeça, ombros, braços, tronco, pernas, mãos e dedos devem demonstrar, através do gesto manifesto, adequação e alinhamento com a intenção da mensagem transmitida. Após apreciar a gesticulação natural e afirmativa da pessoa, eu espelho sua fluência, ponho-me em ressonância empática, igualando ritmo e intensidade.

Quietude relativa

No dia a dia da cidade, quando tudo parece correr a mil quilômetros por hora, enorme parcela de gente se deixa contagiar pelo vírus da hiperatividade. É fácil identificar essas pessoas; não param quietas. Contudo, se o facilitador, durante a conversa, nota no interlocutor a capacidade de "dar um tempo" em tanta agitação, talvez esteja captando algo valoroso. A calma bem contextualizada é um sinal alvissareiro. O conversador acompanha e compartilha da mesma tranquilidade. Se o espelhamento solidário for exitoso, ótimo; o serviço pode parar por aqui. A condução não precisa necessariamente acontecer, como se fora uma cláusula mandatória. A boa conversa é o troféu que se busca. Entretanto, se for o caso e se se sentir habilitado para tanto, o conversador quiçá possa estimular seu sossegado colega a experimentar uma de duas alternativas opostas: a meditação, certamente a mais incisiva ferramenta de autoconhecimento; ou alguma atividade dinâmica, aeróbica, que também poderá ser salutar.

* * *

A divisão do inseparável só se justifica se nos auxiliar a compreender o conjunto, ou seja, enquanto recurso didático. Sabemos que o corpo humano *não* se divide em cabeça, tronco e membros; assim como *não* existe uma linguagem que seja só verbal e outra que seja apenas não verbal. As distinções apresentadas são marcos indicadores para o treino inicial do foco do conversador. Só isso. Apenas isso. Nada mais do que isso. Por essa razão, qualquer utilização fragmentada e rígida dos conteúdos expostos irá distorcer o entendimento e o propósito do texto. Seria leviano e temerário se aventurar a "encaixar" os interlocutores em moldes duros e estanques, como se eles fossem chaves colocadas em um escaninho.

A prática da observação criteriosa conduz à perspicácia. O facilitador precavido observa e segue apreciando seu interlocutor. Inúmeras vezes só isso basta. Apenas acompanhar, eu insisto, opera maravilhas na conversa; e com renitente monotonia gratifica os envolvidos nela. Um bom diálogo é o que se quer conseguir e o que de melhor poderá acontecer. Assim, conversar nos ajuda a crescer. Pois convém que o encontro das pessoas seja sempre o encontro pacífico e respeitoso de maneiras talvez distintas, mas igualmente plenas, válidas e legítimas de ser.

5
Superando limitações

AQUI VOCÊ ENCONTRARÁ a definição que nós facilitadores damos para as forças limitadoras das nossas possibilidades. Há uma listagem das mais comuns entre elas, dicas como identificá-las e, se viável for, como ajudar a pessoa a superá-las. Você se dará conta que às vezes uma limitação pode ocultar benefícios, e por isso vale dobrar a atenção e o discernimento. Separar o joio do trigo pode ser cansativo, mas sempre é válido. Você notará que parte substancial do capítulo está dedicada ao metamodelo de linguagem, uma ferramenta da neurolinguística que permite corrigir imprecisões e sanear lacunas na fala do interlocutor. Há motivo para tanto: os ruídos que ocorrem na comunicação interpessoal costumam advir da falta de clareza naquilo que é verbalizado. Dê uma chance ao instrumento; dominá-lo vai exigir prática, prática e prática; mas lhe dará como retorno uma perspicácia nos diálogos que você não imaginava ser possível.

Quer conhecer a mente do homem? Escute suas palavras (Provérbio chinês).

A alma não tem segredo que o comportamento não revele (Lao Tse).

A vontade é tão livre por natureza que jamais pode ser coagida (Descartes).

Os problemas mais profundos não são absolutamente problemas (Wittgenstein).

É corajoso aquele que teme o que deve temer, e não teme o que não deve temer (Tolstoi).

Nada na vida deve ser temido, somente compreendido. É hora de compreender mais e temer menos... (Marie Curie).

Não é porque certas coisas são difíceis que nós não ousamos; é justamente porque não ousamos que tais coisas são difíceis (Sêneca).

Coragem é o que é preciso para ficar de pé e falar; coragem é também o que preciso para sentar e ouvir (Churchill).

É mais fácil sofrer do que procurar soluções (Bert Helinguer).

Se você pode sonhar, você pode fazer (Walt Disney).

O homem não pode descobrir novos oceanos a menos que tenha a coragem de perder de vista a terra firme (André Gide).

O primeiro princípio ensinado por grandes negociadores a seus pupilos é: *separe a pessoa do seu comportamento!* Confundir o sujeito com seu modo de se comportar parece algo tão justo e natural quanto a lei da gravidade. Por certo que os comportamentos do José fazem parte do José, mas não *são* o José. Esse postulado já foi tratado no segundo capítulo; retomá-lo aqui endossa sua importância. É imprescindível ensinar a percepção a se manter dentro dessa perspectiva cautelar. Basta um cochilo da autodisciplina, e o velho hábito de embaraçar a pessoa com sua conduta regressa determinado e vigoroso. Se estivesse ausente esta postura ponderada, até asséptica, nos veríamos, mais do que provável, enredados em um cipoal de exterioridades e julgamentos; portanto, descapacitados a facilitar o que quer que fosse.

A facilitação comunga das diretrizes de vários grupos que trabalham para criar um mundo pacífico e mais humano. Especificamente aqui cabe o 12º princípio do Centro para a Cura das Atitudes – movimento pela paz mundial iniciado pelo psicólogo norte-americano Gerald J. Jampolski: *"Podemos sempre ver a nós mesmos e aos outros como seres que ou oferecem amor ou suplicam ajuda"*. Pois bem, a aposta de que por trás do disfarce feio, vil e até perverso de determinado comportamento se esconde um ser humano sequioso de amor e carente de inclusão, é um ato de fé ou uma escolha deliberada no coração e na mente dos que se dedicam à missão de criar boas conversas[26].

As pulsões que impõem limites não representam obrigatoriamente algo ruim na vida do sujeito. Quando atuam para resguardar sua saúde, pelo contrário, são úteis, desejáveis e bem-vindas, devendo ser preservadas como ilibadas benfeitoras. Nesses casos, porém, deixamos de chamá-las "limitações"; e – sem que se trate de eufemismo – passamos a invocá-las com nomes mais bonitos e ecológicos, como *prudência*, *cautela*, *zelo* ou *medidas de segurança*. A questão é que no calor das nossas trocas, tantas delas rápidas e superficiais, nem sempre nos damos conta de discriminar com precisão o que é do que se insinua ser. Mas essas ambiguidades, tão frequentes e comuns nos comportamentos humanos, não intimidam o facilitador. Pelo contrário, elas o atraem e motivam a se empenhar, com reforçada moderação e sem preconceitos, na criação consciente da empatia.

Deve-se atentar, contudo, que um único milímetro além da sua função ecológica, tais forças limitantes sofrem súbita metamorfose: tornam-se cruéis e indesejáveis agentes, pois constrangem e impedem a plena manifestação das nossas qualidades. Habitualmente, estes terríveis obstáculos – terríveis porque os levamos dentro de nós aonde quer que decidamos ir – sabotam aspirações e minam iniciativas. A advertência justifica serem eles, agora, o foco da minha reflexão. O desafio à frente exige que sejamos hábeis descobridores desses entraves e, quando possível, eficazes transgressores das suas amarras.

Nem sempre a percepção do indício limitador nos conduz a algo relevante. A presença de um único traço confuso ou obscuro em quaisquer das linguagens do indivíduo costuma ser como a gota de suor numa piscina de água límpida. O fator destoante é absorvido e diluído pela força maior do conjunto sadio. Toda a preocupação com a pista perniciosa começa, de fato e de direito, quando *esta* pista se manifesta repetidamente ou em "feixes", como chuva de evidências. Aí a coisa pega, a luz vermelha se acende, a sirene toca, e quem tiver olhos que veja, quem tiver ouvidos que ouça. Pode estar acontecendo uma torrente de disfunções na vida da pessoa.

As pulsões limitantes estão por trás da maioria das expressões que, direta ou indiretamente, se oponham à realização do nosso potencial. São bloqueios que a gente possui e expõe, embora amiúde não os perceba. O facilitador parte para identificá-los, mas atua com precaução diante dos indícios porventura encontrados. Faz parte da técnica da facilitação tratar todas e quaisquer pistas, a princípio, como se fossem verídicas; ainda que se note contradição entre elas. Não há mal nisso, visto que descartamos a camisa de força dos conteúdos e suas sedutoras interpretações – essa complexa seara que faz o êxtase da psicanálise. Convém ao facilitador ser cirúrgico em sua intervenção: oferece um estímulo, uma pergunta, tece breve comentário e se recolhe, voltando a apreciar, e acompanhar e acompanhar. Aguarda que o próprio interlocutor encontre "de dentro para fora" suas próprias e autênticas soluções. Sim, porque o facilitador não existe para resolver os problemas do mundo, mas para tecer um clima interpessoal em que prevaleça inclusão, harmonia, paz, solidariedade. Se lograrmos tal resultado, é muito provável que os problemas do mundo atenuem e se aproximem de soluções. Caso a origem da dificuldade esteja no interior da pessoa, e costuma estar, a superação da dificuldade também virá de lá – ou não virá de lugar algum. Após acompanhar, o facilitador tentará conduzir o interlocutor a refletir sobre isso. Chegar aqui já exprime uma vitória.

Crescer é peleja singular e solitária; ninguém pode pretender fazê-lo no lugar de outrem; menos ainda um facilitador. Todavia, embora peleja singular e solitária, crescer tem sua face social. Não é processo isolado. Dado que o vice-versa existe, a limitação do indivíduo também reflete, em alguma medida, limitação do meio circundante. Na presente etapa o conversador se incumbe de notar a força limitadora da pessoa, acolher sua expressão e descobrir a intenção positiva que a vivifica. Já comentei que, via de regra, por trás dos bloqueios estão ancorados nobres e elevados propósitos. Se o acompanhamento for feito com maestria não causará surpresa ao facilitador o interlocutor ter um *insight* sobre formas mais ecológicas de realizar os "nobres e elevados propósitos". Entretanto, se se deixar tomar pela ansiedade e saltar essa etapa, o conversador terá cometido um sério atropelo. Depois de observar e refletir sobre os comportamentos humanos, Jung escreveu que "*o que negamos nos submete; e o que aceitamos nos transforma*". Carl Rogers disse o mesmo em outros termos: "*Curioso paradoxo: quando me aceito como sou, posso então mudar*". Constate a profundeza dessas afirmações. Só acolhendo a "faceta sã" da limitação e ouvindo-a no que ela tem a dizer, poderá o facilitador – sempre através do acompanhamento – contribuir para que a pessoa faça da barreira detectada uma mola impulsionadora do próprio crescimento.

Embora os sinólogos rigorosos não concordem com a interpretação, foi amplamente divulgado em livros de autoajuda que os chineses utilizam um só ideograma para simbolizar tanto o *perigo* quanto a *oportunidade*. A informação ganhou o mundo e tornou-se uma verdade consumada. Porém, independentemente do rigor linguístico, não parece absurdo a gente considerar o percalço surgido na senda do crescimento como um convite para a sua ultrapassagem. Usando outras palavras, o encontro com o limite pode se transformar em um estímulo para a afirmação criativa da sua superação. Como disse, pode. Há uma interessante alegoria que cabe agora e vale compartilhar. No processo de desenvolvimento do bambu, os seguimentos da haste representam vitórias consecutivas contra a possibilidade de estagnação. Assim, cada nó constitui, ele próprio, tanto risco de óbito quanto impulso para o crescimento da planta. O bambu gigante com certeza enfrentou e venceu sucessivas lutas contra a morte. O escritor britânico C.S. Lewis resumiu esse recado numa frase conhecida: "*As dificuldades preparam pessoas comuns para destinos extraordinários*".

No capítulo anterior mencionei os provérbios e as metáforas como pistas importantes do sistema de crenças e valores da pessoa. Através de preciosidades como "*o que a lagarta chama de morte a borboleta chama de nascimento*", a cultura sintetiza e plasma o saber resultante da experiência coletiva acumulada através dos tempos. Não por acaso, tantos filósofos buscaram nas dificuldades algo além de restrição, má sina ou castigo. É do que me ocupo aqui. Nós, conversadores, escolhemos a missão de servir e aprender; então os problemas podem ser encarados de forma menos dramática. O problema passa a ser um laboratório de aprendizados, uma chance de descobrirmos caminhos ou tônicos para o amadurecimento. Através desse olhar, nem mesmo a peleja com o obstáculo irremovível pode ser taxada de inútil. E como o poeta Fernando Pessoa prescreveu: "*Tudo vale a pena quando a alma não é pequena*".

Sempre que haja boa vontade e resiliência, há meios de se extrair algum préstimo do infortúnio e da barreira. É nesse contexto específico que o termo *desafio* encontra sua melhor utilidade. Essa abordagem nos permite escolher o que se adapta melhor a nós: o papel de protagonista ou o papel de coadjuvante. Se quisermos crescer com a experiência, a escolha da primeira alternativa traz nítidas vantagens. Quem tenta despertar nos demais piedade, dó ou comiseração, preferirá a segunda opção. Embora ambas as escolhas tenham lá sua validade, o facilitador não tem o direito de tratar ninguém como coitado. Ainda que sob a pressão de ocorrências extremamente graves e desfavoráveis, como uma dívida financeira impagável ou uma doença em fase terminal, o outro deve ser acolhido e tratado com dignidade e compaixão; mas também reverenciado como uma alma humana atravessando o turbilhão das probabilidades. Honestos e desonestos, compassivos e rancorosos, egoístas e generosos padecem das vicissitudes existenciais. Harold Kushner, em seu livro *Quando coisas ruins acontecem às pessoas boas*, nos mostra que lutar contra os infortúnios ou se submeter docilmente a eles são opções legítimas e merecedoras de respeito, ainda que reflitam estados de espírito opostos. Nenhum facilitador estimula a pessoa a tomar decisões, quer sejam elas tidas como covardes ou heroicas. Mas cabe refletir sobre a aguda e impactante conclusão do psicoterapeuta Bert Hellinger, após quase sete décadas lidando com os transtornos humanos: "*Na vida é mais fácil sofrer do que procurar soluções!*"

Desafie as manifestações limitantes

Os detalhes expressam quem somos. Não dá para viver sem se revelar. É óbvio que algumas dessas revelações são voláteis, fugazes e difíceis de serem estimadas. Porém, dado que difícil não quer dizer impossível, o facilitador treina e aprimora sua acuidade sensorial para levar a arte do acompanhamento à sua máxima perfeição. Será possível "acompanhar a alma" da pessoa? Não custa tentar. Sobretudo se o intento for leve, natural e comedido.

Vimos que a busca atenta da origem de determinada expressão limitada conduz, quase sem exceção, a uma ou várias representações internas rígidas e/ou obscuras; e que estas, por sua vez, quase sem exceção, escondem finalidades positivas. Ora, a miúda e rasa psicologia dos facilitadores não vai além desse marco; e não segue por três bons motivos: falta-nos interesse, falta-nos competência e falta-nos fôlego. Queremos papear; se for possível, estimular o interlocutor; e temos o breve espaço/tempo de uma conversa para fazer isso. Portanto, dialogar nos basta. O histórico de um comportamento, com dados detalhados sobre seu possível início e evolução, de tanta valia para o ofício do terapeuta, psicólogo ou psiquiatra, é inútil para o agente da facilitação. Se houver necessidade de a pessoa abrir o coração e soltar o verbo – numa comprida narrativa, recheada de "explicações" e "justificativas" –, o facilitador escutará com sincero interesse. Mas para o conversador tem escassa relevância se os argumentos relatados forem verdadeiros ou falsos; se a sequência dos eventos estiver correta ou invertida. O conversador escutará o interlocutor pela natureza sincera e solidária da boa conversa, mais do que por qualquer outra razão. Deixar claro esse aspecto da facilitação é fundamental: o poder do encontro tende a prevalecer sobre a verdade, a mentira, a omissão, o esquecimento e o equívoco. Se estivermos plenamente presentes, abertos e empáticos, são grandes as chances da espontaneidade dos conversadores brotar. Nessas condições, não é raro que – mesmo na brevidade de uma única conversa – os disfarces e as conveniências se mostrem desnecessários e caiam por terra.

Também as pulsões limitantes costumam se agrupar por similaridade e possuir uma estrutura central comum. O que irá destoar entre elas é mais a aparência de suas manifestações do que propriamente a rigidez dos seus conteúdos. Desta sorte, o processo aqui ocorre igual à ressonância das forças expansivas que analisei páginas atrás, ou seja, como na "reação em cadeia" ou "efeito dominó". Não há nada de extraordinário quando a libertação de um entrave conduz à libertação de outros entraves – quer estejamos ou não conscientes da alforria. Observemos alguns casos de expressões limitadoras, amiúde encontradas por conversadores, e seus respectivos e mais comuns desafios:

A culpa

Campeã no consumo de sessões terapêuticas e confissões religiosas, a culpa pode atormentar suas presas por anos e décadas a fio; e, se nada puder eximi-la, durante a vida inteira até o jazigo. A irmã gêmea do pecado mostra redobrada vileza quando ataca e se enraíza nas pessoas mais vulneráveis ou fragilizadas; como doentes, excluídos, incapazes, gestantes, idosos e crianças. Não que faça concessões ou se mostre pouco devastadora com os demais. A culpa – seja ela qual for – responde por cruel. Cada sentimento culposo carrega um relato particular, e o facilitador, ao notá-lo atuando na pessoa, tem a obrigação moral de acatá-lo. Aceitação faz a maior das diferenças no correr dessa conversa. De hábito, o "culpado" precisa de colo terno e silencioso, de acolhimento proporcional à gravidade da sua mácula. É indispensável escutar sem tecer críticas ou juízos, sem condenar; simplesmente escutar. O acompanhar demanda aqui os condimentos da receptividade e da compreensão incondicionais. Apoio e carinho expressados nessa hora de explícita debilidade têm o efeito de um bálsamo. Em não poucas situações, saber ouvir com sinceros interesse e amorosidade é tudo de que o conversador precisa ser capaz.

O que foi criado também pode ser destruído. Se o aforismo puder ser generalizado, todos dispomos de potenciais recursos para suportar, combater e sobrepujar a culpa. Após paciente acompanhamento, o conversador deve dar um tempo respeitoso para o silêncio e o vazio. Só após esse lapso, e caso seja viável, a pessoa deve ser convidada a uma isenta avaliação do seu fardo (*Tem como reparar o que ocorreu? Há ganhos em se sentir culpado?*); e, se factível tal iniciativa, o subsequente direcionamento para a libertação desse cativeiro. (*Quer se libertar da culpa? O que deixar de se culpar lhe trará de bom?*) A psicologia cognitiva tem demonstrado que a inteligência do consciente tem cacife para "reconhecer racionalmente" os estragos da pulsão perniciosa, e poder e autonomia para superá-los. Pensar o propósito positivo de forma consciente promove mudanças. Decerto que o caminho que o outro percorre – no sentido de enfrentar e vencer os males do autoflagelo – nem sempre passa pela tomada de consciência da inutilidade prática do padecimento. Quer dizer, por vezes não basta o entendimento de que "o passado passou e nada irá mudá-lo". Contudo, quando se transforma o dolo, a falta ou o agravo havido em fonte de aprendizado, a dificuldade do presente tende a ser mitigada, e o futuro, antes nebuloso, passa a ser uma réstia no horizonte.

O drama da culpa se resume em que essa força limitadora não se redime sem a concomitância do *perdão* – o mais doce linimento para mentes e corações atormentados. A capacidade de perdoar é um poderoso gatilho expansivo, conforme já frisei, e se o facilitador logra despertar a pessoa para a obviedade desse fato, a liberação poderá, enfim, acontecer. Entretanto, nunca excede ressalvar, a completa remissão dos demais tem como primeiro passo a concessão do indulto incondicional a si mesmo. Só com o perdão em sua grandeza acontece de a vida recuperar sua essência sã e alvissareira. Perdoar é verbo que cura, mas exige de cada qual – aprendemos isso cedo ou tarde – honestidade radical.

O medo

O temor corrompe a livre-expressão dos nossos anseios e necessidades. Pouco influi se sua causa é concreta ou abstrata, primitiva ou derivada, real ou imaginária – o medo se reverte em drástico e inclemente corrosivo da autoestima. Nenhuma falta de tato seria tão infame quanto chamar o medroso por este nome. O facilitador percebe a urgência do contexto e se põe no lugar do outro. Intenta captar e sentir a perspectiva do interlocutor atemorizado; o acolhe e o acompanha, solidarizando-se com seu calvário e lhe oferecendo compreensão, respeito e sigilo.

Já comentei que para os gregos a coragem era a virtude mais celebrada. Não se equivoca quem deduz que o medo e a covardia representavam para eles os vícios mais sórdidos. O escritor Facundo Cabral assevera que *"nos envelhece mais a covardia do que o tempo; [pois] os anos só enrugam a pele, mas o medo enruga a alma"*. O conversador não subestima nenhuma pulsão limitante; porém sabe que lidar com o temor alheio requer algo além de abnegada compaixão. É preciso luz e tino para alumbrar cada pequeno avanço nessa caverna assustadora. Embora o medo da pessoa toque e sensibilize o facilitador, não acampa em seu peito; o que pertence ao outro é do outro. Sem uma sutil combinação de independência do problema e irrestrita solidariedade não conseguimos incitar ninguém a se sentir capaz de vencer ou pelo menos de lutar contra sua chaga. Só depois de tomados tais cuidados é que, com delicadeza e prontidão, podemos pensar em afastar as cortinas, abrir as janelas e permitir que a claridade expulse as trevas. Talvez o papo permita cogitar sobre a hipótese de se viver no presente com segurança – *Que poderia acontecer se você vencesse o medo?* Ou se possa antever um futuro promissor – *Você consegue imaginar sua vida sem esse temor?* O simples fato de o interlocutor começar a se imaginar liberto da submissão a esse algoz interior já merece ser celebrado como avanço; tímido, mas um avanço.

Cabe aqui uma menção sobre como algumas tradições orientais tratam o tema. Embora admitam que o oposto da coragem é o medo, entendem que a pulsão libertadora do medo não é a coragem, mas sim o amor! Esta perspectiva tem sido adotada por um número crescente de autores ocidentais, e a própria facilitação se vale dela para expandir o poder do diálogo. Afinal, nós concordamos que a decisão de fazer da conversa um serviço ao próximo é, por certo, corajosa. Mas, antes disso, trata-se de uma escolha ditada pelo afeto.

O sofrimento

Também as pulsões da dor e da tristeza possuem a capacidade de nos transformar. Quantas mudanças não ocorreram conosco sob o signo delas? Dor e tristeza fazem parte do enredo da existência; estão presentes no roteiro biográfico de cada um de nós. Quando ensinam muito e duram pouco, ou se ensinam o suficiente e duram o necessário, essas forças limitantes têm lá seu quinhão benéfico. Claro que os medidores de intensidade, tempo e consequências são pautados em critérios particulares. Lembre-se, reflita e confirme que é assim. Todavia, para que você e eu pudéssemos extrair da pena alguma vantagem ou benefício foi absolutamente imprescindível a dor e a tristeza serem passageiras. Se a tristeza e a dor vêm, duram um curto período, e logo vão embora, ufa! – deixam algum aprendizado e, com sorte, algo de amadurecimento. A questão é que nem sempre as coisas se passam desse jeito. Quando essas emoções difíceis decidem se instalar sem pressa de nos deixar, aí o caldo entorna, o quadro ganha gravidade e sobrevém o pior: a dor e a tristeza se transformam na doença do *sofrimento*.

No momento do diálogo com a pessoa sofrida, nada pode ser tão desastrado e reprovável quanto esbanjar bom humor, arriscar anedotas ou fazer gracinhas. Boas intenções não servem de nada. Mas não tome nenhuma dessas orientações com a rigidez do dogma. O que estou dizendo é que na maioria absoluta das vezes uma piada ou macaquice diante de alguém entristecido *não* produz bom resultado. Porém, nada impede o facilitador de confiar nessa estratégia e "chutar o pau da barraca" com uma espirituosa tirada. Quiçá assim possa quebrar o estado de torpor da pessoa e fazê-la cair em uma estrondosa gargalhada. Talvez! Quando dizemos que a empatia é uma arte, vemos o conversador tão livre para criar quanto responsável por suas criações.

Tampouco convém minimizar os motivos da pena. O sofrer alheio é verdadeiro, até quando proveniente de suposições, equívocos e fantasias. O facilitador confia na empatia e trata de acompanhar. Acompanha, acolhe e acompanha; expressa respeito e acompanha, se compadece, se mostra comedido no trato com a pessoa desalentada; mas ele próprio não desanima. Se tudo na vida passa, o sofrimento também há de passar.

Já disse que a facilitação se embasa na firme convicção de que todos dispomos de potencial para vencer limitações – ou, ao menos, estando conscientes delas, potencial para suportá-las. Ao conversar com a pessoa penalizada o facilitador sabe que esta costuma ser uma pulsão resistente. Em câmera lenta, com sutileza, acompanha-lhe o desgosto e segue observando com tato; pois não é raro o sofredor estar convicto de que padece o que fez por merecer. Nesses casos, de modo invariável, é fácil constatar as impressões digitais da culpa. Se assim for, o conversador talvez deva atuar com foco no dolo. E seguir tratando de alumiar o breu e transmudá-lo, devagar, em uma penumbra. Se conseguir tal condução já a considera um progresso. Então, sempre cuidadoso, intenta fazer brilhar um lampejo ou esperança que seja. Se houver êxito também aqui, a perspicácia do conversador ditará os próximos passos. Mas tudo dependerá do grau de empatia atingido.

O ciúme

Tornar-se capaz de separar o sentimento amoroso do desejo de posse exclusiva sobre quem ou sobre o que se ama, constitui um dos maiores testes para a evolução afetiva dos seres humanos. Se quem ama nega a liberdade do objeto amado, onde está o amor? Osho repetia com a persistência do mantra: "*Quem ama, liberta!*" Ah, mas quem expressa o ciúme como reflexo da afeição não pensa assim; aliás, decididamente, acredita no contrário. No mapa mental do ciumento, o desapego é sinal de indiferença, de apatia e até de desamor. Num cenário desses, a facilitação começa seu trabalho reconhecendo como legítimas as razões e os pretextos da possessividade do interlocutor. Aqui e agora as experiências alheias são nulas. O que está em pauta são os sentimentos de outrem; e estes refletem o medo de não ser correspondido, o receio da "traição", o pavor da ausência, a paúra do vazio, o temor da solidão. Vinicius de Moraes foi fundo no poço da alma ao versejar: "*São demais os perigos dessa vida para quem tem paixão*". Para o apegado, os riscos são em quantidade multiplicada; alastram-se como erva daninha pelas paredes da imaginação... O ciúme corrói e dilacera.

Não raro se constata na conduta das pessoas aprisionadas pelo apego sinais indicadores de baixa autoestima. Embora a generalização proceda, cada vivência é filha única. Por isso, independentemente do contexto, o facilitador se fia na precaução e mescla o acompanhamento com o reforço no amor-próprio do interlocutor possessivo. À medida que for conquistando maior confiança e segurança em si, o sujeito poderá cogitar tratar com respeito o livre-arbítrio do ente querido. A completa vitória sobre o ciúme demanda amadurecimento sentimental, e esse resultado não aparece da noite para o dia, e menos ainda no curso de um único diálogo.

No terreno do apego, o facilitador se acostuma a trabalhar dobrado para obter melhorias mínimas. Daí a necessidade de conciliar pertinácia e paciência. Na maioria dessas situações, o mais indicado é acompanhar e acompanhar, sem olhar para o relógio. A vida se ocupará do que vier. Mas caso aconteça, a superação dessa força limitante não passa despercebida. Quem a presencia vê espetáculo estupendo. Primeiro, porque liberta pessoas, lugares e objetos das algemas do zelo doentio. Segundo, porque quem consegue escapar dessa cilada criada por e para si próprio parece adquirir uma sorte de transcendência ou de soltura, só comparada à vertigem de voar.

A raiva

Raiva, cólera, ódio, rancor e desejo de vingança são pulsões limitadoras homogêneas, ancoradas em um alto grau de rigidez. Seus efeitos visíveis se espraiam num repertório estressante que vai da cara fechada e o cenho franzido até o enfarto do miocárdio. Há tempos a cultura popular nos adverte com sua eficaz simplicidade: "*Fulano, deixe a raiva de lado, não vale a pena envenenar o sangue!*" Os coléricos, contudo, prisioneiros da severidade, fazem ouvidos de mercador e chafurdam no remordimento. Para o facilitador, não há dúvidas de que a primeira vítima dessa força nefasta é quem a sente e a cultiva; como também ocorre com qualquer fator limitante. Parece haver no interior dos seres humanos, ou seja, no nosso íntimo, um "dispositivo moral" que nos prejudica sempre que estamos sintonizados com aspirações menores e negativas. Aléxis Carrel, Prêmio Nobel de Fisiologia (ou Medicina) de 1912 – há mais de cem anos! –, já nos alertava sobre isso. E a recíproca também vale: estudos e pesquisas atuais sobre psicossomatismo provam que funcionamos melhor quando sentimos emoções elevadas e positivas. Nossa funcionalidade se otimiza com o bem e se deteriora com o mal. Todavia, essa verdade se encontra inacessível ao raivoso, que nada enxerga além do veneno que se acha no direito legítimo de destilar: a raiva cega.

Alguns psicólogos consideram as manifestações emocionais escolhas voluntárias do sujeito; outros defendem que elas são reações instintivas. Essa discussão vai longe e poderia animar um sarau acadêmico, mas pouco serve à simplicidade dos facilitadores, focados apenas na criação de uma boa conversa. A partir da perspectiva prática dos conversadores, não nos interessa saber a origem da raiva, se sua raiz é volitiva ou involuntária, pois o problema real está em permanecer raivoso. E a permanência nessa condição constitui, sem dúvida, uma opção do sujeito.

Quando interagimos com alguém colérico, só após acompanhar e acompanhar é que podemos sondar se existem alternativas menos hostis e mais salutares. Sempre há, embora estejam sufocadas ou reprimidas no fundo do almoxarifado emocional da pessoa. Por isso, tentar mostrá-las ou sugeri-las de supetão, para quem não as quer ver ou não alcança ver, seria iniciativa tão infeliz quanto inútil. Infeliz porque haveria colisão de afetos – que é o gatilho da antipatia. Ao se sentir incompreendida e sem continente para extravasar sua ira, a pessoa logo desconfiaria da falta de amparo do facilitador. E seria inútil porque todo ódio se acha justo, legítimo e clama por condenação. Esse quadro reitera a necessidade inicial de se oferecer tempo e espaço para o interlocutor expor seu sentimento de desafeto, com espontaneidade e segurança, sem temor de críticas às suas íntimas motivações. Apenas depois de escutar com pachorra o desabafo, ouvir os argumentos e acolhê-los com naturalidade, poderá o facilitador, com leveza, cogitar sobre as chances da condução.

O egoísmo

Também aparentada numa pluralidade de feições – orgulho, ganância, avareza, presunção etc. – está a pulsão limitadora que faz a pessoa se proteger com explicações e justificativas que, segundo ela acredita, lhe outorgam a exclusividade do mundo. Vivendo sem levar em conta a vida, os valores e interesses alheios, o egoísta cava um fosso abissal ao seu redor. Se não se lhe corrige o rumo e o prumo, seu clássico desfecho costuma ser o amargo e total isolamento; ou, pior, o ostracismo.

Geralmente, clarear e expandir essa pulsão não é serviço para principiantes. O conversador deve seguir seu parceiro de conversa sem esboçar surpresas pelas suas ações egoicas. Toma-as como expressões naturais e genuínas – até porque é isso que elas aparentam ser. E segue confiante na tecelagem consciente da empatia. Aguarda com compenetração e calma a oportunidade adequada para conduzir. Se esta ocorrer, será numa fração de segundos; e o caminho a seguir, estreito como o fio da navalha. Uma ação precipitada ou inábil produzirá efeito inverso ao que se pretende. Se o egoísta se pressente induzido ou forçado a abrir mão de algo, não o faz de boa vontade e passa a se sentir lesado – o que só lhe reforçará a rigidez. Se, no outro extremo, se vê flagrado no êxtase da sua posse, pode se sentir traído – o que o induzirá a se fechar. Estas ponderações fazem do desafio dessa força limitante labor minucioso ou, para usar uma expressão popular, trabalho de chinês. Porém, se em algum momento o facilitador logra conduzir o comodista para fora do seu casulo, o crescimento e a clareza produzidos pelo movimento poderão ajudá-lo a descobrir a gratificação de ceder e a alegria de compartilhar.

A inveja

Essa pulsão limitante expressa o forte – e por vezes incontrolável – desejo de possuir algo que pertença a outrem: tanto faz se se trata de uma coisa específica, como um dom, característica, relacionamento, sonho, estilo de vida, ou o conjunto das habilidades ou das posses. Não é errado deduzir que quem inveja costuma sentir pouca estima pela pessoa que é e/ou pelo que conseguiu angariar – mesmo que seu disfarce aparente o contrário. Se confirmado este traço genérico da cobiça, o facilitador focaliza seu trabalho imediato não no objeto desejado, mas – outra vez! – na autoestima do seu interlocutor. A primeira intenção é reaver e salvaguardar sua integridade; ou, sendo mais realista, contribuir para isso. Por abjeta que possa ser a conduta observada, tida por "invejosa", prevalecerá sempre o cânon da empatia: acompanhá-la sem tinturas de crítica ou condenação. Em outros termos, de início devemos acolhê-la e aceitá-la como sendo a melhor alternativa da pessoa naquele exato momento e lugar. O interlocutor, pura e simplesmente, *não conhece* e *não sabe* outro jeito de agir.

À medida que o papo flui poderá surgir chance para alguma condução. Ainda que haja diversos caminhos por onde seguir, todos conduzem ao objetivo comum de contribuir para esclarecer à consciência da pessoa que *a felicidade é para ser vivida agora* – com o que possuímos, do jeito que somos, no local onde estamos, com as posses que temos e as pessoas do nosso convívio. Quem se orienta por tal consignação, da paisagem mais cinzenta consegue extrair luminosidade e colorido.

A timidez

Forma mais difundida de fobia social, a timidez não escolhe quem ataca. Suas vítimas podem ter idade, sexo, raça, religião, *status*, profissão, poder ou preferências gastronômicas diferentes; dá na mesma. Porém, o que torna particularmente poderosa essa força inibidora dos talentos e das competências humanas? Bem, a timidez se utiliza de uma estratégia de enorme eficácia. Atua de modo igual ao HIV – o vírus da Aids –, que engana o sistema imunológico, fazendo-o acolher e contribuir com as enfermidades oportunistas. O disfarce da timidez ganharia um concurso de mimetismo: apesar de ser apenas um *comportamento*, com extrema desenvoltura se faz passar por *identidade*. O sujeito crê piamente no engodo, afirma e confirma reiteradas vezes: "eu *sou* tímido", e está armada a confusão!

Vou desmascarar o embuste. Ninguém diz "eu *sou* gripado". Por que não diz? Porque a gripe é algo necessariamente *temporário* – como todo comportamento. Considerando que ninguém vive com gripe a vida inteira, o apropriado é dizer "eu *estou* gripado". A timidez, 99% das vezes, também funciona assim; só aparece em lugares específicos, com pessoas específicas, em situações específicas. Porém, graças ao poder das palavras, a informação "eu *sou* tímido", dita e repetida na própria voz da pessoa, cria na mente a ilusão de que a timidez constitui uma característica intrínseca e imutável de sua identidade. Ativa-se, desse modo, a "profecia que determina seu próprio cumprimento". Do que se trata? É quando a vítima colabora com o problema e, sem perceber, se torna algoz de si mesma. Alguém que afirma a trágica frase "eu *sou* tímido" está se condenando a eterna timidez. A trama é diabólica de tão pueril: o que a gente fala os ouvidos escutam, a mente crê e o coração sente! Daí o pseudodiagnóstico – o acanhamento, a vergonha etc. – se torna, a um só tempo, veredicto e destino, e o processo se fecha em uma terrível roda viciosa.

Ao se deparar com o interlocutor que se diz "tímido", o facilitador o toma e o trata pelo que ele acredita ser; quer dizer, trata o comportamento da timidez como se identidade fosse. E acompanha, acompanha, sem ansiedade; a "deixa" para conduzir virá, e deverá ser bem aproveitada. Com discrição e bom humor, o conversador busca na biografia da pessoa uma situação na qual ela atuou com espontaneidade, soltura, talvez até arrojo. Não será difícil localizar na sua memória os arquivos dessas ocorrências. Mesmo que haja uma pluralidade de casos encontrados, bastaria um para desfazer a confusão entre comportamento e identidade. Ao reviver com os olhos da mente a ocasião em que atuou com extroversão, com soltura, a pessoa descobrirá que a chamada "timidez" só acontece em contextos exclusivos. Por exemplo, quando se dirige ao diretor ou ao falar em público. Caso contrário, a timidez também se manifestaria com as pessoas próximas, como pais, irmãos, filhos e amigos íntimos. Essa tomada de consciência, ao acontecer, produz um impacto positivo e transformador na autoimagem da pessoa.

A preocupação

O próprio nome delata: *pré*-ocupação – uma tarefa anacrônica, anterior ao tempo da sua execução real, talvez deslocada do foco ou desajustada ao contexto. Seguindo a lei da expansão dos gases, essa pulsão limitante tem a propriedade de se espalhar em todos os sentidos e direções e penetrar nos nossos mais reservados rincões. Por isso, o primeiro cuidado que o facilitador poderá ter é sugerir a demarcação do território do problema. Trata-se de um procedimento asséptico. Sem que sua causa seja circunscrita em uma área, a preocupação se volatiliza, cresce e contamina o que estiver em volta.

Na conversa com alguém que se mostra preocupado, o facilitador escuta e acompanha tal qual um ouvinte compreensivo. Com frequência, só o fato de a pessoa encontrar no conversador alguém disposto a ouvi-la com atenção, sem ressalvas e poréns, produz alívio tão imediato em suas tensões, que a preocupação – independentemente da sua natureza – começa a aparentar ser menos dramática. Mas tal continência, embora necessária, não basta. Quem expressa tal pulsão precisa de estratégia de guerra, se quiser se ver livre dela. O curioso é que embora a preocupação cause efeitos desastrosos por onde avance, fatia expressiva das pessoas preocupadas desconhece um potente antídoto, fácil de invocar e nem tão complicado de se fazer: *planejamento*!

Aprecie ou não a ideia, quem tiver uma preocupação convém se planejar. Dificilmente alguém vence essa força limitadora sem focalizar a atenção nas práticas de gestão do tempo e de organização e método. Mas a partir daqui as escolhas são sempre singulares. O facilitador segue acompanhando, solidário, mas isento da responsabilidade de encontrar soluções para a preocupação do interlocutor. Como foi dito, apenas escutar já ajuda muito. Se o clima empático avançou bem e o facilitador notar evidências de maior autocontrole e mais tranquilidade, talvez possa ser útil o bem-humorado, um tanto cínico, mas não menos sábio, conselho de bar: "Se o problema tem solução, para que se preocupar? E se não tem, para que se preocupar?" Dizem que o despreocupado viveu 100 anos!

* * *

Essa mostra de forças limitantes tem intuito ilustrativo. Cada ser humano carrega dentro de si pulsões que cerceiam, dificultam ou impedem a aparição da essência luminosa que possui. O agente da facilitação compreende que a faceta limitada observada no interlocutor corresponde apenas a uma parte do seu acervo de forças; não à sua totalidade. Compreende também que os outros percebem em nós virtudes e vícios, defeitos e qualidades, independentemente dos propósitos benéficos que porventura hajam atrás das nossas condutas. Reconhecer o altivo desígnio que intenta legitimar qualquer pulsão limitadora é um importante trunfo do facilitador na peleja para executar sua missão. Se esse descobrimento preliminar for feito crescerão bastante as chances de a boa conversa frutificar. Com significativa frequência, o mero acompanhar empático e o apoio à intenção positiva da pessoa, duas ações que talvez pareçam elementares demais para produzir mudanças efetivas, são suficientes para que a expansão do seu mapa mental aconteça. E quando menos esperamos temos diante de nós um colega de papo mais pleno e animado. Nunca negligencie o poder transformador da simplicidade.

Desafie as limitações verbais
O linguista Paul Watzlawski desfaz qualquer vestígio de ingenuidade ao afirmar que a gente não consegue deixar de se comunicar. Queiramos ou não, estamos o tempo inteiro transmitindo informações; e a forma e o conteúdo do que transmitimos fornecem aos nossos assistentes e ouvintes pistas de quem somos. Dado que a forma como nos comunicamos causa maior impacto nos outros do que o conteúdo, dedicarei a ela primazia de espaço.

Limitações da forma verbal

A forma da linguagem verbal se revela de duas maneiras: através da *melodia do que dizemos* e da *organização do que dizemos*. Em termos técnicos, respectivamente, *musicalidade verbal* e *estrutura sintática*. Quando utilizamos musicalidade e sintaxe adequadas ao que queremos transmitir, a informação chega clara aos ouvidos e compreensível à mente de quem escuta. Mas em algumas ocasiões isso não acontece.

a) Limitações da musicalidade

Musicalidade ou *modulação verbal* se refere à "canção da fala" ou à "melodia da voz". Resulta das variações de tonalidade, volume, ritmo e pausas que expressamos durante o ato de falar. A modulação verbal é responsável por revestir de emoção e significado tudo o que dizemos. Dependendo das mudanças que a gente expressa com a voz, até um xingamento pode passar por elogio. Confirme isso lendo alto e em bom som a oração:

Eu já disse que perdoei você.

Qual a exata emoção que esta frase transmite? Se considerarmos apenas o conteúdo, é impossível responder à pergunta. Da ternura ao ódio, esta frase pode transmitir o espectro completo das emoções humanas. O sentido da mensagem irá depender da modulação verbal utilizada. Se dita com afeição, esta mensagem chegará ao ouvinte de um jeito; se dita com raiva, chegará de outro. A variação musical da fala e a expressão do semblante, juntas e combinadas, são o tempero que dá vida e colorido às palavras que verbalizamos.

Dentre as limitações da musicalidade verbal que o facilitador escutará em seus diálogos com certa constância está a *distorção*. Neste exato instante a frase "*Não foi isso que eu quis dizer!*" está sendo proferida por aí em todos os idiomas.

Reiteradas vezes nós fizemos e ouvimos esta retificação. Voltaremos a fazê-la e a ouvi-la em outras tantas ocasiões, pois ninguém está livre de mal-entendidos. O falante crê que transmitiu "X", e o ouvinte crê que captou "Y"! Todos já notamos ironia ou sarcasmo na expressão do outro, sem que tenha sido esse o seu desejo consciente. A musicalidade distorcida altera a carga emocional da mensagem sem que o próprio falante se dê conta de que distorceu. Não será demais reafirmar que comunicação não é o que nos empenhamos em transmitir ao outro, mas o que o outro capta do que nós transmitimos. Afinal de contas, como nos alertou Lacan, "*você pode saber o que disse, mas nunca o que a pessoa escutou*".

As principais limitações da musicalidade verbal são também as mais comuns, e três delas devem ser aqui mencionados: *arritmias, monotonia* e *volume inadequado*. Devido ao fato de que o sentido controlador da voz é a audição, esses entraves podem ter suas raízes em uma disfunção auditiva. Mas evite generalizar; pistas são pistas, e convém ser seguidas com cuidado e sem prejulgamentos; tome-as sempre como hipóteses iniciais de trabalho. Vou esmiuçar esse trio:

- Arritmias

Os dicionários definem arritmia como ausência de ritmo. Mas nós, os conversadores, contextualizamos o termo: ausência de ritmo adequado ao diálogo. A expressão "adequado ao diálogo" complementa a ideia e dá precisão ao nosso uso. Os excessos de lentidão e de rapidez na fala estão aqui. Num polo se concentram aqueles que falam *muuuuuuito* devagar. Escutá-los com paciência búdica será um sacrifício do qual o facilitador não poderá se furtar. No extremo oposto se juntam os que estão sempre correndo para pegar o trem. Parecem estar plugados não em 220, mas em 440 volts. Espelhar uns e outros requer resiliência.

Os primeiros demandarão do facilitador a lentidão da tartaruga; os últimos, o pique típico da prova de 100 metros rasos.

- Monotonia

É a limitação de quem se expressa numa tonalidade única, seja ela aguda ou grave. O efeito sonoro do falante monótono costuma ser tão atrativo e encantador quanto o som imutável de um apito. Além do mais, ao leitor que já tenha passado pelo vexame de dormir em sala de aula ou em uma apresentação, convém se dar um desconto: poucos soníferos são tão possantes quanto a voz humana ao narrar algo com monotonia. Seguir o tom invariável da fala do interlocutor vai requerer sutileza e habilidade do facilitador, para que não se pareça com um grosseiro remedar.

- Volume inadequado

Trata-se do não ajustamento da potência da voz às condições acústicas do lugar onde se faz ouvir, bem como ao tamanho do público ouvinte. Há pessoas que estando num grupo de dois ou três conhecidos, parecem discursar para grande multidão. Ou ao contrário: aqueles palestrantes sem microfone que, diante da plateia enorme, falam sussurrando, de modo inaudível. O interlocutor que não consegue compatibilizar o volume da voz com o ambiente onde fala tem maiores chances de ter uma disfunção auditiva do que nos casos de arritmia e monotonia.

Essas limitações da musicalidade tanto podem ser uma característica constante da pessoa quanto algo ocasional. Poderia se argumentar que essas avaliações – de falta ou de excessos na melodia da fala, por exemplo – correspondem a preferências pessoais; ou seja, que se respaldam em critérios subjetivos. Tal raciocínio tem alguma razão, pois cada ouvinte se orienta com base na satisfação da escuta. Contudo, o que importa é o facilitador acompanhar o modelo captado e apostar na empatia. Se surgir oportunidade para a condução poderá suscitar a curiosidade da pessoa sobre o inesgotável poço de autoconhecimento que é a voz. Visto que os atributos da emissão vocal estão intimamente ligados à respiração, à força da emoção e às tensões do indivíduo, o meio mais natural e prazeroso para produzir melhorias na voz chama-se *canto*. Quem canta aprimora a modulação verbal, celebra a existência e, de quebra, seus males suplanta.

b) Limitações da sintaxe

A sintaxe trata de que a frase tenha resposta para as indagações *quem?, o quê?, quando?, onde?* e *com quem?* Se houver dúvida sobre a natureza do processo, agregamos *como?* à lista das perguntas. A frase necessita apresentar estrutura lógica perfeita, com começo, meio e fim. Dizer "eu vou até a esquina comprar jornal" é diferente de dizer "eu vou até jornal a esquina comprar". Nos diálogos cotidianos, porém, ninguém está imune de cometer erros; e eles variam de inofensivos deslizes até faltas graves. Quando a falha acontece, a informação chega ao ouvinte deturpada, dando margem a interpretações errôneas. Embora este seja o trecho mais técnico do livro, tentarei usar o mínimo possível o jargão gramatical.

• Como perceber um modelo de sintaxe imprecisa?

Do mesmo modo que não reparamos uma mancha de tinta na gola da própria camisa, resulta mais fácil notar imprecisões nas falas alheias. O conversador, sabedor disso, trata a linguagem verbal com esmero: cada ruído pode indicar uma pista sobre como o colega de conversa organiza seu mapa mental. Entretanto, pista não é prova, nem "pode ser" significa certeza. Convém ir devagar com o andor. Os modelos de sintaxe imprecisa transmitem dados incompletos ou obscuros; omitem ou encobrem fração importante e necessária para a apreensão clara e íntegra da mensagem. Os exemplos que mostrarei adiante ajudarão no entendimento do assunto.

O principal proveito de esclarecer ou completar um dado impreciso é evitar o preconceito e ampliar a compreensão. Nesse quesito vale notar como nossos filhos abrem vantagem sobre nós. Maria Aimée Meheb observa que *"a criança ainda não possui repertório, em seu modelo de mundo, para completar possíveis omissões; e, intuitivamente, faz as perguntas* quê?, quem?, quando?, onde? *etc. para compreender o que o adulto está querendo dizer"*. Já as experiências com voluntários em laboratórios de linguística confirmam que a mente humana abomina incertezas e lacunas; e trata de "corrigi-las" e/ou "completá-las" com rapidez extremada. Ora, o risco de o adulto corrigir e/ou completar as falhas da fala do interlocutor com dados, crenças e valores do seu próprio acervo pessoal é gigantesca. Em vista disso, não seria mal reaprender a perguntar com a isenta curiosidade das nossas crianças.

Mesmo que a linguagem seja um recurso vulnerável a equívocos, ruídos e atos falhos, é também o único instrumento que temos para nos exprimir e para entender uns aos outros. Ou seja, não possuímos alternativa ou veículo sucedâneo. Então, visando diminuir riscos ou evitá-los, eu me disponho ao exercício de sair da minha própria visão e assumir uma perspectiva neutra. Adoto uma conduta preventiva para me proteger da esparrela de atribuir ao interlocutor conteúdos (sentimentos, ideias, interpretações e propósitos) que no fundo pertencem a mim.

- Como experimentar esse ponto de vista neutro? Como lidar com as imprecisões do interlocutor, sem julgá-las a partir dos meus próprios dados ou critérios? Por fim, como posso contribuir para que a pessoa perceba suas falhas e consiga corrigi-las?

Para nos proporcionar apoio e orientação diante dessas questões capitais, a facilitação importou da neurolinguística uma técnica capaz de resgatar na fala do interlocutor, com neutralidade, a informação que percebemos ausente ou obscura. Chama-se *metamodelo de linguagem*, e sua utilização pode ser tão divertida quanto é eficaz. Divertida, pois nos estimula, como se detetives fôssemos, a detectar e identificar falhas sintáticas porventura havidas durante a conversação. Eficaz, porque ajuda ao conversador desfazer dúvidas e preencher vazios; quer dizer, conhecer mais e melhor como a pessoa organiza e usa os elementos que possui. Portanto, a ferramenta serve a duas metas simultâneas: 1ª) Dá ao facilitador um entendimento mais acurado do mapa mental do interlocutor; e 2ª) Faz o interlocutor – ao refletir sobre sua fala –, corrigir ou completar seus dados e, assim, compreender melhor a si mesmo. Retomando a ilustração utilizada acima, ao atuar como um espelho, a técnica permite a pessoa notar a mancha de tinta na gola da própria camisa. Visando expor de forma didática como utilizar o método, adotei a sequência numérica dos quadros expostos abaixo.

No quadro "A" estão nomeados os casos mais frequentes de falhas na transmissão da mensagem[27].

A Modelo de informação imprecisa.

No quadro "B" são demonstrados diálogos entre o interlocutor (sinalizado como "I") e o facilitador/conversador (sinalizado como "F"), onde pode ser observada a ocorrência do referido modelo de informação imprecisa. Na conversa, o interlocutor, "I", diz uma frase que contém o modelo impreciso do quadro "1". Em seguida, o facilitador, "F", utiliza a ferramenta: são perguntas elaboradas com o objetivo de esclarecer, corrigir ou completar a imprecisão percebida na mensagem transmitida. A aplicação prática da técnica é chamada de *desafio*.

Podemos entender o desafio como sendo a arte de elaborar questões necessárias e oportunas. A pergunta bem construída e feita na ocasião adequada pode conduzir ao saneamento da limitação desafiada e, assim, permitir ao facilitador melhor compreensão da mensagem emitida e, em consequência, do mapa mental do outro. Entretanto, ainda que esse objetivo perseguido seja desejado e positivo, nem sempre é o mais relevante. O real ganho da técnica acontece de verdade quando, no curso do processo de buscar dentro de si as informações que atendam ao desafio, o interlocutor se apercebe da sua falha sintática. Quer dizer, o melhor resultado do instrumento é o interlocutor esclarecer, corrigir ou completar, ele mesmo, *de dentro para fora*, a sua própria sintaxe. Ocorre, então, um genuíno *insight*; e, ato contínuo, a expansão da sua consciência.

B Diálogos comuns que exemplificam o modelo de informação imprecisa do quadro 1, e a utilização da técnica, isto é, o desafio feito pelo facilitador.

Por último, teremos o quadro "C", Comentário, onde comparto opiniões sobre o modelo limitador visitado e o seu desafio. A ideia é que esse material possa servir para a reflexão do conversador.

C Comentário.

Vamos então colocar o método em prática:

Modelo I – Ausência de parâmetro referencial

A falta do autor da ação verbal – quer se trate de ser humano, animal, planta, coisa ou lugar – é uma pista da incerteza ou do vazio desse dado no mapa mental do falante. Por intermédio das perguntas *Quem?*, *O quê?*, *Qual?* e *Comparado a quê?*, o conversador solicita que a pessoa dê esta informação. Conforme logo ficará evidente, a técnica exige que a estes questionamentos seja acrescido o advérbio *especificamente* ou *precisamente*. A finalidade é fazer o sujeito buscar o dado objetivo e pontual que esclareça quem praticou o ato. No esforço de encontrar a resposta, o interlocutor termina por clarear sua própria representação interna do fato questionado.

Note que nada disso depende da vontade consciente do indivíduo, porém do mais puro pragmatismo: alguém, algo ou alguma coisa atuou, e – neste caso – o sujeito desta ação pareceu ser "desconsiderado" pela pessoa.

São dois os casos mais comuns de ausência de parâmetro referencial. Vamos investigá-los. O primeiro deles é o *sujeito indefinido*.

A.	Sujeito indefinido.

B.1	I – As meninas gostam de dançar.
	F – Que meninas, *especificamente*, gostam de dançar?

B.2	I – É gostoso de sentir.
	F – O que, *precisamente*, é gostoso de sentir?

B.3	I – Meus amigos preferem viajar.
	F – Quais dos seus amigos, *especificamente*, preferem viajar?

> **C. Comentário.**
>
> Em nenhum dos três diálogos (B.1, B.2 e B.3) o interlocutor deixa claro quem ou o que realizou a ação. O conversador desafia esta imprecisão para evitar o risco de interpretar o sentido dessas frases com base em suas próprias experiências, crenças ou suposições. Ao solicitar que o interlocutor especifique a autoria de um fato, almeja que ele busque, encontre e esclareça dentro de si este dado. Resultados não nascem do acaso. A prova derradeira de que o sujeito *reconheceu* quem realizou a ação é a verbalização da ideia com sintaxe perfeita, ou seja, com sujeito e predicado claros e definidos.

Adendo importante: há ocasiões em que a falha ou imprecisão da mensagem resiste ao primeiro desafio do facilitador. Aí se faz necessário criar novas indagações até advir o esclarecimento ou o dado ausente. Acompanhe o seguinte diálogo:

I – Não quiseram conversar comigo.

F – Quem não quis conversar com você, *precisamente*?

I – O pessoal do departamento comercial.

F – *Todas* as pessoas do departamento comercial?

I – Não, o Roberto e a Larissa.

Neste exemplo é possível constatar que, apesar do desafio inicial do conversador – a primeira pergunta –, a pessoa se mantém presa a uma generalização. Se não houvesse novo desafio, certamente seríamos levados a crer que *todas* as pessoas do departamento comercial se recusaram a falar com ela. Apenas com a segunda pergunta do facilitador é que o verdadeiro sujeito da ação consegue emergir na fala da pessoa e, com isso, superar a imprecisão.

O segundo caso mais assíduo de ausência de parâmetro referencial chama-se *omissão*. Existem duas formas de omissão. A primeira delas é...

| A. | Omissão simples. |

| B.1 | I – Eu me sinto preso.
F – Você se sente preso a que, *precisamente*?
ou
F – Você se sente impedido de fazer o que, *especificamente*? |

| B.2 | I – Eu gosto do Curso de Informática.
F – Do que você gosta, *precisamente*, no Curso de Informática? |

| B.3 | I – O jornaleiro não simpatiza comigo.
F – O que o jornaleiro não simpatiza em você, *especificamente*? |

C.	Comentário.
	Podemos notar nesses três diálogos que uma parte relevante da informação permanece escondida do ouvinte. O desafio do conversador consiste em buscar e obter o dado omitido na fala da pessoa. Ou seja, o facilitador se empenha em estimular o interlocutor a preencher essa lacuna; esse exercício dará a ambos maiores clareza e exatidão.

A segunda forma de omissão é:

| A. | Omissão comparativa. |

| B.1 | I – O gesto dela não foi nada elegante.
F – Comparado com o gesto de quem, *especificamente*? |

| B.2 | I – A disciplina lá na empresa é bastante rígida.
 F – Bastante rígida em comparação com que, *exatamente*? |

| B.3 | I – Eu gostei mais da palestra anterior.
 F – Gostou mais com respeito a que, *especificamente*? |

C.	Comentário.
	Nas omissões comparativas notamos da parte do interlocutor um julgamento – e muitas vezes, um pré-julgamento. Ao executar seu desafio, o conversador procura elucidar para si qual o atributo, paralelo ou a semelhança que serviu para embasar tal comparação. Somente utilizando *os critérios de julgamento do próprio interlocutor* é que o conversador poderá compreender seu pensamento; quer dizer, poderá esclarecer a medida que produziu a avaliação.

Modelo II – Ação verbal imprecisa

Percebemos este modelo de informação obscura quando o processo da ação do sujeito ou do ambiente onde a ação acontece se mostra confuso ou inexato. Ao conseguir recuperar na fala da pessoa a exatidão do processo pelo qual a ação se deu, o facilitador amplia e ilumina a compreensão do fato, do cenário e da sua dinâmica.

| A. | Processo impreciso. |

| B.1 | I – A cliente me alertou.
 F – Como, *exatamente*, sua cliente alertou você? |

B.2	I – Eles mudaram o rumo da partida.
	F – Como, *especificamente*, eles mudaram o rumo da partida?

B.3	I – Minha colega foi atenciosa comigo.
	F – Atenciosa de que modo, *precisamente*?

C.	Comentário.
	Aqui como alhures, a intervenção do facilitador é pontual. O foco do seu empenho é explicitar a clareza do processo. Já sabemos que a falta de nitidez no desenvolvimento dos fatos torna a fala do interlocutor inconsistente ou pouco elucidativa. As perguntas *Como, precisamente?* e *De que modo, especificamente?*, têm o mérito de trazer à percepção consciente de ambos, conversador e interlocutor, o meio pelo qual a ação ocorreu.

Modelo III – Substantivação

Imagine que fosse possível resumir o filme todo em uma única fotografia: esta é a pretensão do verbo que se transforma em substantivo. Com isso, por vezes, perde-se o processo ou a clareza das referências que serviram para balizar a ação.

A.	Substantivação (verbos transformados em substantivos).

B.1	I – Pairava no ar um clima de *ansiedade*.
	F – Quem *estava ansioso* e com o quê? De que maneira?

B.2 I – Era tudo *brincadeira*.
F – Quem *brincava* com quem ou com quê? Como, *precisamente*?

B.3 I – Houve uma pequena *confusão*.
F – Quem *se confundiu* com que ou com quem? Se confundiu como, *exatamente*?

B.4 I – Na empresa se exige *capacidade*.
F – Exige-se de *quem*? *Ser capaz* de quê? De que modo, *especificamente*?

C. Comentário.

Ocorre *substantivação* sempre que o movimento que está sendo desenvolvido estanca, congela-se e vira fato. Para que o facilitador venha a saber como esses dados estão articulados no mapa mental do sujeito, necessita caminhar em sentido inverso; necessita fazer o substantivo retornar à condição de verbo. O desafio realizado pretende devolver à cena a mobilidade que lhe foi subtraída. Ao induzir o evento (substantivo) a retroceder à sua qualidade original de processo (verbo), o facilitador *conduz* o sujeito a reconstruir com os olhos da mente o movimento paralisado. A fotografia regressa a sua animação anterior, volta a ser filme, e o conteúdo da informação adquire clareza, consistência e isenção.

Adendo: note que no exemplo B.4 o mais indicado é que se investigue primeiro o sujeito do processo: "Especificamente, *quem* na empresa exige capacidade?" A ferramenta metamodelo de linguagem permite uso flexível e criativo.

Modelo IV – Operadores modais

As pistas agora conduzem aos fatores, reais ou imaginários, que ajudam ou impedem o sujeito de realizar determinada ação. O conversador busca descobrir quais fatores são esses e esclarecer alternativas e impedimentos. Existem dois tipos de operadores modais. O operador modal "de necessidade" nos orienta para o que é ou julgamos ser mandatório ou indispensável...

A.	Operadores modais de necessidade.

B.1	I – Eu *preciso* viajar amanhã. F – O que acontecerá, *precisamente*, se você não viajar?

B.2	I – Ela *tem que* ligar para mim. F – Se ela não ligar, o que poderá acontecer, *especificamente*?

B.3	I – É *obrigatório* chegar na hora certa. F – Que acontecerá, *especificamente*, se houver um atraso? E se alguém se adiantar?

B.4	I – Há *necessidade* da presença dos pais. F – Se os pais se ausentarem, que poderá ocorrer, *precisamente*?

C.	Comentário.
	O facilitador investiga aqui a causa e a intenção que existem por trás das mensagens. No caso B.1, a título de exemplo, talvez o sujeito não tenha real precisão de fazer a tal viagem, mas queira ardentemente justificar sua ausência num encontro afetivo ou debate público. O desafio aos operadores modais de necessidade nos ajuda a clarificar as possíveis consequências de uma ação específica.

O segundo tipo de operador modal nos encaminha para descobrir os potenciais fatores impeditivos de determinada ação.

A.	Operadores modais de impossibilidade.

B.1	I – Ela *não consegue* dormir cedo.
	F – Que a impede de dormir cedo, *especificamente*? Que aconteceria se ela conseguisse, *precisamente*?

B.2	I – É impossível ser tão boa promotora quanto ela.
	F – O que ocorreria, *especificamente*, se alguém se nivelasse a ela? O que impede, *precisamente*, alguém de ser tão boa ou ainda melhor do que ela?

B.3	I – Ninguém pode se levantar durante a prova.
	F – Que exatamente ocorrerá se alguém se levantar? Há alguma exceção para a regra?

| B.4 | I – Ela tem dificuldade de falar em público.
F – Que dificuldade específica ela tem de falar em público? O que mudaria se ela fosse uma oradora, *especificamente*? |

| C. | Comentário.
O facilitador focaliza nos fatores que causam complicação ou impedimento do sujeito realizar a ação. A meta é levar o interlocutor a refletir criticamente sobre a limitação detectada. Quiçá o entrave seja ilusório; ou haja uma chance real de superá-lo. O simples exercício da imaginação para além dos limites verbalizados já abre um horizonte expandido. |

Modelo V – Quantificadores universais

As expressões *sempre, nunca, jamais, todos, nenhum, ninguém, cada* e similares estão reunidas pela linguística sob a denominação de *quantificadores universais*. De hábito, o uso desses termos revela que o falante generalizou de forma radical uma experiência particular. Diante dessas evidências, o facilitador navega em estado de alerta, pois há outros modelos limitantes que usam se ancorar em falsas estatísticas, tais como os preconceitos e as fobias.

Observe que nos exemplos a seguir o conversador *acompanha* a narrativa. Embora saiba do notório "excesso" que há na generalização invocada pelo interlocutor, não contradiz a informação recebida. E não o faz por dois motivos: de cara, porque quebraria a *empatia* conquistada, e não há necessidade disso. Depois, porque o método da facilitação – conforme redito em outras passagens – exige que o esclarecimento das informações (do mapa do outro) seja realizado pelo próprio autor da frase.

| A. | Quantificadores universais. |

B.1	I – *Todas* as gerentes são vaidosas.
	F – Você conhece *todas* as gerentes de *todas* as empresas?

B.2	I – Não me surpreende o fato de que *ninguém* gosta dele.
	F – Não há uma só pessoa que simpatize com ele?

B.3	I – A garçonete está *sempre* de cara feia.
	F – *Sempre*? Ela fica de cara amarrada *todos* os dias do ano?

B.4	I – O carioca gosta de carnaval.
	F – Você acredita que cada carioca se liga no carnaval?

B.5	I – As enfermeiras são curiosas.
	F – Você afirma isso para *todas* as enfermeiras? Já soube de alguma que não fosse? Você conhece todas elas?

C.	Comentário.
	A experiência de vários conversadores com o desafio dos quantificadores universais recomenda cuidado: há pessoas que tomam essas perguntas como sendo impertinentes. E, cá pra nós, em certo sentido são mesmo. Pois está claro que o sujeito não conhece *todas* as gerentes do planeta, *cada um* dos cariocas etc. Daí que alguns facilitadores costumam temperar essas questões com um toque de humor; como se o "exagero" contido na fala do interlocutor fosse uma pequena e inofensiva mentira, que estivesse prestes a ser descoberta. A simples manutenção da empatia durante a conversa é mais importante e necessária do que o mais brilhante dos desafios.

Modelo VI – Leitura mental ou alucinação

Por trás da leitura mental ou alucinação se oculta a pretensiosa frase *"Eu sei o que você está pensando!"* Quando há alucinação a pessoa crê piamente que é capaz de conhecer, através de "comprovação objetiva" – seja gesto, expressão facial, o que for –, o pensamento do interlocutor. Quer dizer, quem incorre nesse modelo de sintaxe imprecisa não se dá conta de ser vítima e estar prisioneira da sua forma rígida de interpretar as evidências.

Cumpre clarificar que esse modelo não se confunde com *adivinhação* – que é um mero palpite. Se existe uma forte e profunda empatia entre duas pessoas, e elas estão finamente sintonizadas entre si, não é impossível que uma chegue a *intuir* o que a outra está pensando. Conhecido no vulgo popular por *transmissão de pensamento*, este fenômeno nada tem de excepcional, fantasioso ou místico; mas não é dele que trato aqui. No caso em pauta, o sujeito que "lê a mente alheia" está mais próximo do preconceito do que, digamos assim, de um prognóstico. E como Einstein nos advertiu que *"é mais fácil romper um átomo do que um preconceito"*, o desafio dessa limitação pode causar no interlocutor certo incômodo e irritação. Pensando bem, "incômodo e irritação" pode acontecer com qualquer interlocutor que seja desafiado a sair da zona de conforto da percepção nebulosa ou imprecisa. Mas se houver empatia na cena, o esforço não será ruim, será libertador.

A.	Leitura mental.

B.1	I – Eu sei que ela gosta dele. F – Como você sabe, *especificamente*? Ela disse isso para você?

| B.2 | I – A secretária chegou com vontade de chorar.
F – Como você pode afirmar isso, *exatamente*? |

| B.3 | I – Não adianta negar. Eu sei que você sabe!
F – E como você sabe que eu sei, *precisamente*? |

| C. | Comentário.
Está claro que no modelo da leitura mental a pessoa que "lê o pensamento" do outro acredita piamente que as coisas são como ela as descreve. A maioria de nós passou pela experiência de construir um arranha-céu de opiniões fundamentadas em uma impressão que *depois* demonstrou ser falsa. Nesse contexto, o facilitador deve revestir seu desafio com cautela e diplomacia proporcionais ao hiato existente entre a leitura mental e o fato em si. Ao notar que a informação atribuída ao outro nasceu dentro de si mesmo, é inevitável o "alucinado" deixar de sê-lo. E ainda que o interlocutor se respalde na intuição para ratificar um comentário, nós sabemos que ela, a intuição, pode estar equivocada. |

Modelo VII – Autoria desconhecida

Temos aqui um juízo, idcia ou ação sem que seja especificado o seu respectivo autor. (Mas não se trata da mera ausência de parâmetro referencial – o primeiro dos modelos analisados.) A *autoria anônima* costuma expressar uma informação que o sujeito toma como verídica sem nunca ter confirmado sua origem e sua validade.

| A. | Autoria desconhecida. |

B.1	I – É verdade!
	F – Para quem é verdade, *precisamente*?

B.2	I – Tem pai que é cego!
	F – Quem disse isso?

B.3	I – Foi melhor assim.
	F – Foi melhor na avaliação de quem, *exatamente*?

C.	Comentário.
	Por haver similaridade entre a estrutura deste modelo limitante e a do modelo anterior, o conversador conduz seu desafio aqui como no caso da leitura mental, com tato e diplomacia.

Modelo VIII – Causa e efeito

Este modelo de informação ambígua aponta uma relação de causalidade que parece só existir na representação interna da pessoa que a verbaliza. Pouco importa que não haja evidências sensoriais comprovadoras de tal vínculo – o interlocutor entende que há, e ponto! Se no mapa mental da pessoa se criou uma ligação causa-efeito entre os fatos apontados, isso basta para que a conexão ganhe cores de verdade. Não há má-fé na perspectiva do interlocutor; ele acredita que *somente a avançada miopia do facilitador o impede de ver o que é óbvio ululante!*

Há três variantes deste modelo:

A.	Causa-efeito.

B.1	I – Na presença dela eu fico tímido.
	F – De que maneira, *especificamente*, você se intimida? Alguma vez ela esteve presente e você não ficou intimidado?

B.2	I – O resultado do teste me deixou feliz.
	F – Como, *precisamente*, o resultado do teste lhe trouxe felicidade?

B.3	I – A crítica dele causou polêmica.
	F – Como, *precisamente*, a crítica foi a causa da polêmica?

C.	Comentário.
	Nestes exemplos, o desafio do facilitador almeja esclarecer *como* a pessoa efetuou, em seu mapa mental, a correlação causa-efeito. Pode acontecer de as respostas do interlocutor corroborarem a ligação entre os fatos. Mas se ficar evidente que inexiste conexão comprovada e irrecorrível entre uma coisa e outra coisa, o interlocutor vencerá a limitação inicial e ampliará o seu mapa mental.

Inconscientemente, criamos em nossas representações mentais uma ampla e intrincada teia de relações causa-efeito. Nem todas podem ser comprovadas na pressa dos diálogos e da maratona do cotidiano. Causas equivalentes ou semelhantes por vezes geram resultados diferentes. E o inverso também acontece. Nosso mapa mental não tem pudores em utilizar as informações mais imediatas e disponíveis para construir a sua "lógica" pessoal e singular. Ou, reforçando o argumento através de uma metáfora: é como se cada um de nós escolhesse, sem saber, sentidos especiais para as palavras do idioma, e passasse a se expressar no dia a dia com esse vocabulário. Como o trabalho aqui exige perspicácia e paciência; advertimos contra a tentação de simplificar a pesquisa desse tipo de modelo. Nem pensar em criar atalhos, pois o remendo costuma sair pior do que o soneto.

A.	Equivalência simples.

B.1	I – Bia é uma boa filha, ela tira boas notas. F – Já conheceu alguém que era bom filho e tinha notas baixas? F – Se Bia tirasse boas notas e lhe desobedecesse, seria boa filha?

B.2	I – O chefe não gosta de mim; ele não decorou o meu nome. F – Você já decorou o nome de alguém de quem não gosta? F – Já teve dificuldade de gravar o nome de alguém simpático?

B.3	I – Minha mãe não liga para mim; ela nunca vê minhas notas. F – Para sua mãe demonstrar cuidado, basta ver suas notas? F – Você conhece mães que exigem boas notas e nem ligam para os filhos?

C.	Comentário. O trabalho do facilitador nesse contexto consiste em compreender como o interlocutor fez a conexão entre as duas ou mais ideias verbalizadas; e, se possível, levar o indivíduo a perceber que não existe, necessariamente, relação causal entre X e Y. Como a palavra falada simboliza a superfície visível do lago profundo, pondere que nesse tipo de causalidade há, submersa, uma forte suspeita de *leitura mental*.

O modelo causa-efeito também aparece de forma invertida:

A.	Equivalência complexa.

B.1	I – Sei que ela concorda comigo, pois não disse uma só palavra. F – Você já discordou de alguém e permaneceu calado?

B.2	I – O mestre me persegue, ele sempre corrige minhas opiniões. F – Quando gosta de alguém, você cuida ou não desse alguém?

B.3	I – Sinto que ele se esqueceu de mim; não liga faz duas semanas. F – Já aconteceu de você não ligar para alguém, e pensar nele?

C.	Comentário. O desafio da equivalência inversa requer do facilitador algo mais de criatividade na elaboração das perguntas. Também vale notar que podem ser explorados outros modelos limitantes, embutidos, conforme mencionado no quadro C anterior.

* * *

Concluo aqui o trecho mais árido do livro. E já podemos adiantar que o êxito do facilitador na utilização do metamodelo de linguagem irá depender, desde os passos iniciais, da intensidade do seu interesse em compreender o funcionamento do mapa mental do interlocutor. Não há meio mais eficaz para se colocar no lugar do outro, e ver o mundo com os olhos do outro, do que "calçando os seus sapatos". Pois bem, a ferramenta apresentada foi criada para isso. Apenas tenha em conta que o espírito das perguntas está muitíssimo mais para a curiosidade das crianças com dúvidas sobre detalhes de um conto fabuloso do que para o interrogatório conduzido por um agente policial. Em seu uso excelente, a técnica flui leve e até divertida.

Quem quiser transitar com alguma desenvoltura no fascinante, ágil e mimético universo da linguagem verbal, vai precisar de prática e mais prática. Porém, quando o domínio de uma habilidade é perseguido com humor e persistência, o que poderiam ser procedimentos tecnicistas e frios se transformam em uma afetiva e cálida fonte de pesquisa, conhecimento e satisfação.

Limitações do conteúdo verbal

Detectamos facilmente a pessoa que manifesta conteúdo verbal limitado. Sem ter muitas opções ou criatividade, ela usa e abusa de temas recorrentes. Você conhece quem só fala de política e quem só fala sobre futebol. Também há o contingente dos que adoram discorrer com riqueza de detalhes sobre dificuldades, doenças, catástrofes e crises. Ora, basta existir para ter de lidar com assuntos problemáticos. Todavia, já vimos que a facilitação prefere investir tempo e energia na busca de soluções para o que puder ser solucionado.

Também pode ser incluída no rol das limitações do conteúdo verbal a expressa recusa ou negação do interlocutor tratar de terminado tema. Por algum motivo – não importa saber qual – há uma esquiva. Teríamos outra vez um material rico para as terapias; porém, na facilitação impera a aceitação do outro e o respeito à sua vontade. Se a pessoa desejar compartilhar suas justificativas, o conversador irá acolhê-las com atenção e paciência. Caso contrário, que o facilitador não caia na casca de banana da indiscrição ou, o que seria pior, das interpretações. O que é do outro ao outro pertence, e basta. Não irei me estender neste tópico, pois na facilitação abordamos as limitações do conteúdo a partir da forma que elas assumem. Qualquer assunto que surja no diálogo, do mais torpe ao mais digno, é bem-vindo e deve ser recebido e acompanhado com naturalidade. Quiçá corresponda às necessidades do interlocutor. Quiçá.

Desafie as limitações não verbais

Apenas trato dos comportamentos observáveis da fisiologia, ou seja, os seus aspectos acessíveis à nossa pecepção. Mas eles não *são* a fisiologia – embora, claro, façam parte dela. Daí que, quando utilizo no texto a expressão "modelo fisiológico" ou "modelo da fisiologia", estou me referindo, tão somente, à repetição acentuada das manifestações fisiológicas preferidas pelo interlocutor. Portanto, o que saliento aqui é que a fisiologia tem suas formas favoritas de se mostrar; e que amiúde somos um tanto ineptos para detectar suas mensagens sutis e interpretá-las com acerto.

Há uma ilustração que pode contribuir para ampliar o entendimento das nossas comunicações interpessoais. É como se as linguagens verbal e não verbal estivessem "sustentadas" por dois pilares estruturais: o primeiro é superficial e perceptível; o segundo é profundo e inacessível aos nossos sentidos. O primeiro pilar da linguagem verbal está composto pelas palavras que ouvimos. O segundo, pelas palavras ditas em silêncio, pelos textos sentidos, pensados, imaginados e intuídos. No caso da linguagem não verbal acontece a mesma coisa. O primeiro pilar está formado pelo que percebemos: caras e bocas, posturas, gestos, quietude e movimentos. Já o segundo, está constituído por um festival de evidências impossíveis de serem detectadas – mas que existem! São variações tão fugazes e minúsculas que para os nossos sentidos passam por inexistentes.

Absolutamente tudo o que experimentamos ao largo da nossa vida fica gravado no corpo físico. Esse enfoque, segundo o qual *as aparências interna e externa são manifestações complementares e interconectadas de um mesmo e único sistema*, aproxima a facilitação dos trabalhos de Moshe Feldenkrais, Martin Brofman, Stanley Keleman, Ida Rolfing, Reuven Feuerstein e Peter Levine. Por certo que existem variadas distinções entre esses autores e seus respectivos olhares terapêuticos; porém, a ideia de que o corpo e a mente se espelham, num intercâmbio criativo e perene, os reúne. Considere que embora o facilitador não aspire ser terapeuta, e se satisfaça plenamente com a criação de um diálogo empático, é sensível à hipótese de que nosso corpo memoriza cada passagem da própria biografia.

A dúvida que se impõe aqui é: Pode a mera conversa ajudar na superação de um entrave não verbal? Do jeito que está posta a questão, a resposta é sim; a boa conversa tem condições de contribuir nesse sentido. Vamos supor que o facilitador encontre na pessoa indícios de rigidez muscular; deve seguir atuando como faria com qualquer outra pessoa: cria empatia, mostra abertura e disposição de acolhimento. Ao experimentar e acompanhar a rigidez percebida por um período de tempo, mantendo a conexão empática, o conversador cria as condições mínimas para tentar conduzir a pessoa a um estado mais descontraído. Basta para isso, após ter acompanhado e acompanhado, o facilitador assumir uma postura natural e relaxada. Se o processo da criação da empatia ocorreu às mil maravilhas, ato contínuo, o interlocutor, inconscientemente, expressará sinais mínimos de relaxamento postural. Caso isso ocorra, não haverá sido por sorte ou por acaso, mas por um conjunto de fatores liderados pelo neurônio-espelho. Lembra dele? Pois então, em uma linguagem atualizada podemos chamar o fenômeno de *ressonância mórfica* – tema que o capítulo 7 abordará e ajudará a entender.

Pensemos em uma outra situação: o facilitador que detecta no interlocutor evidências de desequilíbrio respiratório. Pode estar diante de uma pista falsa, um transtorno real ou mesmo de uma metáfora. Para efeito do acompanhamento, será válido espelhar, com sutileza e durante o prazo suficiente, o processo da respiração deficitária. A vivência, ainda que curta e superficial, talvez dê alguma dica sobre o estado físico do interlocutor. Está dito, *talvez*. Depois, existirão inúmeras características não verbais para serem acompanhadas. Se assim for, já está ótimo. O efeito ressonante da facilitação, se tiver que acontecer, acontecerá a partir da própria empatia. Então, acompanhando, quiçá surja algum espaço para o conversador conduzir o companheiro de papo a entrar em contato com outras possibilidades. Contudo, vale insistir que no trato com seres humanos resulta mais eficaz dar o exemplo pessoal do que oferecer conselhos e orientações. Importante mesmo para o facilitador é conversar com empatia. E aliás, que ninguém confunda facilitação com aconselhamento – uma coisa é uma coisa, outra coisa é outra coisa; embora nada impeça um conselheiro de se utilizar das técnicas da facilitação para aprimorar o relacionamento com seus clientes.

Para os orientais, há milênios o conhecimento de que corpo e mente formam uma unidade indivisível se tornou lugar-comum. No Ocidente, ao contrário, a crença de que as disfunções físicas eram só físicas, e as mentais, só mentais, predominou até ontem à noite. Entre nós, o problema no corpo era equiparado ao avario no maquinário do relógio. Esse legado cartesiano-newtoniano obrigou os fisiologistas a se manterem por séculos numa perspectiva mecanicista e restrita da cura. Também as "ciências mentais" sofreram com essa dicotomia; basta relembrar que a psicanálise nasceu e prosperou, literalmente, de costas para a linguagem não verbal; quer dizer, negligenciando as informações do corpo. Nas últimas décadas, porém, assistimos à progressiva e acelerada convergência entre as abordagens do Leste e do Oeste, com discreta prevalência da concepção oriental. Nem é tanto que Confúcio tenha superado Descartes; com essa união foi a humanidade quem se superou.

Primeiro convém esclarecer que a mente não está mais cérebro do que em qualquer outro lugar. A mente não é o corpo, embora esteja presente no corpo inteiro. Assim, a relação entre ambos é como uma rua de mão dupla; com trânsito fluente, simultâneo e ininterrupto. Seguindo na trilha da suspeita, o interlocutor que se expressa fisiologicamente cabisbaixo tenderia a manifestar alguma tendência depressiva ou dificuldades de autoestima. É corriqueiro que ao se restaurar sua motivação, seu ânimo, seu amor-próprio e sua autoconfiança – metas das terapias psicológicas –, a pessoa recupere ao menos alguma altivez em seu alinhamento postural. E ao inverso: relaxando as tensões desnecessárias e se alinhando a postura da pessoa – metas das terapias corporais, invariavelmente –, seu astral e seu humor tendem a apresentar melhora[28]. O conversador, já vimos e revimos, não é psicólogo e nem pretende passar como tal; mas ao criar condições favoráveis para uma boa conversa, estabelece a continência para que o interlocutor vença os receios e materialize seus dons. A empatia tem esse poder. Talvez valha se considerar aqui as sábias palavras de Wernher von Braun, depois de ele próprio fazer caírem por terra vários preconceitos da engenharia aeroespacial: *"Eu aprendi a usar a palavra impossível com enorme cautela"*. Conectar e repercutir são verbos especializados em abrir oportunidades e ajudar a realizá-las.

Por via das dúvidas, reitero que as explicações e justificativas de determinado modelo limitante servem pouco ou nada à facilitação. O psicólogo e o terapeuta corporal ficariam radiantes com estas ilações, e com certeza lhes dariam bom uso. Já o conversador faz o que lhe compete fazer: investe na manutenção da empatia, aprecia e acompanha a pista captada, e não julga o que foi percebido. Sabe que ao conseguir criar um clima interpessoal leve e aprazível, a pessoa se sentirá bem, acolhida e terá chance de se mostrar espontânea. Se o facilitador puder contribuir, por mínimo que seja, para alguma restauração, será sempre através da ressonância produzida pela empatia, e nunca fora dela.

Como se vê, ao pretender desafiar os modelos limitantes da linguagem não verbal no decurso de uma conversa, a facilitação costuma produzir resultados inexpressivos, acanhados e frustrantes. Não raro a solitária opção que o facilitador dispõe diante da limitação física observada na pessoa é, simplesmente, acreditar na empatia. Ainda assim, exponho abaixo alguns dos casos encontrados com mais frequência, e estão seguidos de breve reflexão sobre suas *equivalências* mais comumente aceitas. Trata-se de generalizações construídas a partir de anotações pessoais e de colegas conversadores – nada além disso. Cada situação é singular, e ao perceber ou supor gravidade no modelo não verbal limitante expressado pela pessoa, a atitude correta do conversador segue a praxe habitual: respeita o acompanhamento e se dá por satisfeito. Caso haja espaço para tanto, sensibiliza a pessoa para buscar ajuda de um profissional qualificado.

Respiração irregular

Agora o conversador se depara com a pessoa que aparenta possuir uma disfunção respiratória. Os modos de respirar incompleto, sincopado, constrito e irregular possuem causas diferentes; mas um efeito comum: enfraquece a energia vital. Suas evidências costumam ser visuais (circuito superior, inferior ou lateral, posterior ou anterior) e auditivas ("chiados", assobios, arritmias etc.). Em qualquer dos casos, o facilitador testemunha um provável processo aeróbico deficiente. Ora, respirar é algo sério, já vimos: ao mexermos com a respiração, mexemos com todo o corpo; com sua fisiologia, sua bioquímica e por aí vai. São inúmeros os problemas que podem estar associados, como efeitos colaterais, a um processo respiratório insuficiente ou inadequado. Todas as técnicas meditativas começam, sem exceção, por exigir dos praticantes atenção concentrada no fluxo respiratório. Quem põe foco na própria respiração acelera a tomada de consciência de si. Falei disso no início do livro, quando sugeri aos conversadores utilizar a meditação para "limpar" seus filtros perceptivos.

Postura assimétrica

Não é difícil notar quando a pessoa com quem a gente conversa apresenta aspecto não alinhado. A conduta postural resulta do histórico particular e exclusivo do seu dono, e tem sua complexidade. Criar conscientemente empatia, colocar-se receptivo e observar, sem susto nem objeção, é o que faz o conversador. Mas já temos conhecimento para seguir e explorar algumas pistas e correspondências. Vejamos um breve exemplo: há chance de que pessoas com postura convexa, vulgo *cata-milho*, se expressem predominantemente através do modelo linguístico sinestésico. A postura vergada para frente, talvez até corcunda, com o olhar dirigido para baixo, serve de clássica ilustração dos diagnósticos de PMD (psicose maníaco-depressiva). O facilitador, que foge dos laudos da psicologia e da psiquiatria, nem precisa saber disso. Seu foco está na empatia e em criar uma boa prosa. Adotar, de passagem, com discrição, variações da postura do interlocutor, servirá como uma luva para o acompanhamento e a sintonia da troca. Se o entrosamento entre o conversador e a pessoa for necessária e suficientemente empático, no instante em que o primeiro deixar o acompanhamento e resgatar sua postura equilibrada e alinhada, o interlocutor – por ressonância – poderá se beneficiar do ocorrido, e "melhorar" sua própria postura. Como em outras passagens, não há mágica, achismo ou bruxaria aqui, há neurociência.

Gesticulação tensa ou reprimida

O corpo saudável expressa fluência, graça e beleza ao se movimentar. É prazeroso interagir com quem se comunica assim.

Entretanto, nem sempre vemos isso acontecer. Se o facilitador nota na pessoa gestos tensos e contidos, considera a possibilidade de estar diante de alguma equivalência. Pelo sim e pelo não, vale a cautela e o conhecido ritual: apreciação, aceitação e acompanhamento. Só em uma ambiência empática os envolvidos conseguem estar à vontade, descontraídos e espontâneos. Se um continente de confiança e segurança contribui para isso, o conversador trabalha para construí-lo.

Gesticulação excessiva

Nesse modelo, inverso do anterior, estão incluídos os chamados "hiperativos" – pessoas que, durante a conversa, são capazes de balançar o pé, mexer o corpo de um lado para o outro e perseguir com os olhos o voo de uma mosca que só elas podem ver. Quem pretenda tecer *empatia* com tal companheiro de conversa precisa ter preparo físico de maratonista. O facilitador aprecia, acompanha e acompanha. Num momento do futuro, quiçá consiga conduzir a linguagem dos corpos a experimentar ritmos mais lentos e sossegados, ou até alguma quietude. Mas note que a meta da facilitação nesses casos nunca é reprimir ou julgar como má a gesticulação supostamente excessiva. Como de costume, a ideia é criar empatia, e talvez chances de expandir a consciência. Se o vínculo empático foi bem-criado e estabelecido, outra vez, por ressonância, a pessoa poderá aprofundar a percepção de si mesma e dispor de um número maior de escolhas.

Parece, mas não é

O equívoco porventura havido no laudo do médico radiologista ou no diagnóstico do psicólogo clínico pode ter impacto dramático na saúde e na vida do paciente. Esse risco não ocorre com os facilitadores, já que nosso compromisso prioritário, explícito e implícito, é criar o clima interpessoal propício a uma boa conversa. Todos os demais benefícios ou desdobramentos – como a expansão do mapa mental, clareamento da consciência etc. – são propósitos menores da facilitação; louváveis, com certeza, mas absolutamente secundários. E a esta altura do livro já sabemos por quê.

Poderá ocorrer que as pistas que o facilitador detecta como sendo evidências de uma determinada força limitante – tanto faz se verbal ou não verbal – sejam falsas. Também pode sobrevir de as evidências gritarem alto, sem que o facilitador se aperceba delas. Numa situação e na outra, se houve tecelagem consciente da empatia, se foi criado um papo amistoso, o serviço da facilitação já se dá por realizado e recompensado. Pois é de bons diálogos que nós, os seres humanos, mais precisamos. O mundo só se tornará um lugar melhor para se viver se formos capazes de criar conversações e vínculos pacíficos, solidários e altruístas.

6

Conversando com afeto e sem roteiro[29]

AQUI VOCÊ ENCONTRARÁ a oportunidade prática de facilitar. Está posto à sua disposição um conjunto de valores que serve como bússola ética que lhe permitirá estabular suas conversas com mais segurança e confiança. Já que todo diálogo cotidiano representa uma chance para o facilitador atuar, o alinhamento com esses princípios balizadores assume os traços de um estilo de vida. Em seguida você entenderá por que a gentileza é a chave ideal para abrir portas e desfazer barreiras. Em quaisquer dos rincões da geografia as "palavras mágicas" exercem o poder de aproximar pessoas e forjar alianças. O capítulo se encerra convidando você a mergulhar, em câmara lenta, na cerimônia da conversa – em um passo a passo são destrinchadas ações e reações que nós manifestamos, involuntariamente, em nossos diálogos. Só quando conseguimos flagrar o automatismo dessas condutas se torna possível o resgate da consciência do momento.

Eis uma regra simples, mas eficaz: dê sempre às pessoas mais do que elas esperam receber (Nelson Boswell).

O grande encanto de uma conversação consiste menos em demonstrar a própria sagacidade e inteligência do que em estimular e destacar os talentos dos outros (Jean de la Bruyere).

Ela disse adeus e se afastou. Adeus, respondi. Eu sabia que a partir dali, daquela simples conversa, eu era alguém melhor (Diana Patrícia Medina Chavez).

Só uma vida vivida para os outros é que vale a pena ser vivida (Einstein).

O altruísmo consiste em deixarmos todo o mundo viver do jeito que bem quiser (Oscar Wilde).

Falávamos como se nos conhecêssemos há anos. Há vidas, quem sabe (Caio F. Abreu).

Nada baixa mais o nível de uma conversa do que elevar a voz (Stanley Horowitz).

Nunca ria dos sonhos de outras pessoas (Dalai Lama).

Ninguém ouse aconselhar os outros antes de seguir seus próprios conselhos (Sêneca).

Quando somos bons para com os outros, somos ainda melhores para nós (Benjamin Franklin).

Todo viver humanos ocorre em conversações e é nesse espaço onde se cria a realidade em que vivemos (Humberto Maturana).

Nós somos seres sociais porque somos naturalmente conversadores, ou será que somos seres conversadores devido a nossa natureza social? Embora fuja ao meu objetivo aprofundar esta questão filosófico-antropológica, é mais do que provável que as duas visões sejam tão certas quanto são complementares. Não temos como prescindir de ambos os traços distintivos dos primatas superiores, notadamente da espécie humana. Nosso cérebro é um órgão social, somos biologicamente predispostos às interações, e estamos destinados a interagir, pois sem isso comprometeríamos nossa sobrevivência. Viver demanda o repetido auxílio de companhia, e a mediação se dá por meio da conversa. Até nos momentos macambúzios ou de irrefutável solidão, nós nos alimentamos de silenciosos colóquios. Parodiando o filósofo Nietzsche, parece razoável afirmar que *"sem diálogos a vida seria um equívoco"*. O facilitador pretende dialogar, e dialogar lhe basta. Contudo, será honesto admitir que lá no fundo da alma nós ambicionamos algo além. Pretendemos que com relacionamentos mais fraternos e solidários a Terra se tornará um lar pacífico, harmônico e ecológico. A ideia nada tem de nova, e desde que o mundo é mundo tem gente fazendo ou se propondo a fazer isso. Uma frase de Madre Teresa de Calcutá resume com sensibilidade o passo inicial da maratona: *"Não devemos permitir que alguém saia da nossa presença sem se sentir melhor e mais feliz"*.

O ato de conversar, por si só, não tem cheiro nem cor, não é bom nem ruim. Nós é que damos à forma e ao conteúdo das trocas significado e propósito singulares. Desde a infância os diálogos nos plasmam e plasmam nossos vínculos. À medida que crescemos, conquistamos liberdade e responsabilidade para criar, manter, aprimorar ou pôr um término às nossas relações – e tudo fazemos através da linguagem. A autonomia de que dispomos para conceber nossos roteiros e para interpretar nossos papéis é relativa, pois todos nós nos influenciamos reciprocamente, e somos corresponsáveis – através de intenções, ações e omissões – pela direção e sentido que emprestamos a cada vínculo. De resto, a minha existência se valida graças à existência do próximo, e a do próximo, graças à minha. Não há paradoxo em eu necessitar do outro para ser eu mesmo, nem do outro precisar de mim para criar e desenvolver sua própria identidade. Daí o possível zênite da empatia: permitir que as pessoas se sintam importantes e necessárias umas às outras, com intencionalidade e reciprocidade – como células-irmãs que laboram e colaboram para tecer a rica tapeçaria das interações humanas.

Mesmo incluindo os contextos da comunicação profissional, quase 100% do que expressamos durante a vida são improvisação. No máximo, conseguimos premeditar alguns detalhes, como o cumprimento inicial, a introdução de determinado tema, uma frase de efeito ou coisa parecida. Após isso, o improviso regressa triunfante. Então, a prudência nos aconselha a não exercer a futurologia além dessa premida fronteira.

Conversa é vai e vem natural e criativo; demanda, primeiro, e exige, depois, rumo e ritmo livremente traçados pelas pessoas que a fazem acontecer. Preestabelecer um itinerário para algo que, por definição, é avesso a *scripts*, assemelha-se a querer engessar o vento: conduz a decepções, desentendimentos e rupturas. Os nossos encontros têm alto grau de imprevisibilidade, particularmente com desconhecidos; e é nesse cenário, farto de incertezas, que toca aos facilitadores criar um diálogo no qual seja possível servir ao outro.

Valores: o norte que orienta a conversa

A excelência resulta da busca perene do melhor resultado. Por isso, o facilitador, que intenta se aprimorar em cada interação que estabelece, precisa de sinais ou referências que possam balizar seu desempenho. Necessita de critérios que o direcionem na jornada da troca, ou um tipo de parâmetro que o ajude a aferir e regular sua atuação, que o previna de erros e o alerte contra desvios. Até porque o conversador é falível. Ainda que possua a motivação mais excelsa, sua ação pode chegar no interlocutor como sendo injusta, tendenciosa, desequilibrada, agressiva, desrespeitosa ou hipócrita. Ninguém está isento do risco de avaliar mal a conduta do outro. E acidentes não avisam; acidentes simplesmente acontecem.

Os valores fazem o papel da agulha imantada na bússola orientadora; oferecem sentido e direção às nossas atitudes (referencial interno) e comportamentos (referencial externo). Estão fundamentados sobre a ética humanista, e atuam como um esteio profilático, tal qual o cinto de segurança ou o equipamento de proteção individual, EPI. São os valores que me impedem de desservir o próximo, enganá-lo, feri-lo, manipulá-lo, criar conexões para fins escusos, enveredar por pântanos e atoleiros ou cair no autoengano. Graças a eles eu consigo seguir na estrada da conversa com leveza e tranquilidade, sem temer acasos e necessidades. Só os valores propiciam o facilitador ser confiante no que há de vir. E o que há de vir? Ninguém sabe; ninguém tem como saber. Durante o diálogo tudo pode mudar num piscar de olhos. Nem para o mais mundano dos papos de boteco existe sequência previsível; e nada nem ninguém consegue assegurar, antecipadamente, o início, o desenrolar ou seu final.

Ancoradas em valores definidos com clareza, as técnicas e ferramentas utilizadas na facilitação – como abertura, *feedback*, metamodelo de linguagem, acompanhamento etc. – multiplicam sua efetividade. Se a estrada bem-sinalizada tranquiliza o motorista, com o conversador ocorre igual; os marcadores listados adiante garantem seu bem-estar. Os valores expostos a seguir não foram pinçados ao acaso nem procedem de ruminação filosófica. Aqui estão por direito adquirido em diversas e inumeráveis conversas pessoais e alheias. Conversas com mulheres, homens, crianças, jovens e idosos; com entes íntimos e desconhecidos, aliados e oponentes, líderes e liderados; conversas entre enfermos e curadores, ricos e pobres, uns e outros, em variados ambientes e idiomas pelo mundo afora.

Acesse os registros da sua memória, localize a pasta de relacionamentos interpessoais e abra o arquivo de uma conversação particularmente agradável. É bastante provável que naquela ocasião você não estivesse pensando nisso de forma consciente; mas agora, vendo a cena com distância e o olhar isento, poderá confirmar que foi a fidelidade a alguns princípios essenciais presentes no diálogo, o que fez daquele encontro um momento inesquecível. Utensílios intangíveis, mas práticos, os valores servem para que a gente mantenha o passo no rumo desejado[30].

Do início ao término do contato interpessoal, o conversador se certifica da sua intencionalidade. Ora, isso traduz o propósito do propósito; é algo tão visceral que tem a capacidade de alavancar e demover atitudes e comportamentos. Vem daí a prescrição de o facilitador ter claro como a luz do dia o para quê fazer o que faz. Só assim poderá se orientar de modo legítimo e espontâneo pelos valores a seguir declarados. Costuma ser considerável o contraste entre quem faz algo porque precisa ou porque foi mandado, e quem faz algo porque quer e ama fazer. Essa diferença leva o nome de um dos mais fortes energéticos motivacionais: a livre e soberana vontade pessoal. Se o conversador age imbuído pelo inarredável propósito de facilitar, até os obstáculos mais ásperos se mostram menos rugosos. Ao perceber que alguém está comigo porque simplesmente quer estar, realço a satisfação sentida por sua presença.

O leitor sabe fazer a distinção, porque já viveu situações assim. Quando eu interajo com alguém sem querer ou com má vontade, ainda que tente disfarçar, a fisiologia delata meu desagrado – seja por meio de evidências óbvias, como o franzir do cenho e o semblante carregado; seja através de micromovimentos sutis, involuntários, refratários ao meu controle consciente, como alterações na composição da saliva ou na temperatura do corpo. Já a linguagem verbal também protesta e me boicota por meio de vexames, fazendo-me gaguejar, perder o fio da meada e cometer atos falhos. Essas ações de insubordinação do inconsciente até podem apressar o término do contato. Na verdade, isso é tudo o que a mente deseja e preconiza; pois em circunstâncias normais, não há quem insista em prosseguir em uma conversa, se percebe que o outro não demonstra interesse nela.

Acredite, o mais sensato é respeitar o propósito. Para se entabular um bom papo convém ter bem-definida a intenção de entabular um bom papo. Para se criar empatia convém sentir vontade de criar empatia. Nem mais, nem menos. Esse alinhamento interior proporciona a luz e o vigor, a fé e a entrega que testemunhamos nas pessoas apaixonadas pelo que fazem. Embora, como já alertei, não haja absolutamente nada que possa nos dar 100% de garantia de que teceremos uma boa conversa, ampliamos nossas chances de êxito ao nos conduzirmos pelos seguintes valores:

1 Atenção

Não existe explicação ou justificativa para a falta de atenção do facilitador durante o diálogo. Posso dizer que se eu estiver presente de corpo e alma e desatento à conversa, eu não estou presente nem de corpo nem de alma. Foco é crucial. O manuseio da atenção faz a diferença da diferença na abrangente maioria das atividades humanas – fará também na ocasião da troca. Daniel Goleman, em um dos seus últimos livros, *Foco*, explora a importância do recurso para a qualidade de vida e o êxito da meta que se pretende – seja ela qual for. No *tête-à-tête* a desatenção responde pelos piores fiascos.

Antecipei no segundo capítulo e em outros lugares: se sua intenção não estiver bem-definida, sua atenção tenderá a se dirigir para fora do tempo real (o aqui-agora ou *uptime*), com risco de embolar o meio de campo, incorrer no descrédito e não facilitar nada. O fluxo da conversação exige do facilitador o uso resiliente do foco; que, de acordo com a ocasião, será concentrado ou difuso, interno ou externo, variável, mas sempre retornando ao interlocutor.

A gente rápido se dá conta de alguém alheio ao que dizemos. Quando o desinteresse é percebido pela pessoa, seja ele real ou não, a integridade do vínculo interpessoal se fragiliza, e sobrevém a incômoda sensação de bloqueio ou de silêncio – para ficarmos nas reações um tanto polidas. Inúmeros diálogos que poderiam prosperar e florescer são abortados pela distração; e, na mais civilizada das hipóteses, acabam sem ter um fim. Segundo Goleman, no texto citado, as distrações podem ser sensoriais ou emocionais. Superar os distratores sensoriais é relativamente simples, embora exija do conversador algum trabalho: posso fechar a janela e anular ou diminuir o som da sirene que me incomoda. Todavia, distratores emocionais costumam requerer do facilitador um verdadeiro malabarismo interior: aquietar e silenciar a alegria provocada por uma premiação ou a tristeza causada por uma perda, costuma ser muito mais difícil!

Atento, o conversador se guia pela necessidade do que a pessoa tem de expressar, e não pelo que julga relevante ouvir. Cala o diálogo interno e olha nos olhos do interlocutor; mas trata de que seu olhar seja leve, respeitoso, gentil; e não seja invasivo, sedutor ou agressivo. Uma queixa de desatenção comum às crianças e aos idosos é que parte considerável da gente não olha para eles quando lhes dirige a palavra. O que você sente se alguém lhe cumprimenta olhando para o lado?

> A atenção plena garante qualidade à presença do facilitador. Seu foco prioritário está na pessoa e na conversa com a pessoa. Esse cuidado permite melhores captação e proveito do momento da permuta. *Carpe Diem!*[31]

2 Aceitação

Aceitar significa estar aberto, simpático e receptivo ao interlocutor e ao seu jeito de ser. Trata-se de um valor fundamental para o exercício da facilitação. Dale Carnegie o subdivide em uma trilogia didática: *não critique, não condene, não se queixe*. Pouco importa em qual contexto se realiza o serviço do conversador, acolher a forma da pessoa ser equivale a uma chave universal. Qualquer indivíduo conhece a sensação de não ser aceito; é como se a gente levasse um choque, o corpo fica tenso e logo vem a vontade de se afastar. Por isso, a aceitação do outro é o meio mais veloz de se criar vínculos consistentes. Sem esse acolhimento natural as probabilidades de rolar simpatia são remotas; e as de diálogo entrosado, inexistentes. Porém, se a pessoa pressente que a acatamos e a incluímos tal como ela é, sem cobranças, expectativas, julgamentos ou exigências, cresce a chance de rolar uma ótima conversa. Para os facilitadores, aceitação e inclusão devem acontecer de modo pleno e simultâneo.

Nas interações com crianças e jovens, ainda que os adultos se esforcem para criar um clima, digamos democrático, a idade e a autor*idade* (sic) são conhecidos dados diferenciadores; e até distanciadores. Com a maioria de nós também foi assim. Nos idos da infância e da adolescência, a ostensiva autossegurança dos adultos aparentava ser um obstáculo intransponível, por vezes até ameaça, diante da delicadeza instável dos nossos mundos imaturos. Por muito que tenha nos custado o aval do tempo vivido, parte dos adultos se agarra com exagerado afinco aos atributos da maioridade. O facilitador, no entanto, ao conversar com jovens, embora não jogue pela janela o limo dos anos, aceita, acolhe e se coloca ombro a ombro com seus parceiros de papo – o que só amplia as possibilidades da troca. Ademais, essa turma está apta a nos ensinar um monte de coisas, e não apenas informática!

Não foi por acaso que dediquei o primeiro capítulo do livro à necessidade do conversador aceitar e bem-dizer a heterogeneidade, no plural e no singular. Vimos de forma resumida que a aceitação resulta de um longo processo evolutivo da nossa história social. A verdade nua e crua é que parte considerável da população planetária ainda está vivendo em algum ponto da trajetória entre a intolerância e a tolerância. Apenas um seguimento da humanidade pode ser distribuído ao longo do caminho que vai da tolerância até a aceitação. Talvez não seja equivocado supor que, em termos mundiais, só um punhado de cidadãs e cidadãos esteja preparado e predisposto a aceitar amorosa, plena e incondicionalmente a singularidade do outro. Por favor, considere o que acabou de ler.

Relembro que aceitar *não* implica concordância, conivência ou colusão. Posso aceitar alguém, sem que isso signifique apoio irrestrito aos seus sentimentos, pensamentos, palavras e obras. Todavia, isso só se torna um comportamento possível ao praticarmos o não julgamento, estado de espírito que quase sempre demanda reeducação. A maioria de nós – e eu me incluo aqui – precisa fazer um considerável esforço consciente para enfrentar, resistir e vencer a pulsão de julgar, e não raro condenar, escolhas, atos e manifestações alheias desiguais das nossas. Tornar-se capaz de olhar, ouvir e sentir sem associar automaticamente estes verbos aos antigos hábitos de comparar, avaliar e classificar, representa uma inconteste vitória que o facilitador obterá sobre si mesmo. Quem quer facilitar deve aceitar o interlocutor como ele é, e fazê-lo sem ressalvas, barganhas ou exigências.

> O facilitador aceita a pessoa do jeito que a pessoa é, e não como ela poderia ou deveria ser. Aceitar o próximo opera milagres. Amiúde o simples ser/estar aberto e receptivo ao outro já colabora para que problemas encontrem soluções, espíritos aguerridos se apaziguem, sólidas desavenças evaporem e a harmonia se estabeleça.

3 *Respeito*

Os seres humanos – independentemente de idade, sexo, raça, cultura ou condição social – possuímos um iniludível senso de integridade. Quiçá nenhum de nós saiba explicar como atua essa sensibilidade tão peculiar; mas cada qual sente na alma e nas tripas quando está sendo respeitado e quando não está. À medida que a ideia de cidadania se globaliza, a pauta do respeito ao indivíduo vai conquistando reconhecimento, legitimação e legalidade. A Conferência das Nações Unidas Contra o Racismo, realizada na África do Sul em setembro de 2001, constituiu um marco inegável na luta global contra os preconceitos, e embora no seu encerramento tenha gerado uma tímida carta de intenções, ratificou direção e sentido irreversíveis. Eventos similares, de âmbito regional e até comunitário, estão se realizando neste exato agora. É óbvio que o processo de flexibilização dos usos e costumes para adaptá-los ao respeito incondicional não é indolor, nem tem custo zero: querer mudar quase sempre significa se permitir desconforto e insegurança. Contudo, o fato é que apesar das oposições, a reverência à singularidade das pessoas chegou para ficar.

A facilitação nos ensina que a boa conversa só flui quando o apreço participa do intercâmbio como moeda corrente. Caso haja desrespeito no caminho da empatia, que seja por iniciativa do interlocutor. Nessa situação hipotética – bem como nos contextos concretos e reais – cabe ao conversador se portar com equilíbrio e serenidade. Sempre há esperança de que a pessoa "se dê conta" e admita, no seu próprio termo, quão inadequada foi sua conduta. Se assim não ocorrer, paciência; também essa escolha do interlocutor deverá ser acatada.

Suportar alguma eventual indelicadeza e seguir mantendo a postura equilibrada e serena não é algo que se aprende rápido. A prática de respeitar as pessoas com suas peculiaridades, ironias, sarcasmos, até esquisitices e má educação, pode resultar em uma dura prova para alguns conversadores, pois na facilitação não há tempo nem espaço para ressentimentos ou revides. Ninguém vence esse tipo de peleja com sua própria vaidade ferida, sem empenho voluntário. É preciso querer. Retomando uma metáfora já citada, talvez não tenhamos como domesticar o lobo mau que habita em nós; mas podemos enfraquecê-lo – deixando de nutri-lo. E, o mais importante, podemos alimentar e fortalecer nosso lobo bom, o que se faz por meio da gentileza e da compaixão. De resto, se durante o diálogo o interlocutor expressa grosseria, o conversador não a toma como pessoal. A ofensa do outro é um problema do outro, e não do facilitador. Vale grifar o que muita gente ainda não alcançou entender: benevolência e pacifismo são virtudes corajosas e assertivas.

> O facilitador sente dentro de si e expressa, sem reservas, um profundo e autêntico respeito pela pessoa com quem conversa; independentemente dos comportamentos e das escolhas dela.

4 Humildade

Você já sentiu na pele o que é conversar com alguém orgulhoso ou prepotente? Se sim, sabe a horrível sensação que esse tipo de conduta desperta na gente. Se não, você se livrou de uma experiência no mínimo desagradável. A pessoa que se comporta com arrogância dificilmente estabelece vínculo afetivo duradouro com alguém. Por outro lado, a empatia só prospera em trocas niveladas, e nesse tipo de permuta as distinções – de poder, *status*, conhecimento etc. – não existem para afastar. Em uma empresa, o indivíduo é tratado como chefe ou como colaborador segundo sua posição no organograma – ferramenta da administração que estabelece níveis hierárquicos. Mas o serviço dos facilitadores segue o *humanograma*, e nele todos somos iguais. A partir desse enfoque a humildade tem o relevante encargo de desenvolver em cada um de nós a consciência de que não somos impecáveis, supremos ou infalíveis. Ninguém é. Contudo, na roda-viva diária convém ficar atento: a ilusão da importância pessoal pode surgir num zaz, do nada, pujante, robusta, e mandar a modéstia para escanteio. Por isso, para dar bom andamento à sua prática e se resguardar contra a presunção do ego, o conversador adota a seguinte estratégia:

• compreende que cada pessoa possui seu próprio e legítimo modelo de mundo;

• separa a identidade da pessoa do comportamento da pessoa; as ações do interlocutor não *são* o interlocutor, embora façam parte dele; e

• acata que a mais importante e urgente missão do interlocutor – bem como a dele próprio – consiste na plena realização do ser humano que é.

Todos temos sensibilidade suficiente para detectar na pessoa com quem dialogamos sinais de autoritarismo, prepotência, desdém, escárnio, deboche; e também o inverso disso. O valor humildade nos permite, mesmo na mais fiada das conversas, construir e manter um clima respeitoso, propício à paz e ao entendimento. E como nos lembra C.S. Lewis, *"humildade não é pensar menos de si mesmo, é pensar menos em si mesmo"*. Tratamos o interlocutor como um par, por ser isso o que ele é.

> O facilitador se coloca junto ao interlocutor como um igual, sem esconder ou dissimular seus limites e suas imperfeições. Ele sabe que a verdade em uma conversa, se por acaso existir, certamente estará situada em algum lugar entre dois ou mais pontos de vista. Admitir e praticar isso requer humildade.

5 Confiança

"*Olho no olho, coração no coração!*" Este dito popular constitui uma boa ilustração para o vínculo interpessoal pautado no princípio da confiança. Portanto, vou desconstruí-lo. Comumente os olhos são chamados de "espelho da alma" e estão associados à fé e à sua irmã, a entrega. Tomé, o santo católico, com seu famoso "ver para crer" nos sugere que, "*quando eu vejo, eu creio; quando eu creio, eu me entrego*". Está no próprio nome: trata-se de *com fiança*. O olho no olho costuma ampliar a margem do crédito entre as pessoas. E a fiança demonstra a crença na disponibilidade e presteza do próximo. Já o complemento metafórico, coração no coração, sugere abertura para uma elevada comunhão; nada tendo de piegas ou de sentimentalismo barato.

Por inversão, outro adágio contribui para aprofundar a abrangência do anterior: "*Longe dos olhos, distante do coração*". Se os olhos estão aproximados, os corações se acercam. Quando me fio na veracidade da pessoa posso desproteger meu peito, quer dizer, posso *me fiar* nela. Por isso, o valor do crédito está intimamente ligado ao gesto da entrega; o que faz de todo ambiente amigável um ensejo de soma com o outro. Para a facilitação, confiar abriga também o sentido de ter fé inabalável no poder do bom diálogo, um poder capaz de melhorar pessoas e circunstâncias.

Certa vez, ao notar a resistência às suas novas ideias, Charles Darwin desabafou dizendo que "*a ignorância gera confian-*

ça com mais frequência do que o conhecimento". No campo da ciência, desconhecer determinado dado pode acarretar consequências dramáticas; entretanto, no contexto da facilitação, que é um simples diálogo, não costuma ser tão embaraçoso assim. O facilitador apenas conversa, sem julgamentos, e confia. Se a pessoa mentir ou omitir algo, esse é um problema dela, da pessoa – já toquei nesse tema. O ponto aqui não consiste na defesa de uma suposta ingenuidade ou inocência do facilitador, mas sim na afirmação altiva do valor positivo da confiança.

> O facilitador demonstra que confia em si mesmo, na pessoa com quem dialoga e na relação que se cria através da boa conversa. Só quando há confiança pode acontecer entrega.

6 Resiliência

Conversar sem rota preconcebida é o que todos nós fazemos. Ora a gente toma a iniciativa de puxar determinado assunto, ora é o outro que define estendê-lo ou terminá-lo. A natureza da facilitação dilata ainda mais as incertezas da trama, dado que o interlocutor comanda – quase sozinho, mas sem estar cônscio dessa liderança – conteúdo, forma, ritmo, intensidade e duração do papo. Sem flexibilidade ou jogo de cintura ninguém segura essa onda. Por isso, recomenda-se aos conversadores a prática matinal diária de dez minutos de bambolê; metade desse tempo para cada lado.

O leitor já se relacionou com alguém inflexível, e sabe que esse tipo de vínculo não deixa lembranças felizes. Mesmo na conversação recheada de abobrinhas, basta a intransigência de um dos falantes para que o clima interpessoal azede, fique incômodo, propenso ao confronto ou ao término. Nas psicoterapias de grupo é habitual o terapeuta flagrar, esmiuçar e esclarecer, didaticamente, com riqueza de detalhes, como as condutas rígidas contribuem para o desgaste dos relacionamentos. Daí que o facilitador não terá nenhuma chance de criar empatia se se mostrar incapaz de maleabilidade.

O termo resiliência é oriundo da física e se refere à propriedade que alguns corpos têm de, após sofrer deformação elástica, retornar à sua forma original. Duas imagens clássicas vão nos ajudar aqui. A primeira é de alta resiliência: a esponja, depois de comprimida ou espichada, retorna a seu formato anterior. A segunda, de baixa resiliência: uma vez amassada, a latinha de cerveja assim permanecerá pelo período que dure. Pois bem, o conceito se mostrou tão adequado para descrever graduações no comportamento amoldável dos seres humanos, que obteve aprovação mundial.

Resiliência diz respeito à capacidade humana de passar por revés ou dificuldade, tirar lições do ocorrido e conduzir o barco adiante. Remete à pulsão interior que nos faz tirar leite das pedras, voltar a sorrir depois da queda ou reabilitar a esperança após uma grande decepção. Fica claro por que ser resiliente demanda mais elaboração do que ser flexível. O facilitador exercita sua resiliência quando se mantém bem-humorado diante do interlocutor rude, ou quando resgata sua paz interior após uma conversa difícil com o doente terminal ou com o recém-condenado. Ser resiliente é sinônimo de ser bem adaptável, e constitui hoje uma das qualidades mais valorizadas nos processos de seleção profissional.

Todavia, mesmo a resiliência tem lá o seu limite, além do qual não é desejável nem positivo a gente se adaptar. Krishnamurti nos legou esta triste advertência: *"Não é sinal de saúde estar bem-ajustado a uma sociedade profundamente doente"*. Ao conversador, através do seu livre-arbítrio, caberá decidir até onde vale a pena ceder e se amoldar. Faz parte do jogo algumas vezes acertar na medida; e outras vezes não.

> Ao se aproveitar das circunstâncias – favoráveis ou não – para aprender e se adaptar, mantendo fidelidade à sua missão de servir ao próximo através da boa conversa, o facilitador demonstra ser resiliente.

7 Senso de humor

Mark Twain, com sua sagacidade habitual, usava dizer que "*a única coisa que pode salvar a nossa espécie é o bom humor*". Michel de Montaigne, quase cinco séculos antes, ao assegurar que "*a prova mais clara de sabedoria é uma alegria constante*", já batia na mesma tecla. O conversador sabe o quanto presença de espírito, bom humor, comicidade, alegria e entusiasmo podem fazer diferença no seu serviço. Mas só porque fazem diferença em qualquer tempo e lugar. E quão indispensável é possuir e expressar esses atributos nos sisudos dias atuais! Pesquisas indicam que o bom humor desponta entre os pré-requisitos no momento de se escolher um aliado – seja amigo, cônjuge ou parceiro comercial. Pode uma crise conjugal resistir a boas e sonoras gargalhadas? Dá para ser improdutivo ao lado do colega que labuta com alto-astral? Pois é, quem demonstra sem esforço contentamento com a vida irradia "algo mais", uma cintilação, um fulgor que contagia tudo em volta. Então se torna fácil entender por que é quase impossível resistir ao carismático e vaporoso encanto da pessoa bem-humorada.

Não obstante a alegria de viver contribua como um refinado azeite para fazer fluir a engrenagem das trocas interpessoais, o conversador deverá perceber e se adequar às circunstâncias que envolvam a pessoa. Um excesso de sorrisos e excitação diante de alguém que padece de tristeza poderá aumentar-lhe os motivos para seguir deprimido. Acompanhar é a norma. O facilitador se aproxima de modo discreto, acolhe a pessoa melancólica, é solidário com ela, mas não se deixa macular pela tristeza. Ao adotar o bom humor entre seus valores explícitos, a facilitação desafia cada conversador a conduzir sua vida – e não apenas suas conversas – com mais esperança e menos expectativa, com mais leveza e menos apego, mais relaxamento e menos tensão, menos queixas e mais gratidão. E, é claro, com mais sorrisos!

> Com frequência o conversador possui e manifesta excepcional senso de humor. Mesmo quando não há mais saída, rir pode se tornar uma providencial solução!

8 Equilíbrio

Quando virtudes se tornam dogmas produzem problemas mais graves do que os vícios que se propõem sanar. Em outras palavras: as condutas extremadas se igualam e se confundem num amálgama de efeitos invariavelmente funestos. Não à toa encontramos entre os diversos povos um ilimitado repertório de versos, brocardos e admoestações que enaltecem o valor da temperança. *"Nem tanto à terra, nem tanto ao mar"*; *"Use, mas não abuse"*, *"Nem oito, nem oitenta"*, e assim por diante.

O facilitador se esforça para desenvolver em sua vida um agudo senso de ponderação. Pois é praticamente impossível alguém estabelecer interações sociais balanceadas se não tiver logrado antes alcançar equilíbrio dentro de si. O comportamento que ontem gerou o efeito desejado hoje pode não convir, amanhã poderá ser perfeito, e depois de amanhã quiçá resulte excessivo. Até um interlocutor habitual, pacífico e gentil, com humor estável, tem seu dia de pá virada. Em nosso cenário social, palco de tantas manifestações de rigidez e ideologias sectárias, a virtude do comedimento tem perene serventia.

> O facilitador busca desenvolver consigo mesmo um apurado senso de equidade. Seu desempenho resulta mais empático, suave e sábio quando ele evita os extremos e segue pelo caminho do meio.

9 *Espontaneidade*

Para não ser flagrado em sua farsa, o enganador vive em constante vigilância. Está condenado a se policiar as 24 horas do dia. O facilitador não precisa sofrer tal estresse; suas emoções, pensamentos, palavras, atitudes e comportamentos ressoam a espontaneidade que ele brinda ao seu parceiro de bate-papo. Ninguém costuma se soltar e se sentir confortável diante do sujeito que se nos apresenta falso ou hipócrita.

Se eu tiver de externar discordância com meu interlocutor, irei fazê-lo, mas na ocasião oportuna e com termos, entonação e expressão facial amistosos – a concordância é menos relevante do que a divergência amigável e respeitosa. O conversador evita eufemismos, e é gentil na expressão da sua franqueza: uma opinião não precisa ser grosseira para se mostrar mais sincera.

O princípio da espontaneidade aplicado na facilitação exige clareza e transparência das razões que me levam a fazer da conversa um meio de melhorar a mim mesmo, aos outros e ao mundo. "Pão-pão, queijo-queijo" – como se usa afirmar. Facilitadores não coadunam com fingimento, subterfúgio ou álibi, já que a ação de facilitar é uma eleição livre e proposital. Ninguém está obrigado ou compungido a conversar nada com ninguém, nem a facilitar nada. Mas se decidir fazê-lo, que seja de forma íntegra e veraz. Ao conferir que o conversador se mostra natural e sincero em sua interação, e que age movido por um propósito ganha-ganha, o outro tende a se tornar um abonador do diálogo. Juntas, a atitude espontânea e a intencionalidade altruísta constituem um poderoso fortificante da empatia. Oferto ao parceiro de papo quem eu sou, com minhas falhas e dificuldades; ainda que ele tente e até consiga esconder as dele.

Na prática da facilitação, o alinhamento das emoções, pensamentos, palavras e ações do conversador constituem uma meta pessoal diária. Chamo esse estado de congruência. Ocorre que a forma mais poderosa e evoluída de se mostrar congruente é sendo quem se é. A pessoa espontânea sente, pensa, fala e age de maneira natural.

> O facilitador sabe que somente ao ser natural seu serviço pode exalar brilho, leveza e viço. Sabe que não se deve entender a espontaneidade como sendo uma escolha; mas como princípio, meio e destino do ser.

10 Bondade

A convicção de que todos os seres humanos possuímos uma essência benevolente, mesmo que inconsciente, alumia e orienta a senda do conversador. Não se trata de uma crença inconsistente, destituída de fundamento. Hoje, as psicologias transpessoal e positiva, a nova biologia, a neurociência e as pragmáticas teorias de gestão de RH coincidem na percepção da bondade como poderosa força aglutinadora. Milênios antes desse olhar contemporâneo as religiões já reconheciam e exaltavam o poder da bonomia. Toda a filosofia budista costuma ser resumida em três princípios; e não por casualidade *Fazer o bem* é o primeiro deles.

Há décadas nossa compaixão natural começou a despertar a curiosidade da ciência e vem sendo pesquisada pelas academias. Jerome Kagan, psicólogo da Universidade de Harvard, afirma que "*os seres humanos herdamos uma tendência biológica que nos permite sentir medo, ciúmes e inveja, ser egoístas, grosseiros, agressivos ou violentos. Porém herdamos uma tendência biológica ainda mais forte para a bondade, a compaixão, a cooperação, o amor e o cuidado, especialmente com respeito aos que mais necessitam. Essa bússola moral inata é uma característica biológica da nossa espécie".* Portanto, pretender que criemos uma boa conversa inspirados e movidos pela bondade nada tem de piegas ou utópico. Estamos revelando o que há de essencial na natureza humana e que esteve encoberto pelos véus da ignorância. Nosso senso de solidariedade tem raízes orgânicas.

Certamente guardamos no coração a lembrança do encontro com alguém que nos tratou com brandura e gentileza. Não costuma ser passagem vulgar, daquelas que a mente minimiza ou esquece. Pelo contrário, a recordação da pessoa bondosa que cruzamos no caminho permanece tatuada na memória, como uma estrela radiante em noite de lua nova.

> O facilitador acredita que a essência do ser humano é plena de bondade; e ele próprio a manifesta pela maneira gentil, pacífica e cuidadosa com que trata o seu interlocutor.

* * *

Estes dez valores servem para inspirar o dia a dia do conversador; e à noite, asseguram que tenha sono tranquilo. Entretanto, nem a fidelidade a eles pode garantir que seu caminho estará bem pavimentado e seguro. Lidar com o ser humano é estar sujeito às suas circunstâncias. Escreveu o poeta Agostinho Neto: *"Não basta que seja pura e justa a nossa causa; é necessário que a pureza e a justiça existam dentro de nós".* O verso se aplica à causa da facilitação, porque clama e reclama congruência. Sem que o praticante incorpore e viva no seu dia a dia a inteireza desses dez balizadores éticos, facilitar se torna um exercício de hipocrisia. Nada há de inexequível, supérfluo ou descartável nesta lista. E o conversador que desejar ampliá-la, deverá extrair as suas contribuições da própria experiência prática.

Use a chave da gentileza

Uma vez especificado o decálogo ético que norteia e dirige o serviço do conversador, e antes de esmiuçarmos o passo a passo do diálogo, será conveniente considerar a nem sempre nítida função da gentileza. Seu significado vai além da amabilidade e dos bons modos no trato com os demais. É uma das ferramentas concebidas pelo espírito da espécie, plasmada no barro das necessidades, e polida, sem pressa, no esmeril do tempo, para estimular, nutrir e fazer perdurar, com bom proveito para todos, o convívio social. A chave da cortesia tanto descerra portas concretas quanto abstratas, e para isso, o facilitador escolhe quando, onde, como e em qual medida será gentil.

A gente tem por hábito reconhecer, valorizar e replicar os usos e costumes referendados pela cultura. Já na infância aprendemos normas de etiqueta grupal e nos comportamos de acordo com elas nos ambientes onde vivemos. Seguir regras legitimadas socialmente facilita a inclusão e afiança o convívio. É por isso que todo viajante calejado, ao visitar um país cujo idioma desconhece, logo se apressa em descobrir como falar, pelo menos, uma dúzia de expressões: – Bom dia! – Boa tarde! – Boa noite! – Como vai? – Muito prazer! – Desculpe – Por favor. – Com licença, – Muito obrigado! – Não tem de quê. – Até logo. – Adeus! Estas palavras, pronunciadas com tom amistoso e semblante simpático, possuem enorme poder empático, pois demonstram disposição pacífica, confirmam polimento e aceleram a inclusão.

O rol de expressões corteses varia de acordo com os costumes locais. Nas culturas com forte religiosidade faz parte do *menu social* as expressões "*Graças a Deus!*", "*Louvado seja*

Deus!" e similares – úteis inclusive para os ateus. E há também, como é natural, as adaptações para subgrupos específicos. Após receber uma gentileza a pessoa madura verbalizará o convencional "*Muito obrigado!*"; ao passo que o adolescente preferirá o conciso "*Valeu!*" Ambas são maneiras igualmente legítimas de se externar gratidão e demonstrar ser educado. Mas na facilitação, para reforço da empatia, utilizamos sempre a fala preferida do interlocutor.

Quem quer que tenha somado uma milhagem respeitável na geografia confirmará que o termo certo, proferido no instante oportuno, aliado a expressão facial adequada, produz o efeito de um "*Abre-te, Sésamo!*" Contudo, não somente em terras estranhas e línguas exóticas a chave da gentileza produz bons resultados. Onde quer que seja utilizada, contribuirá para transformar gente exaltada em gente moderada, pessoas estranhas em pessoas conhecidas, e transformar conhecidos em amigos. Tornou-se comum ver em grafites, ler em camisetas e ouvir pelas ruas: *gentileza gera gentileza!*

O facilitador não abre a boca em vão e nem fala só por falar. As declarações gentis, corteses, fomentadoras de cercania e vinculação, para que produzam a ressonância que são capazes de produzir, solicitam congruência. Quer dizer, devem ser pensadas-sentidas-vividas com a mais completa honestidade por quem as pronuncia. Ao dar um "*Bom dia!*" o conversador olha nos olhos, e seu desejo de boa jornada penetra até a medula dos ossos da pessoa. Se vai agradecer, faz o mesmo. De início, *pensa* no que está agradecendo; em seguida, *sente* o coração agradecido; e só então *expressa* com a voz e com a face o seu reconhecimento pela mercê – e o faz com tamanha convicção que até o DNA do interlocutor se sente locupletado de gratidão! Ao ser apresentado a alguém, eu sinto a satisfação de ampliar minha rede de conhecidos. Este primeiro sentimento costuma ser fugaz, mas apenas depois de tê-lo experimentado é que pode haver verdade e coerência quando digo "*Muito prazer!*" Não carece aqui explorar outros protocolos corteses. Minha insistência recai sobre o facilitador estar consciente do significado e do propósito do que comunica. Fica assim firmada e confirmada a profunda consideração do facilitador pelas palavras que fala – mesmo que o interlocutor não lhes dê nenhum valor ou as utilize com desleixo. A gentileza é antes um atributo do espírito do que um adorno do ego.

Dentre os predicados que qualificam a ação do facilitador como gentil, há um cuja importância não se deve subestimar: a *discrição*. No palco onde transcorre a boa conversa, o papel principal está reservado para o interlocutor; sobre ele se concentram as atenções, focalizam-se os refletores e é para quem se dirigem os aplausos – se houver motivos para tanto. Quiçá a pessoa jamais perceba ou reconheça a contribuição do facilitador para elevar a sua autoestima, estimular seu crescimento ou apressar sua convalescença. Aliás, não é estranho ou incomum suceder que os eventuais benefícios advindos da atuação do facilitador sejam atribuídos, pela pessoa favorecida, ao acaso ou até ao trabalho de outrem. Não importa. Tanto faz. Essas hipóteses – que entristeceriam os sequiosos de mérito pela benfeitoria – em nada diminui o ânimo e o empenho. Apesar de acreditar no incomensurável poder da gratidão e do reconhecimento, o facilitador não cultiva expectativas: a principal recompensa da missão de facilitar é a satisfação de conseguir cumpri-la.

A cortesia demonstrada pelo facilitador em cada diálogo é firme, altiva e ponderada. Está a milhares de anos-luz de distância das bajulações, salamaleques e rasgação de seda típicos de comadres. Não existem segundas intenções nem proveitos camuflados por trás da decisão de agir com cordial civilidade. O exercício da facilitação suscita a conexão e interdependência entre o ser que o outro é e o ser que eu sou, e é essa reciprocidade que confere poder ao bom diálogo.

A cerimônia da conversa

Conversas são avessas a formalidades – normalmente, não se planejam, não têm conteúdo predefinido nem restrições sobre até onde possam evoluir. Tão logo o contato se estabelece, o improviso domina a cena; e, supondo que sejam dois os conversadores, o fluxo é comandado por um e outro, de modo alternado, e envereda por picadas abertas no calor do momento. A mais perfeita ilustração para a troca empática talvez seja o popular jogo de frescobol. Ao contrário do tênis, pingue-pongue e *speedminton*, nos quais estão patentes o intuito competitivo e a satisfação de induzir o outro jogador ao erro; o frescobol oferece visibilidade à alternância do protagonismo, sem que exista a meta de alguém prevalecer. Nele, a única e forçosa regra é a cooperação; e, necessariamente, o sucesso de um é o sucesso dos dois.

Entretanto, o pluralismo e a complexidade dos códigos linguísticos usados no vai e vem do diálogo envolvem bem mais do que duas raquetes e uma bola proibida de tocar no chão. Papear nos impõe gestos, movimentos, pausas, marcações e sinais, digitais e analógicos, visíveis e invisíveis, concretos e intangíveis, audíveis e silenciosos. Uma rara combinação de singeleza e refinamento que, embora não impeça nem recém-nascidos de se comunicar, faz com que sempre tenhamos alguma coisa de principiantes.

Dialogar é uma incógnita. Nem quando as partes organizam com rigor dia, hora, local, tema, prazo etc. dá para se antever como será. A única certeza do facilitador é sua disposição para estar por inteiro no encontro. De resto, a prática não esconde nenhum grande ou surpreendente mistério. Trata-se de um saber que os seres humanos viemos criando e recriando desde antes de morarmos em cavernas – quase sem refletir sobre ele com esmero. O intento da facilitação pretende trazer para a superfície da consciência capacidades e habilidades que cada um já possui e usa nos seus diálogos cotidianos, embora pouco se dê conta disso. Com tal conhecimento, agora colocado à disposição da vontade desperta, o diálogo pode se tornar mais efetivo – sem que com isso se negligencie, impeça ou menospreze os sopros intuitivos.

Conversas são cerimônias diárias, destituídas de pompa e circunstância. Seja um papo-furado de bar ou a alta negociação multicultural, as trocas interpessoais têm a mesma e simples sequência: *começo, meio* e *fim*. Chamo esses três segmentos de ritos, porque cada qual possui seus próprios pormenores característicos, que são sempre repetidos. Esse encadeamento não depende de formato, conteúdo ou duração. Ao que tudo indica essa organização ritualística do diálogo atende a apelos biológicos, socioculturais, psicológicos e espirituais; e integra o leque das necessidades básicas dos indivíduos, pois é impossível a gente viver e conviver livre dela. Se falta uma dessas etapas, rápido nos damos conta, incomoda, o todo fica capenga, se descaracteriza. Alguém que mal chegou e vai direto ao assunto do seu interesse costuma pegar o outro de surpresa; causa certo mal-estar ou gera ansiedade. E o que dizer do interlocutor que termina sua fala, dá as costas e vai embora sem se despedir? Seria um comportamento tão deselegante quanto inesperado. Pondere que nenhuma dessas observações é fortuita. Regras de etiqueta coloquial são criadas pelos povos e se consolidam na cultura através do tempo. Constituem uma espécie de sintaxe do diálogo. E fique claro que não busco aqui submeter nossas conversações a um austero formalismo. Pelo contrário. O intuito é tão somente que tenhamos mais ciência daquilo que praticamos sem pensar.

Como os elos que se secundam numa corrente, o ritual da conversa consiste em uma cadeia de ritos, e cada rito tem as suas praxes. A conclusão de determinado seguimento nos obriga a iniciar o seguimento seguinte. O deslize em uma etapa não compromete, necessariamente, o êxito da próxima etapa; porém, vamos convir que em uma caminhada, cada passo concluído com firmeza aumenta a segurança e a confiança do andarilho, e sugere que o trajeto poderá ser bem-completado. Compreende-se, assim, que durante o diálogo o jeito mais apropriado de se introduzir um novo rito ou praxe é garantir a boa conclusão do rito ou praxe anterior.

Enfim, chegamos à ocasião de o conversador praticar conscientemente o saber que apreendeu através das suas vivências pessoais, dicas teóricas, exemplos alheios, reflexões e *insights* intuitivos. Reforço atenção ao *como*, pois ele produz um forte efeito ressonante nos diálogos. Assuntos vistos e revistos estão agora a seu dispor no dinâmico, interativo e mutante cenário das permutas. Conversar com afeto e sem roteiro se equipara a navegar na pródiga maré das oportunidades, orientados pela bússola dos valores, com intencionalidade e propósito certos e futuro incerto. Seja o colega de papo quem for, venha de onde vier, o nosso desafio segue igual: criar empatia e humanizar o convívio através de uma boa conversa.

A cerimônia da boa conversa pode ser dividida em três ritos, e cada rito tem suas praxes ou procedimentos, quer dizer, suas peculiaridades:

1º) Rito do começo – A introdução da conversa

O prelúdio do contato interpessoal sofre enorme impacto da expressão facial e da modulação verbal, e a imagem inicial que as pessoas formam da gente irá depender desses dois fatores. A cultura popular dá a essa rápida passagem os contornos de um dogma: "*A primeira impressão é a que fica!*"; e a inspiração poética perpetua essa crença ao nos revelar que "*o começo é sempre inesquecível*"[32].

Três praxes ou procedimentos compõem o rito introdutório da conversa: *primeiro contato visual, saudação inicial* e *aquecimento do diálogo*. Não importa se se trata de bate-papo entre vizinhos ou do diálogo entre chefes de Estado, na maioria absoluta das trocas interpessoais este conjunto, sempre nesta ordem, define o sucesso ou insucesso do que virá depois.

• O primeiro contato visual

O instante em que a pessoa adentra o campo de visão do facilitador e seus olhares se cruzam tem inefáveis poder e influência. O primeiro contato visual pode durar meio segundo, mas funciona como gatilho da atenção do facilitador: não resta dúvidas de que o processo da criação da empatia já começou. Olhar e ver caracterizam inclusão. A cara de satisfação, um esboço de sorriso ou o sorriso aberto são excelentes complementos dessa praxe. Mas nada deve ser forçado. Qualquer desses gestos feitos com sincera intenção dá ao interlocutor a evidência de que sua pessoa é vista com simpatia; e a fluência harmônica do procedimento seguinte, seu êxito, resulta em grande medida da disponibilidade e receptividade demonstradas aqui.

Apesar da praxe que inaugura o ritual da conversa ser fugaz, o facilitador intui que a partir de agora os neurônios-espelho estão trabalhando e há conexão de energias. Rememoramos que o olhar do conversador, embora decidido, é respeitoso; não aceita intimidar, agredir, seduzir ou hipnotizar. Desde esse momento o contato visual funcionará como um "elo magnético", avalista e validador da empatia, e assim permanecerá, com suas interrupções e variações naturais, até o declínio e término da conversa.

• A saudação inicial

O tema das saudações interpessoais é tão extenso quanto fascinante. Os grupos elaboram códigos – que se graduam do sutil para o ululante – com o fito de permitir, através do cumprimento, a rápida identificação de aliados e correligionários. Maçons e rosa-cruzes são alguns dos exemplos clássicos. Contudo, também procedem assim grupos étnicos, religiosos, políticos, esportivos, artísticos e etários, num catálogo interminável.

Após ter realizado a contento a primeira troca de olhares, o facilitador – mantendo expressão facial amistosa – concretiza a saudação inicial, praxe que a um só tempo simboliza confraternização com a pessoa e gratitude pela chance do encontro. O interlocutor pode não saber disso, pode não lhe dar tal importância ou talvez o contato lhe seja indiferente; dá no mesmo; nenhuma hipótese afeta o prestígio que o cumprimento inicial tem para a facilitação. E se bem que este procedimento possua o valor de um presente, o conversador é ágil o bastante para seguir à risca, com naturalidade e sem titubear, a regra de ouro da empatia: acompanha o modelo e a intensidade da saudação elegida pelo interlocutor.

O cumprimento entre as pessoas, seja formal ou informal, acontece através de três modelos linguísticos:

I) *Modelo visual* – É composto pelo repertório do que impressiona o olhar: um aceno de mão, uma mesura silente, caras e bocas, a piscadela de olho, o sorriso iluminado e as coreografias.

II) *Modelo auditivo* – É o que sensibiliza nossos ouvidos. Congrega os cumprimentos orais – "Bom dia!" "Como vai?" "Tudo bem?" "E aí?" "Oi!" "Olá!" etc. e se estende à toda sorte de sons tirados da boca, mãos e dedos: assobios, palmas, estalos. E

III) *Modelo sinestésico* – Abriga as formas do contato físico: apertos ou espalmar de mãos, abraços, beijos, toques de bochechas ou de cabeças, tapinhas nas costas e o ato de cheirar.

A separação feita acima só se valida enquanto expediente didático, pois resulta improvável alguma destas manifestações sobrevir em "estado puro", quer dizer, sozinha. No dia a dia criamos variadas combinações dessas alternativas. Constate como nas conversações ao telefone e, pasme, até escrevendo e-mails ou digitando mensagens, as pessoas fazem caretas, mudam de postura, alteram a respiração, movimentam os olhos, a postura e as mãos!

Insisto no mérito do acompanhamento. É comum que quem toma a iniciativa de cumprimentar com "Oi!" fique insatisfeito ao escutar como resposta "Bom dia!" E vice-versa: quem diz "Bom dia!" não gosta de receber em troca um "Oi!" Porém, não basta se manter na expressão auditiva escolhida pelo interlocutor; é conveniente espelhá-lo em seu conjunto. Numa ilustração complementar: quem toma a iniciativa de dar um abraço fica embaraçado se o outro só se mostra disposto ao aperto de mãos. Idem para o inverso. Não devemos desviar do modelo elegido pelo interlocutor. Nas situações de alta sinergia as "variáveis" de um abraço (pressão, tipo, duração etc.) são semelhantes em ambas as partes. A empatia flui mais rápido se a afinidade entre os conversadores é recíproca, se ambos querem o mesmo, seja abraço, saudação verbal, aperto de mãos ou piscada de olho. Com certeza o leitor já vivenciou todas essas situações, e sabe que a questão está longe de se exaurir. Apesar de o agente da facilitação contar com certa margem de liberdade para ousar inovações, o recurso máximo para produzir afinidade na saudação é retribuí-la de maneira tal que corresponda à expectativa de quem tomou a iniciativa. Nem menos, nem mais.

O ritual da conversa nos orienta, portanto, a reproduzir exatamente a forma e o conteúdo do cumprimento do interlocutor. Jamais duvide do potencial atrativo da similaridade. Equivale a ser capaz de falar com o amigo de papo no idioma da tribo dele. E registre na memória: trate a pessoa com a formalidade ou informalidade que ela prefere: "você" ou "senhor(a)". E com os "títulos" que deseja ouvir precedendo o seu nome: "seu fulano", "dona beltrana", "doutor(a)", "diretor(a)", "professor(a)" etc. Além disso, o som do próprio nome ou apelido pronunciado por alguém com intencionalidade de simpatia e inclusão aumenta a força da ressonância interpessoal; fale e repita até ter certeza de que o decorou.

- O aquecimento do diálogo

Após haver cumprimentado a pessoa de modo espelhado, o facilitador inicia a praxe do aquecimento do encontro. É composta das primeiras falas, que improvisamos com maior ou menor desenvoltura 99% das vezes. Seu conteúdo dependerá da existência ou não de vínculos prévios entre os conversadores. Se já se conhecem, o rumo é um; se acabaram de se apresentar, o rumo é outro. Entre conhecidos abre-se um leque de opções que abrange desde a menção ao último encontro até a troca de perguntas sobre elos comuns, seja família, amigos, eventos de trabalho ou de lazer. Entre desconhecidos costuma rolar uma tensão inaudita, que é de costume quebrada por comentários banais sobre clima, trânsito ou a última manchete dos jornais. Quase um álibi para entabular o papo. A singeleza dessa etapa, todavia, não deve eclipsar sua valiosa função tática, já que nela o conversador confirma e legitima – através do cuidado cortês e da escuta ativa – seu interesse na continuidade e aprofundamento da troca. No contexto profissional, a etiqueta do *networking*, da rede de contatos, sugere a troca de cartões pessoais nessa fase, durante o aquecimento do encontro, e não no final – como tantos ainda fazem; pois esse adiantamento possibilita, num eventual lapso de memória, a discreta consulta para confirmação do nome, função e empresa do interlocutor. Assim, a praxe do aquecimento, por ligeira que seja, serve de antecâmara para o *rito do desenvolvimento*, o miolo do diálogo.

2º) Rito do meio – O desenvolvimento da conversa

Ultrapassados os assuntos amenos e periféricos, o foco da conversa migra para o tema preferido da ocasião. Pode ser algo de caráter pessoal (saúde, relacionamento), determinada notícia (acidente, andamento do projeto), alguma questão mais ampla (social, política, ecológica), ou até frivolidades, fofocas etc. Não cabe ao facilitador questionar os porquês que levaram o interlocutor a preferir este ou aquele assunto; o fato de ter sido elegido é suficiente para legitimá-lo.

Também o tema principal da conversa possui *princípio*, *meio* e *fim* – término esse que poderá ou não ser conclusivo. Tampouco aqui há inovação; os assuntos sobre os quais discorremos no trato diário têm, naturalmente, estas mesmas partes:

- O início do tema principal

A conversa pode ter um ou vários temas principais. Não é só a mudança de conteúdo que nos garante quando o eixo da troca se desloca do aquecimento para a introdução de um tema relevante. Esta variável conta, claro, e é a primeira a ser considerada; todavia, as evidências do corpo e da voz são decisivas para a confirmação da mudança. Desde os estudos pioneiros de Paul Ekman, na década de 70 do século passado, até hoje, foram realizados avanços gigantescos na captação e leitura das emoções expressas nos ligeiros micromovimentos da face e nas microvariações da pupila e da voz. Mas não tem nenhum cabimento aqui se investir no detalhe do detalhe. Embora sejam generalizações, as pistas ou evidências expostas ao longo do livro têm reconhecida validade. Mesmo quando a transição de praxes é feita com discrição – como amiúde ocorre –, as alterações no olhar, na fisiologia e na melodia vocal nunca falham. Denunciam que o interlocutor se decidiu por outro assunto para ele mais urgente e/ou significativo. Agora o desafio do facilitador é perceber e acompanhar, com graça e precisão, a "mudança de nível" do seu parceiro: dois ouvidos para ouvir mais, e uma boca para falar menos resumem a escolha acertada. Recorde apenas que o caráter resiliente e receptivo da atuação do facilitador, isto é, a escolha de ouvir e acompanhar mais, e falar e conduzir menos, não faz dele um tipo de fantoche inerte, apático e passivo. Quando a ocasião solicita, o conversador sabe dizer "não!", ser firme, enérgico e categórico.

- O miolo do tema principal

Esta praxe indica a evolução do assunto culminante da conversa. Ao facilitador compete o acompanhamento da pessoa, o que não sinaliza concordância automática com suas ideias e seus argumentos. O contexto da facilitação difere do ambiente de um júri. Não está em jogo a justeza ou a veracidade, a rusticidade ou o requinte, a ignorância ou a erudição expressa na fala do interlocutor. A atuação do conversador visa criar empatia e através dela, se for possível, contribuir para que a pessoa se torne uma versão melhorada de quem é; e, por suposto, aprenderá com ela a se tornar, também ele, o facilitador, um ser humano aprimorado.

O tema principal da conversa pode ser plural, o que permite aos conversadores desfiar motes variados. Se for o caso, após acompanhar e acompanhar, o facilitador introduz um assunto do seu interesse, mas levando em conta, certamente, o contexto. A deixa para alterar a direção do diálogo também será dada por intermédio de alterações no olhar, na expressão facial, na modulação da voz e na postura do corpo. E se foi logrado um grau razoável de empatia, a transição prosseguirá sem tropeços nem solução de continuidade.

No ritual da conversa, o rito do meio costuma ser o mais longo; por conseguinte, o que consome maiores quantidades de tempo e energia. Em contrapartida, oferece mais oportunidades de o conversador avançar em seu serviço. Afinal, não sabemos se ou quando ocorrerá novo papo. A natureza do vínculo coloquial não pressupõe, não exige ou implica continuidade. Podemos até desejá-la; nada que vá além disso. Ninguém é vidente a ponto de garantir o há-de-vir. Nem o facilitador investido no papel de mãe, pai, mestra ou mestre pode dar garantias de que haverá um próximo encontro. Por isso, a conveniência de considerarmos cada assunto tratado na conversa com real interesse, e tal qual uma totalidade em si, devendo ser principiado, desenrolado e, na medida do possível, finalizado. E ainda que a missão de dialogar transcorra como se a eternidade se estendesse diante de nós, a arte da facilitação só acontece no ato situacional, no presente do indicativo.

- A finalização do tema principal

Uma vez explorado, o tema principal declina e se esgota. A praxe da finalização do mote culminante do bate-papo não exige juízo ou parecer que lhe sirva de remate. Uma frase, um gesto ou ambos indicarão que aquele assunto ou fase terminou. Se se chegou a algum denominador comum entre os conversadores, ótimo; se não, ótimo também. O mais relevante no rito do desenvolvimento da conversa é a chance de as pessoas se olharem entre si nos olhos e no coração, e intercambiarem os testemunhos das suas experiências. Se houve empatia e se alguém aprendeu algo, o encontro valeu.

3º) Rito do fim – O término da conversa

O Professor Oswaldo Melantônio costumava ensinar que "uma boa apresentação começa com chave de prata e se encerra com chave de ouro". Este ensinamento, tão útil na arte da oratória, tem sua validez estendida à arte dos diálogos. O zelo que tivemos no preâmbulo deve, no mínimo, se manter idêntico aqui; mas o ideal é que seja multiplicado. Pois bem, com o desfecho do tema principal, o provável apogeu do encontro, a troca dá sinais de exaustão e declina para o rito de fechamento.

O término de qualquer contato interpessoal possui implícito um que de epílogo: as transações só são perenes enquanto duram, e quiçá os conversadores jamais voltem a se ver. Esta pragmática justificativa empresta a esse rito seu indefectível sabor de finitude. A intenção consciente do facilitador é que os vínculos tecidos com a pessoa durem toda eternidade, e então se desapega deles. Repare que liberação do apego difere muito do rompimento ou corte. Entenda essa "soltura" como fiel respeito pela liberdade e autonomia de cada qual. A pessoa irá seguir com seu protagonismo, criar o caminho com os próprios pés; e o facilitador fará o mesmo. Quando queremos e nos reeducamos para tanto, aprendemos a amar a aproximação e o afastamento, o laço e o desenlace, com afeição incondicional. É quando conseguimos destituir as despedidas do seu poder de nos entristecer – poder este, invariavelmente, outorgado por nós mesmos.

Se corresponder a uma iniciativa do facilitador, o término da conversa deve ser precedido de uma "preparação". Cabe dizer, com serenidade, o motivo da sua atitude, e que ele seja honesto e justo. Há um compromisso deveras inadiável? A explicitação clara dos argumentos afastará do interlocutor fantasias infundadas sobre um suposto desinteresse do conversador por seus assuntos, suas virtudes e/ou suas dificuldades. O pormenor conta e faz diferença. A pessoa necessita *saber e acreditar* que o conversador gostaria de seguir praticando e que lamenta ter de encerrar o encontro. Esse afinco permite que o fluxo do papo chegue ao final sem ruptura do clima empático, o que não faria bem a nenhuma das partes.

O término do encontro por vezes parte do interlocutor. O contraste é que ele não necessita apresentar justificativas nem explicações para seu gesto, embora fosse polido fazê-lo. Inexiste no contexto, da parte do facilitador, interesse ou competência para julgar a validade do gesto ou da sua ausência. O conversador aceita, com cortesia e respeito, o estilo do outro encerrar a troca e se despedir – ainda que seja abrupto ou não usual. E se a pessoa for mal-educada? Será uma chance do conversador ser gentil e provar resiliência; até porque a má educação do outro é do outro, não há por que o facilitador colocá-la na sua mochila. O rito do fim tem também três praxes:

- A interrupção do contato visual

O abrandamento e a subsequente interrupção do contato visual entre os conversadores anunciam o início da contagem regressiva para o término do *tête-à-tête*. Devido ao fato da conexão dos olhares ser, ao longo do encontro, peça-chave na manutenção do clima empático, podemos concluir que sua diminuição e corte sejam praticados com cuidadosa elegância. Como a empatia nos liga uns aos outros num poderoso fluxo recíproco, o decréscimo do contato ocular de um conversador irá se refletir, imediata e proporcionalmente, em mudanças na face, voz e postura fisiológica do outro conversador. Quero enfatizar o argumento. Acontece na comunicação interpessoal algo parecido com o fenômeno físico dos vasos comunicantes – já vimos isso: à medida que se altera a quantidade de líquido em um vaso altera-se, ao mesmo tempo e em medida igual, o nível do líquido nos demais vasos. A neurociência sugere que um fenômeno similar acontece entre as pessoas conectadas pela empatia, e é o que no texto viemos chamando de ressonância. De modo intuitivo, todos passamos por isso nas nossas trocas, e não só nos fins de papo. O que se espera do facilitador aqui, para a exitosa ultrapassagem dessa praxe, é espelhar com maestria seu interlocutor, e estar consciente do processo de desaquecimento do encontro.

- O desaquecimento da conversa

Como se fora um ser vivente, o diálogo nasce, vive e morre. Logo, o desaquecimento que prepara a despedida não é algo mal ou estranho. Mesmo que uma das pessoas diminua seu contato visual com toda brandura do universo, a troca começará, sem demora, a dar indicações de esfriamento. É uma consequência ressonante e natural. São inúmeros e díspares os indícios não verbais e verbais que antecedem e preparam o adeus: as pessoas se tornam menos atentas entre si e passam a captar mais os estímulos do ambiente externo; seus corpos experimentam maior relaxamento; mandam mensagens telegráficas para os ausentes – amigos e conhecidos comuns; expressam o desejo de novo papo; prometem futura visita etc. Assim, os envolvidos na conversa percebem o prazo de validade da conversa se esgotando e intuem que em seguida haverá dispersão. Mas o desaquecimento também pode ocorrer de repente – e até durante o desenrolar de um tema principal –, bastando para isso que um dos conversadores consulte o relógio. Pronto! Para o bom entendedor meia olhadela basta. Gestos bruscos como este são tidos como deselegantes, pois causam constrangimento, impactam na empatia e atropelam o diálogo.

A forma como encerramos uma troca projeta algo sobre o *como* se iniciará a próxima. Se houver a próxima. Pelo sim e pelo não, cumpre pontuar que a despedida do facilitador difere da que há entre amigos depois de um jogo, da que acontece entre terapeuta e cliente após a sessão ou da que mestre e aluno têm no final da aula. Talvez seja um somatório delas e de tantas outras – pois os conversadores incorporam e traspassam algo de todos esses papéis, sem que se detenham em nenhum deles. O fato de a conversa com afeto e sem roteiro acontecer a partir da disponibilidade e do interesse alheios torna a relação interpessoal solta, leve e livre de dependência ou apegamento. Se no decurso do encontro a pessoa logra, com o apoio do facilitador, esclarecer e ampliar seu mapa da realidade, e demonstra se beneficiar dessa melhoria, muito bem. Se tal benesse ocorrer depois, em outro momento e lugar da sua vida, idem. Em ambas as situações a facilitação terá contribuído com seu "serviço de formiga" para ampliar a rede empática que se difunde globalmente através do bom diálogo.

- O adeus

O contato entre gente civilizada pede uma saudação que sinalize com exatidão seu acabamento. De modo idêntico à praxe da saudação inicial, o rito derradeiro poderá acontecer por meio da linguagem visual, auditiva ou sinestésica; respectivamente, uma genuflexão, votos de sucesso ou um abraço. Vimos o quão habitual é se deparar com essas alternativas mescladas. Todavia, por se tratar do último momento do contato entre os conversadores, essa ação corresponde, em sentido figurado, a um ritual de adeus. Tal qual ocorre com a primeira cena do encontro, a cena final também se destaca, mas com maior intensidade. Quando a despedida é realizada com sentimento veraz de gratificação pela oportunidade da troca havida, o ato da separação preenche o coração e enleva o espírito.

O facilitador confia no principal mandamento da empatia e o aplica à praxe do adeus: acompanha a preferência da pessoa; compraz-se de fazê-lo. No final do contato com crianças e adolescentes, estes às vezes surpreendem com movimentos inusitados e divertidos; alguns mesmo espalhafatosos. Em outras ocasiões não poderiam ser mais ariscos; dão as costas e se afastam, sem nem dizer "Tchau!" Com enfermos também podem suceder reações inesperadas: tanto nos dão um *looooonnnngo* aperto de mão, como fecham os olhos e, sem mais palavra, começam a cochilar. Quer dizer, não dá para se prever! Seja qual for o modelo adotado pela pessoa, que seja aceito e, desde que razoável, seguido pelo facilitador. Qualquer sincera expressão de contentamento poderá selar o adeus com um toque altivo, solidário e respeitoso. Contudo, nenhuma destas iniciativas necessita formalidade. Por fim, desviam-se os olhares, os corpos se afastam e a facilitação retorna às mãos da vida, de onde sabemos que ela jamais saiu. A aceitação irrestrita das despedidas, de *todas* as despedidas, provavelmente é nossa prova mais difícil. Pois a dificuldade das separações nos remete ao nó górdio da desventura humana: o apego à crença de que somos seres isolados.

* * *

Embora esta esquematização do diálogo tenha sido fundamentada em uma extensa e minuciosa observação pessoal e de colegas conversadores dos contatos interpessoais, sei que a natureza possui o dom de exceder quaisquer tentativas de enquadramento. Essa rebeldia é maravilhosa e libertária, pois nos obriga a sair constantemente da zona de conforto, e ser um amoroso e grato aprendiz do usual e do inusitado.

O primeiro capítulo já alertou para o estatuto da singularidade que ressoa nas pessoas, seus vínculos e situações. Nem todo diálogo segue à risca as etapas examinadas na "cerimônia da conversa". O intuito da exposição e dos comentários sobre o passo a passo da prática foi permitir uma reflexão sobre ritos e praxes que estão acontecendo de modo mecânico e inconsciente, neste instante, nas conversas pelo mundo. Portanto, que a perspicácia e o discernimento nos acompanhem em cada uma das nossas trocas.

7

Todos somos um
À guisa de conclusão

AQUI VOCÊ ENCONTRARÁ mais pistas e argumentos indicadores de que nós, os seres humanos, possuímos uma inclinação natural para a conversa. Precisamos de inclusão, empatia e vida comunitária. Poderá confirmar que a visão de que estamos conectados uns aos outros é antiquíssima, e está presente nas culturas dos diversos quadrantes do globo. A física quântica, a nova biologia, as psicologias positiva e transpessoal e a neurociência parecem convergir e caminhar para a comprovação de hipóteses excitantes, embora não exatamente novas. Verá que diferentes modelos de cura compartilham um ponto de vista comum: de alguma forma, diferentes e iguais, constituímos um tipo de unidade. O que afeta um afetará os demais. Por isso, nosso empenho de reunir indivíduo e humanidade em uma rede de convívio solidário e respeitoso. É o único meio de criarmos um mundo onde todos e cada um, juntos, possamos passar pela vida apaziguados e mais felizes.

Esse é o nosso maior desafio: transformar a história da destruição em construção, a do confronto em convivência e a da divisão em solidariedade (Daisaku Ikeda).

O potencial da humanidade é infinito e todo ser tem uma contribuição a fazer por um mundo mais grandioso. Estamos todos nele juntos. Todos somos um (Helena Blavatsky).

Estamos inescapavelmente atracados em uma rede de mútua dependência, atados à vestimenta do destino. O que afeta de maneira direta a um de nós afeta de maneira indireta a todos nós (Martin Luther King).

O amor é a única resposta sã e satisfatória para o problema da existência humana (Erich Fromm).

Quando se olha as pessoas por cima ressaltam suas diferenças: negros e brancos, homens e mulheres, seres agressivos e pacíficos, racionais e emotivos, alegres e tristes, radicais e reacionários. Mas à medida que compreendemos os demais as diferenças desaparecem e em seu lugar surge a unicidade humana: as mesmas necessidades, os mesmos temores, as mesmas lutas e desejos. Somos todos um (Will Schutz).

O maior presente que podemos dar às futuras gerações é um coração com vontade de amar (Bert Hellinger).

O que nosso tempo necessita não são pessoas mais inteligentes, são pessoas mais bondosas. Inteligência sem bondade é uma mutação falida (Claudio Naranjo).

O futuro não depende das ciências físicas. Depende de quem está tentando compreender e lidar com as interações entre os seres humanos (Carl Rogers).

Uma popular lenda da mitologia hindu nos conta a criação do universo e o significado da condição humana. Reza a milenar narrativa que antes do princípio só havia Brahma. Deus bastava a si mesmo num gozo perene, completo e absoluto. Assim foi por infinitas eternidades. Mas o Um se entediou e se aborreceu com sua permanente e bem-aventurada solidão. Imaginou, então, alguém com quem pudesse jogar e se divertir. Num átimo criou uma deusa cuja beleza, humor e inteligência eram dignas dele. O Criador decidiu chamá-la Maya – nome que significa *ilusão*. Por que Maya? Ora, se tudo o que existe é Deus, o que não é Deus só pode ser ilusão! Pois bem, Brahma logo tratou de explicar a Maya o motivo de ela existir: brincar com ele e entretê-lo! Inicialmente, ela ficou atordoada e surpresa, mesmo assombrada, com a magnitude da sua responsabilidade. Contudo, se refez do susto e, encarando com coragem sua ousadíssima missão, concebeu aquela que seria a mais fantástica, desafiadora e sublime de todas as brincadeiras. Afinal de contas, vamos e convenhamos, um jogo capaz de interessar a Deus, prender sua atenção e diverti-lo teria mesmo de ser uma mega-hiper-diversão, algo completamente incomum, único e supremo! Maya expôs seu plano; e Brahma, sorrindo com alegria de criança, bateu palmas e concordou com a ideia.

A bela deusa solicitou a Brahma um ambiente extraordinário para dar início ao folguedo. Pediu que criasse o universo; e assim foi feito. Pediu que criasse a natureza; com a água, o fogo, a terra, os gases, minerais, plantas, amebas, fungos, insetos, animais; e assim foi feito. Em seguida, a brincante argumentou que estava faltando uma criatura diferenciada, que possuísse a disposição de admirar, usufruir e louvar aquele deslumbrante e ilusório cenário. E foram criados os seres humanos. De repente, Maya, usando um poderoso encanto, fez com que Brahma se esquecesse de quem era, e com um raio fulminante, espetacular, o explodiu em milhares de milhões de partículas iguais e luminosas. Logo colocou dentro de cada mulher e de cada homem uma dessas pequeninas centelhas de luz. E assim começa o grande jogo cósmico, a disputa entre realidade e ilusão!

O jogo cósmico tem só uma dinâmica, clara e inequívoca: Brahma quer se juntar; Maia quer dividir. Brahma necessita se reunir para que possa lembrar de quem é, e assim vencer a miragem da separatividade. Já Maya, trabalha para manter nossa separação e mesmo ampliar o afastamento. A ilusão dificulta a reunião das partículas de Deus, e o consequente resgate da memória da unicidade. Quando a aproximação prevalece e conseguimos reunir nossas centelhas luminosas, é Brahma quem lidera a brincadeira cósmica. Quando os seres humanos se desentendem, se apartam e perdura a egoica divisão dos pedacinhos de luz divina, é Maya quem vai ganhando a contenda. Ao nos afastarmos uns dos outros – através do medo, ódio, atritos, guerras, mesquinhez e violência – damos força à separação, e todos nós perdemos. Ao nos unirmos uns com os outros – por meio do amor, paz, confiança, altruísmo, gentileza e solidariedade – avançamos rumo à inteireza iluminada de Brahma.

Desde os primórdios nós encarnamos o vai-e-vem entre a união e a desunião. Viemos pelejando contra o individualismo egoísta e a ilusão da separatividade; e apesar disso, cristalizamos a crença de que existimos isolados. Milênios se passaram com a gente se juntando apenas para copular, dominar uma caça impossível de abater sozinho ou para se defender dos grandes predadores. Neste longo inverno do jogo cósmico, Maya criou uma vantagem aparentemente inatingível. Contudo, mesmo sob as condições mais desfavoráveis e extremadas, as dispersas centelhas de Brahma jamais deixaram minguar a finalidade de se reunir. Quando hoje contemplamos a trabalhosa obra da civilização – não obstante guerras, desigualdades, conflitos e suas sequelas –, fica notório que a essência luminar que nos atrai e congrega veio, lenta, firme e tenazmente, se sobrepondo a quaisquer obstáculos. Não levamos uma vida social paradisíaca; porém, coexistimos hoje mais aproximados e harmônicos do que nunca, e nos amparamos e colaboramos muito mais do que competimos.

Várias e distintas abordagens consideram que, desde sempre e em alguma medida, nós somos a consequência dos nossos convívios. As terapias de grupo e o desenvolvimento de equipes avançam com impulso duplicado quando os processos pessoais e coletivos são entendidos como faces complementares da mesma realidade. Dos grupos operativos, de Pichon-Rivière, aos CCAs (Centros de Cura das Atitudes), de Jampolski; das terapias de casal e familiares, de variada matriz teórica, passando pelas equipes de alto desempenho, de Will Schutz, até as constelações sistêmicas, de Bert Hellinger, fica cada vez mais claro que para me curar ou me melhorar, contribui também curar ou melhorar minhas relações interpessoais. Ou seja, ajuda a me manter saudável eu me cercar de vínculos saudáveis; leia, vínculos empáticos, gentis e solidários. Reciprocamente, nutrimos e somos nutridos através dos nossos relacionamentos; não de alguns deles, de todos eles. E não há como essas dinâmicas acontecerem e evoluírem sem os expedientes do encontro e da conversa.

Parece estar gravada na memória das nossas células certo tipo de saudade, de uma época imaginária, perdida na noite do tempo, quando estivemos todos próximos e ligados. Em muitos lugares podemos encontrar de forma manifesta vestígios dessa íntima vontade de reunião. A breve sequência de modelos terapêuticos adotados em diferentes continentes e culturas, que apresentarei a seguir, ajudará a ilustrar essa perspectiva. Saindo das terras de Brahma e Maya, subimos no mapa, no sentido nordeste, e adentramos o território vizinho de outro gigante asiático. A China nos recepciona com um algoritmo para entender a saúde, que é possível traduzir em uma só palavra: equilíbrio. A polaridade Ying e Yang, respectivamente, polo negativo e polo positivo, são como os dois pratos da balança, precisam se harmonizar, ou o corpo, a mente, as emoções e o espírito não conhecerão a paz. Toda sanação chinesa está diretamente relacionada com o resgate desse balanceamento entre o que temos de mais e o que temos de menos. É formidável saber que os chineses descobriram as doenças psicossomáticas antes de qualquer outro povo sequer supor a existência delas. Mas não devemos nos desviar; vejamos o caso concreto da acupuntura, difundido ramo da Tradicional Medicina Chinesa – TMC, com mais de 50 séculos de bagagem.

Aqui levam-se em conta os meridianos, quer dizer, os canais do fluxo energético do corpo, que correm das extremidades dos membros até a cabeça, e vice-versa. Segundo essa tradição, o cérebro representa o Reservatório da Medula; e o ponto situado no topo do crânio, chamado Bai Hui ou VG20, cumpre o papel de controlador de Chi – nossa energia vital. A conexão interpessoal da saúde se mostra no controle que devo ter sobre meus pensamentos, emoções e hábitos – pois eles afetam a mim e repercutem nos demais. É isso mesmo que você acabou de ler: pensar, sentir ou fazer algo negativo tem impacto direto sobre mim mesmo e sobre as pessoas com quem eu me relaciono. Se me comporto de modo antipático, grosseiro ou agressivo, inevitavelmente irei desequilibrar meu Chi. E o oposto: se tenho bons pensamentos, emoções, palavras e atos, se trato a mim e aos demais com atenção e gentileza, contribuo para manter minha energia e a dos outros harmonizadas.

O ponto Bai Hui também é conhecido como "os cem encontros" – uma alegoria que representa a confluente junção das diversas formas de Chi; simboliza nosso elo de conexão com todos os demais e com a Fonte Universal. Portanto, também aqui estamos todos interligados. Em primeira e última instâncias, posso dizer que eu e o outro nos nutrimos e nos desnutrimos energeticamente por meio de pensamentos, emoções, ações e reações recíprocas. Não será equivocado ver no cuidado com a harmonia pessoal e interpessoal afinidade e semelhança com o propósito dos facilitadores. Se o desequilíbrio é a causa do nosso afastamento e das enfermidades; nossa aproximação harmônica e solidária contribui para o equilíbrio se restabelecer; ou seja, ajuda a promover a cura.

Deixamos a China. Seguindo no sentido do leste, sobrevoamos o Oceano Pacífico para aterrissar no Arquipélago Havaí; onde nos deteremos o suficiente para avaliar a percepção de que vivemos interligados. Aqui o entendimento da cura individual também passa pelo filtro das relações interpessoais, e demanda a libertação do que possa obstruir ou dificultar o contato fluente, gentil e dadivoso com o próximo. *"O todo está no um, o um está no todo"*. Esse é o princípio, o fim e o meio do Ho'oponopono – o ancestral sistema curador havaiano, que tem se propagado pelo globo com rapidez. Qual o motivo da sua acelerada difusão? Uma fórmula superelementar. Para os xamãs das ilhas não existe rusga, ruído, doença ou transtorno pessoal que consiga resistir à rogatória libertadora das frases: *"Sinto muito!" "Me perdoe!" "Muito obrigado!" "Eu te amo!"*. A repetição dessas quatro declarações é poderosa. Mas abra os olhos e não se iluda com a imaculada simplicidade dessa receita sanadora. Ditas sem parar, como se fora ladainha, essas quatro pequenas frases indicam possuir o poder ressonante de curar pessoas e ambientes.

Quem já vivenciou a prática assídua do Ho'oponopono costuma relatar idêntica sensação de leveza interior; como uma vertigem extática de conexão com ou de transcendência para *"algo maior do que o indivíduo"*. A humildade visceral e o convite para a reunião que essas singelas palavras suscitam sobrepujam qualquer força que pretenda egoísmo ou competição. Mas não basta falar; é mandatório sentir profundamente cada sílaba do que se diz. Fixe nos olhos de uma pessoa da sua relação, respire fundo e declare com sinceridade: *Sinto muito!* E sinta mesmo; sinta em relação a cada pensamento, palavra e ação suas – pouco importa se cometidas de propósito ou inconscientemente – que tenha chegado nela, na pessoa, de forma não amável e não respeitosa. Sinta muito pelos momentos em que foi insensível, omisso e distante. Siga se fixando nos olhos, respire fundo e rogue: *Me perdoe!* – faça esse pedido com a sinceridade da alma; peça perdão por razões sabidas e dessabidas, pelas pequeninas desavenças, pela falta de tato e de delicadeza, por ofensas faladas alto ou ditas em silêncio, pela falta de apoio, paciência ou compreensão. Em seguida, mantendo sempre os olhos fixados na pessoa, respire fundo e reconheça: *Muito obrigado!* – fale isso se sentindo colmado da mais irrestrita e abonada gratidão. Agradeça por tudo e por nada; e, sobretudo, pelos mínimos detalhes, empenhos ignorados e gentilezas friamente desconsideradas. Agradeça pelo que houve e pelo que não houve. E, por certo, respire amplo e complete: *Eu te amo!* Expresse seu sentimento através do brilho do olhar, da face, da voz, do corpo, da mente e do espírito, de forma veraz, suave e convicta. Ame sem medo e sem pré-requisitos, sentindo a gratificação amorosa ser ao mesmo tempo imanente e transcendente. Pronto, taí; nisso consiste a prática do Ho'oponopono. Parece singelo? Pois é singelo. Contudo, tem o dom de curar os vínculos; curando os vínculos, tem o poder de curar as pessoas; curando as pessoas, tem o poder de curar o mundo.

    É fácil notar que a prática havaiana serve sob medida para os propósitos da facilitação; e com a inegável vantagem da sua radical simplificação. Krishnamurti viu na simplicidade "*a etapa mais evoluída da sabedoria*". Pois os sábios havaianos estão de parabéns! Colocando o aprendizado no coração, largamos para trás o arquipélago, sobrevoamos ainda o Pacífico rumo ao leste, para aportarmos nas culturas silvícolas da América. De norte a sul do continente um sem-número de visões mitológicas narra a Mãe Natureza, feminina, bela e generosa, parindo a Vida: o indivíduo é apenas a manifestação singular da criação coletiva. Cada tribo constrói cerimônias próprias com o intuito de fortalecer o senso de pertencimento a essa unidade. Vejamos, a título de ilustração, a Sauna Sagrada ou Temascal, tradição xamânica de cura presente em diversas etnias ameríndias. O ritual milenar proclama a recuperação e o fortalecimento da saúde através da superação do egoísmo e do individualismo – as principais ilusões causadoras de enfermidades. É superando a miragem separatista e resgatando sua consciência de pertencente, de elo integrante da corrente tribal, que o índio se torna digno de receber a graça da sanação.

A sauna sagrada acontece no interior de cabanas especialmente vedadas, onde o aquecimento da temperatura, feito através de pedras vulcânicas candentes, ascende em níveis quase insuportáveis. Aqui os pulmões se dilatam e a hiperventilação provoca estados alterados de consciência. A sudorese e a desidratação intensas e aceleradas são diminuídas por abluções e constante ingestão de água. O xamã que conduz a cerimônia sabe que a capacidade de o indivíduo suportar calor é proporcional à disposição do grupo presente no ritual "*dissolver seus egos no mar da espiritualidade*". Nós, os facilitadores, diríamos que a resistência do indivíduo ao calor depende da ressonância grupal. Cito minha vivência de vários temazcais com os índios Huechól, etnia que habita a região centro-ocidental do México. No ápice da cerimônia, as vozes se elevam em uníssono cantando a vitória da união, num verso que se repete hipnótico: "*Juntos podemos voar como águias!*" E vale frisar, *juntos*.

Poeta e ensaísta, o mexicano Octávio Paz, Prêmio Nobel de Literatura de 1990, traduziu com sensibilidade essa ânsia visceral de aproximação: "*Apenas nascemos e sentimos que somos um fragmento desprendido de algo mais vasto e íntimo. Essa sensação se mistura imediatamente com outra: a do desejo de regressar a essa totalidade da que fomos arrancados...*" O ritual da Sauna Sagrada, verdadeiro teste de resiliência, evolui do singular para o plural; inicia-se com as introdutórias apresentações de cada participante – quem é e o que foi buscar ali –, e se conclui numa apoteótica coesão grupal, num alegórico "retorno" coletivo ao amoroso e acolhedor ventre da Mãe Terra. A cura do índio se faz através da cura dos seus vínculos, e é parte constituinte do processo de cura da tribo.

Nos despedimos do México, sobrevoamos o Oceano Atlântico no sentido sudeste, até chegar à África Subsaariana. Aqui nos deparamos com a Filosofia Ubuntu – termo que se refere à nossa necessidade comum de afeto e de inclusão, de felicidade, solidariedade e compaixão. Numa frase: "*o remédio do homem é o homem*". Segundo essa visão de mundo africana, o indivíduo forja sua cura a partir da cura da sua relação com os demais. "*Eu sou porque tu és; tu és porque nós somos!*", foi um dos princípios que inspiraram Nelson Mandela em sua pacífica luta contra a doença social do *apartheid* – uma das mais sórdidas versões da exclusão e da separatividade. Era evidente para ele que só a paz e a reunião poderiam sarar a grave moléstia da dispersão. O líder político jamais reivindicou o país apenas para sua etnia xhosa; queria, sim, uma África do Sul na qual negros, brancos e mestiços pudessem viver e conviver de modo fraterno, compassivo e socialmente justo. Anos após, nesse mesmo cenário, o também Prêmio Nobel da Paz Desmond Tutu criou sua Teologia Ubuntu a partir da mesma inspiração humanitária. O líder religioso predicou a contínua, sistêmica e diária prática do amor ao próximo e do perdão como tratamento das profundas feridas deixadas pela larga e cruenta guerra civil entre brancos e negros, ricos e pobres. Nunca teríamos assistido à pacificação sul-africana se a ética altruísta e de reconciliação não tivesse sanado em cada coração o ódio histórico e o desejo de vingança.

Só a cura das antipatias e das intenções separatistas possibilitou às novas gerações legitimarem uma identidade nacional miscigenada. A reverência e o respeito aos vínculos se mostram vigorosos quando sinto, entendo, aceito e afirmo: *"eu sou o que sou graças ao que todos nós somos"*.

Agora vamos nos afastando da África e seguindo em sentido nordeste; sobrevoamos o Oceano Índico e retornamos à Ásia. A Índia nos espera para a conclusão de nossa viagem circular. Faremos uma rápida visita ao olhar da medicina ayurvédica, que disputa com a tradicional medicina chinesa o posto de mais antiga do mundo. A partir da perspectiva hindu, não se deve tratar a enfermidade, deve-se tratar o ser humano. Mas posto que o que existe fora e dentro do ser humano forma uma unidade, tratá-lo implica, necessariamente, cuidar também da saúde dos seus laços com a família, a sociedade, os animais e a natureza. Tudo está interconectado; podendo cada elemento ser assimilado e interpretado como parte de um único organismo. Por isso, muitos curadores veem a Ayurveda tão abrangente, que chegam a defini-la como um estilo de vida. É a arte de como viver, porque é a arte de ser. Então, também vemos reproduzida aqui a mesma ênfase na necessidade de equilíbrio: a boa saúde resulta da capacidade de se viver em harmonia consigo mesmo, com os outros e com o universo.

A abordagem ayurvédica predica que cada ser humano possui sete chacras ou centros de energia, dispostos ao longo do corpo, em um eixo vertical e ordenados de baixo para cima. O primeiro chacra está localizado na altura do assoalho pélvico, e sua energia é densa, pois reflete as forças telúricas. O último chacra – também chamado *da coroa* ou *coronário*, situado no topo da cabeça, tem energia sutil, pois representa a empatia e simboliza a conexão do corpo físico com uma dimensão maior, com o que está além do indivíduo. É notória a correspondência entre o chacra da coroa indiano e o ponto Bai Hui da acupuntura chinesa. O sétimo centro energético constitui uma espécie de portal através do qual podemos superar as incontáveis versões da aparente solidão e isolamento, e comungar da união familiar, comunitária e cósmica.

As principais virtudes exigidas dos praticantes do sistema Ayurveda são a humildade e a compaixão. Humildade, para que eu me coloque diante do outro como alguém absolutamente igual; e compaixão, para que eu me compadeça e me doe ao próximo, de modo honesto e incondicional. Note também aqui, entre os hindus, o entendimento de que ninguém se cura "sozinho"; a cura possui uma profunda dimensão social. É imprescindível a pessoa criar e manter vínculos equilibrados com o universo, e esse trabalho de harmonização começa sempre dentro de si – já que o corpo representa nossa primeira e última moradia. A empatia é o veículo que me faz transcender o "eu" e vivenciar o estado de consciência ampliada, no qual a miragem da separação míngua e se desfaz, e é possível sentir o pertencimento à humanidade.

Os cinco casos acima expostos são suficientes para demonstrar que a visão de que todos compartilhamos e repercutimos um fluxo de energia inclusiva e solidária não é recente, inusitada ou absurda. Por algum motivo essa percepção se repete, adaptada às culturas locais, nas mais distintas latitudes. Thomas Moore certa feita escreveu que *"os vínculos são o lugar onde a alma cumpre o seu destino"*. Se os nossos destinos estão humanamente associados é porque os vínculos refletem nossa comunhão existencial.

A busca do ser humano por provas e entendimento que esclareçam nossa condição de interligados tem sido constante e incansável. A história conhecida como "síndrome do centésimo macaco", apesar de tomada por fato verídico, foi criada para ilustrar uma premissa da teoria estatística: *aumentar a quantidade altera a qualidade*. A hipótese é que uma determinada mudança de hábito em 1% da população produzirá efeito cascata, em proporções geométricas, nos 99% restantes. O relato clássico descreve duas ilhotas asiáticas, digamos "X" e "Y", isoladas da civilização, povoadas por milhares de macacos de idêntica espécie e distanciadas entre si por meia-milha de mar revolto. Ora, nenhum símio de X poderia chegar até Y ou vice-versa, nem tampouco observar o que seus vizinhos faziam. Esse cenário compõe o pano de fundo da trama. Após intensa chuva, uma macaca de X deixa cair numa poça d'água a raiz que levava nas mãos. Acostumada que estava a comer as raízes sujas de terra, ao levá-la molhada e limpa à boca, se surpreende com a melhoria do sabor. Ainda assustada, sem associar bem os fatos, pega outra raiz e a atira na água. Ao comê-la, a surpresa se repete; mas desta vez a cena foi observada por outro símio, que, curioso, trata de imitá-la. Na sequência, dezenas de símios da ilhota X notam o procedimento e o reproduzem. Até aqui a narrativa seguiu um roteiro previsível: macacos são naturalmente imitadores, e não espanta que consigam fazer uso da atenção focalizada e aprender tarefas elementares. Porém, algo inesperado sucedeu... Depois que o *centésimo macaco* aprendeu e repetiu a nova habilidade de "lavar" batatas, quer dizer, depois que se formou uma expressiva quantidade de "lavadores de batata" de X, num zaz, como que automaticamente, de modo instintivo, bandos inteiros dos vizinhos símios da ilhota Y começaram a "lavar" batatas antes de comê-las!

O enredo sugere que os macacos da ilhota Y teriam aprendido a "lavar" raízes com os macacos da ilhota X; mas à revelia do tradicional método da observação presencial seguida de imitação. Quer dizer, o aprendizado teria ocorrido a distância, sem nenhum estímulo sensorial, visual ou físico. E isso seria possível? Teoricamente, sim. Essa hipótese, cuja origem remonta à década de 1920, nunca esteve de todo esquecida; contudo, foi o biólogo inglês Rupert Sheldrake que a resgatou para as luzes da ribalta, através de conjecturas arrojadas e do conceito de *campo mórfico* ou *campo de ressonância mórfica*[33]. É como se comportamentos nascidos das necessidades comuns de seres da mesma espécie, quando repetidos, dessem origem a uma consciência grupal. No caso dos macacos, é como se a prática repetida de "lavar" raízes dos habitantes da ilhota X tivesse gerado uma "consciência coletiva" ou um "campo de informação" que se expandiu a ponto de afetar a "consciência coletiva" ou o "campo de informação" dos símios habitantes da ilhota Y e, em consequência disso, influenciado os seus hábitos.

Bem, agora cabe especular: se verdadeira, será que a ressonância mórfica funcionaria também com os seres humanos? Embora as implicações da teoria do campo mórfico se projetem para muito além da educação a distância, é nessa área que a ciência tem dado passos promissores. Há investigações empíricas que comprovam ser mais fácil aprender o que já foi aprendido por outros – ainda que esses "outros" sejam desconhecidos e estejam afastados milhares de quilômetros! Isso, reforço, já não é hipótese, é fato comprovado, embora os neurocientistas ainda não consigam explicar com exatidão o modo como o fenômeno acontece.

As divulgadas pesquisas da Associação Norte-americana de Meditação também chegaram a resultados semelhantes. Anualmente uma disputa acirrada toma conta das prefeituras desejosas de patrocinar e sediar o evento da entidade. Que motiva essa altercação? Nos dias em que se realiza o Congresso Norte-americano de Meditação, ou seja, quando milhares de meditadores se reúnem e passam longos períodos em repetidas práticas sintonizadas com o propósito de paz e harmonia –, os índices de violência e de acidentes na cidade-sede do simpósio despencam aceleradamente! O episódio – que tem histórico documentado e é reforçado por averiguações periódicas – demonstra o poder ressonante da prática grupal, afetando e modificando hábitos e atitudes da comunidade. Poderia seguir com outros exemplos, mas não carece. O leitor identificado com o propósito deste livro há de confirmar com sua própria experiência: os ambientes onde pessoas se reúnem para realizar práticas cuja finalidade é melhorar a qualidade de vida inspiram um clima de leveza e paz. E pessoas leves e pacíficas, ou que buscam esse estado interior, sentem-se atraídas a frequentar tais lugares. Assim se formam círculos virtuosos.

Inovações não raro incomodam, sabemos disso. As descobertas da física quântica – que demonstraram os limites da visão newtoniana e colocaram em xeque a concretude da matéria e as definições tradicionais de tempo e de espaço – foram inicialmente publicadas por Einstein em 1905. Porém, permaneceram negligenciadas por mais de uma década, antes de serem aceitas pelo *establishment* científico. O conceito de inconsciente coletivo, criado por Jung na mesma época (1907-1912), também sofreu todos os preconceitos e resistências que o conservadorismo erudito pode oferecer a uma ideia nova, isto é, sofreu *bullying científico*, e só depois de muitos anos conseguiu chancela acadêmica. Enquanto o gênio alemão apontou relatividade e conexões onde antes imperava uma concepção dogmática e fragmentada da natureza, e o gênio suíço revelou a existência de uma instância psicossocial profunda, que transcendia a psique isolada da pessoa. Sheldrake percebeu afinidade entre as duas visões[34].

É verdade que o campo mórfico guarda certa similaridade com os campos tradicionais da física, mas apenas por afetar o meio circundante; as analogias param por aí. Para exemplificar: enquanto a intensidade da energia emanada pelos campos físicos gravitacional e eletromagnético decai com o quadrado da distância, a força da energia propagada pelo campo da ressonância mórfica atua de forma radicalmente diferente. Além de transmitir pura informação, sua origem radica na experiência prática reiterada de um conjunto de seres semelhantes, e seu poder não diminui com a distância! Também podemos notar uma íntima correspondência entre as ideias de campo mórfico e de inconsciente coletivo. Um e outro tenderiam a se expandir como os gases, indo em todos os sentidos e direções, num acréscimo de informação compartilhado com generosidade por todos os membros da espécie. Nenhuma invenção humana poderia ser tão genuinamente legítima, generosa e democrática.

Reflita comigo: se a prática da repetição individual promove mudanças estruturais no cérebro humano, e pode conduzir a desempenhos excepcionais, até onde pode chegar a repetição coletiva? À medida que um contingente expressivo de gente motivada transforme a prática da boa conversa em um hábito diário, por ressonância, mais e mais pessoas farão o mesmo.

Alguns pensadores da atualidade defendem que estamos próximos de uma profunda transformação mundial. Luc Ferry, filósofo e ex-ministro da educação da França, compartilha em sua obra *A revolução do amor* o importante desafio deste início de milênio: "*Vivemos um momento de refundação que não se assemelha a nenhum outro, um desses períodos raros e preciosos em que precisamos descobrir, ou mesmo inventar, uma nova visão do mundo que abranja todos os campos da existência humana, do conhecimento teórico à ética, da metafísica à política, passando pela vida cotidiana. Uma espécie de revolução copernicana que, em lugar dos princípios fundadores antigos – o cosmos dos gregos, o Deus das grandes religiões, o cogito, a razão e os direitos do humanismo republicano –, faz do amor, da amizade, da fraternidade o novo pedestal de nossos valores e o coloca no centro de nossas preocupações*". É nesse cenário incerto, mas cheio de possibilidades, que nos toca contribuir, através de diálogos empáticos, para acelerar uma mudança global que seja socialmente benéfica.

Talvez jamais consigamos ser 100% pacíficos, amorosos e solidários uns com os outros. Porém, nossas pulsões e necessidades de cooperar são enormemente superiores e mais profundas e abrangentes, em gênero, número e grau, do que os impulsos e necessidades egoístas, separatistas e competitivas. Daí que, como facilitador, "ver o copo meio-cheio" é a opção que chamo de otimismo responsável. Quem estudar a história de nossa espécie com profundidade e isenção formará a convicção de que a condição de vida dos bilhões de seres humanos na Terra está melhor do que esteve no passado. Uma ampla gama de avanços tem nos levado a adotar, uns com os outros, comportamentos mais pacíficos, solidários e colaborativos. Com isso, temos nos permitido reunir e conectar como nunca antes. Essa rede empática está sendo tecida por pessoas amigas e desconhecidas, por casais, famílias, pequenos grupos, comunidades, nações, países e blocos inteiros. Não se trata de um movimento simples, homogêneo ou contínuo. Mas se você leu este livro até esta página, são grandes as chances de que já venha facilitando em casa, no trabalho, na vizinhança, por onde circula. Muita gente já está consciente de que pertencimento e doação enchem de propósito e significado nossa presença aqui. Tal como o dramaturgo Bernard Shaw definiu e compartilhou sua mais autêntica realização: *"Ser usado para um objetivo que você mesmo reconhece como poderoso. Ser a força da natureza, em vez de um pequeno e tolo torrão de ressentimentos e aflições, reclamando que o mundo não se dedica a fazê-lo feliz. Na minha opinião, minha vida pertence a toda a comunidade, e enquanto eu viver, é meu privilégio fazer por ela tudo o que eu puder".*

Sendo este o derradeiro capítulo do livro, devo reiterar que a prática dos conversadores, dirigida para a criação de uma humanidade que pretendemos mais justa, amorosa e solidária, não se fundamenta no ar. São múltiplos os indícios de que nossos pés estão bem apoiados e firmes no chão. A simbiogênese, teoria de vanguarda na biologia, citada na introdução, contribui para nos instigar. Embora este novo olhar não tenha ainda três décadas, começa a sair da puberdade e engrossar a voz. A partir dessa perspectiva, a solidariedade e a cooperação desempenharam, no passado, e seguem desempenhando agora, funções mais relevantes e constantes na modelagem da civilização do que se supunha. Facilmente constatamos o ululante: resulta mais fácil e rápido destruir do que construir. Contudo, as criações humanas, tais como cultura, ciência, artes, indústria, agricultura, comércio, serviços e esportes, são evidências indubitáveis da força natural que nos associa e vivifica. Tivessem o ódio, a violência e o desespero a mais distante hegemonia sobre a bondade, a colaboração e a esperança, nossa espécie já se haveria aniquilado.

A obra de Steven Pinker é outra importante fonte que respalda o otimismo responsável dos facilitadores. Com as credenciais de ex-diretor do Centro de Neurociência Cognitiva do Instituto de Tecnologia de Massachusetts, MIT, e atual professor de Psicologia na Universidade Harvard, ele defende que nunca antes conhecemos uma realidade tão pouco cruenta. Por certo que guerras, conflitos e atentados terroristas seguem pululando, mas o exaustivo trabalho de pesquisa histórico-estatística, apresentado em seu livro *Os anjos bons da nossa natureza*, comprova que – da época das cavernas até hoje – o nível de violência no mundo tem decaído. Desde a *"anarquia das sociedades caçadoras, coletoras e horticultoras, nas quais nossa espécie atravessou a maior parte da sua história evolutiva"* até *"a era pós-guerra, inaugurada simbolicamente pela Declaração Universal dos Direitos Humanos, em 1948"*, viemos passando por sucessivas transições positivas. A diminuição da violência e a concomitante ascensão do pacifismo não são resultados lineares nem isentos do risco de retrocessos, mas aparecem como tendência histórica, ancorada em uma consistente combinação de fatores biológicos, psicológicos, políticos, econômicos, sociológicos, filosóficos e religiosos.

Desde o momento em que foi publicado, em 2011, o calhamaço de Pinker, com seu requintado raciocínio sobre uma avalanche de dados, vem causando não só impacto, mas também desconforto. Pois não resulta fácil a gente se convencer de que o mundo está ficando menos violento. Foi somente em 2016 que essa tese ganhou um consistente apoio acadêmico: o estudo do biólogo espanhol José Maria Gómez e colegas, citado de passagem no primeiro capítulo.

A impressão que se tem não é essa; aliás, é exatamente ao contrário. A nítida responsabilidade das mídias no bem-sucedido *marketing* do pessimismo está evidente. As piores notícias atraem e vendem de forma rápida e em maior quantidade; daí serem estampadas na primeira página dos jornais, na capa das revistas, nas manchetes dos informativos, no celular, em redes sociais, internet e TV. Essa perversa difusão midiática termina por robustecer a fantasia geral de que estamos indo de mal a pior, e reforça a inverídica crença da predominância dos competidores na disputa com os cooperadores. Entretanto, o pior e mais irônico nisso tudo é que a ideia da realidade cruenta está tão popularizada, que faz as pessoas confiantes num futuro alvissareiro – ou menos nefasto – parecerem idiotas alegres; e a criação de vínculos empáticos, tola quimera, um desejo de poetas sonhadores.

Os percalços, obstáculos e dificuldades nas relações humanas fazem parte das regras do jogo cósmico, e não deveriam causar surpresas. Se observarmos nossa evolução em uma escala de tempo universal, veríamos que apenas começamos a engatinhar no aprendizado da convivência. E, entretanto, quando nos religamos uns aos outros com empatia, apaziguados e fraternos, respeitosos e solidários, fica notório que no interior de cada mulher e de cada homem cintila a mesma chama de bonomia. Quando nos damos conta de que dar é igual a receber, nos aproximamos sem medos e sem defesas. No processo da facilitação, à medida que criamos voluntariamente paz, gentileza e solidariedade, experimentamos um autêntico sentimento de conexão com o próximo. Uma sensação de plenitude que nem de longe a competição e o egoísmo poderiam nos fazer sequer imaginar. Só através da empatia, da cooperação e do altruísmo podemos nos reunir, e só reunidos poderemos vencer a violência que ainda resta. Como nos ensina o provérbio africano inspirado na filosofia ubuntu: *"Quando o rebanho se une, o leão vai dormir com fome"*. Unida, a humanidade se torna forte e invencível.

Mas o ousado desafio que temos diante de nós não será vencido apenas com coragem e motivação, com vontade e autoconfiança, com intenção, preparo físico e boa estratégia. É óbvio que esses itens contam e são necessários, mas estão longe de ser o bastante. O Amor que pulsa na gente continua sendo o mais poderoso e eficaz ímã agregador da espécie humana. Na encruzilhada em que o mundo se encontra, juntar o Amor que há em cada um de nós é o mais rápido e seguro dos caminhos. Juntar o Amor é a única ação capaz de fazer o necessário se tornar suficiente. Os mais de sete bilhões de seres espalhados na geografia são todos centelhas de Amor; reuni-las é serviço meu, seu, de todos nós. Tal como no altruísmo exemplar do mitológico Buda Bodhisatwa: plenamente realizado, ele se recusa a entrar no Nirvana e desfrutar do gozo eterno. Escolhe permanecer no umbral do planeta, aguardando paciente, amoroso e compassivo, até que o derradeiro dos mortais atinja a iluminação. Enquanto existir na face da Terra um único ser vivente vítima do desamor, ainda temos o que facilitar.

Fazer o bem, não provocar sofrimento, apaziguar a própria mente. Nada disso é tarefa de fácil execução no cenário mundano competitivo, carente de justiça social e cheio de turbulências como o que vivemos. Três horas antes de começar a escrever este parágrafo recebi em minha casa uma inesperada ligação telefônica: o homem não identificado disse que ele e seus comparsas haviam sequestrado um dos meus filhos na saída da faculdade, e exigia dinheiro pelo resgate. Esse tipo de crime esteve em alta na cidade de São Paulo, e eu acabara de ser sorteado! Para mim, passar por esse tipo de terror e prosseguir confiando na facilitação é mais um teste de resistência. Se eu não acreditasse que todo ser humano possui, por trás de suas circunstâncias, uma essência benévola, por que escreveria um livro como este?

Não dá para se acreditar em algo apenas quando nos convém. Crença não é produto de ocasião, mas uma inspiração íntima e constante. Por isso, *"aquele que engana a si mesmo é mais perverso do que quem engana os outros"*. A frase foi tirada da peça *A alma imoral*, baseada no livro do rabino Nilton Bonder, que assisti anos atrás. O conteúdo dos diálogos é puro intento de facilitação. Não se trata de caso isolado. Por onde quer que a gente circule há concordância sobre a urgente necessidade de mudança; urgência de se cuidar não só de casa, mas da rua, do bairro, da comunidade, do planeta; urgência de práticas socioeducativas e ecológicas; urgência na correção de injustiças e desigualdades; urgência na libertação de preconceitos, obtusos moralismos e dogmas imprestáveis[35]. Urgência de nos religarmos pacífica e solidariamente. O último pedido de Gandhi parece ecoar mais forte hoje do que em 1948: *"que cada qual seja o exemplo das mudanças que deseja ver no mundo"*. Demonstrações de solidariedade e altruísmo não aparecem apenas após catástrofes naturais, elas podem ser vistas, por quem quer ver, na lida diária, e têm se multiplicado com ímpeto viral.

Do ponto de vista da troca interpessoal, qualquer relacionamento, seja caracterizado por afinidade ou por antipatia, constitui, ao mesmo tempo, uma dádiva e um desafio que atraímos para nós. É dádiva, porque representa rara e singular fonte de aprendizado; e se formos sábios e humildes o bastante, notaremos que não existem diferenças relevantes entre a vida do outro e a nossa, entre a nossa vida e a do outro. Esta simples constatação e a mansidão que ela suscita abrem e preparam mentes e corações para o crescimento. É desafio, porque cada encontro simboliza a chance de uma nova história; dado que sou livre para escolher qual o tipo de emoção e comportamento quero ter com aquela determinada pessoa. Vejamos a cena a partir de um ângulo prático: se estou tendo com o outro uma conversa particularmente complicada, é minha a decisão do que fazer com ela; e disponho de três opções. Primeira: posso decidir piorar o diálogo, e conheço formas efetivas de o fazer. Bastaria adotar algum recurso da comunicação violenta, como o volume alto na voz, a ironia, o sarcasmo ou a agressividade. Segunda: posso escolher neutralizar tal vínculo; e isso irá requerer esforço interior bem mais elaborado, já que lograr a indiferença é uma autêntica proeza. Nada tem de elementar ignorar o outro, tornando-o invisível, inaudível, insípido, inodoro e intangível. Terceira opção: posso tomar o vínculo difícil como uma real oportunidade de praticar o respeito e a aceitação do outro; isto é, posso preferir ver no interlocutor antipático alguém necessitando afeto e compreensão. A facilitação oferece um roteiro seguro para tanto, por mais laboriosa que esta última escolha possa ser.

É triste constatar pessoas demonstrando – honestamente, diga-se – inflamada indignação contra a violência e as guerras em lugares longínquos, mas incapazes de criar paz e cooperação, alegria e amor, em casa, na vizinhança, no trânsito, no trabalho. Por isso, a prática da facilitação se inicia de dentro para fora, dos círculos mais íntimos para as distâncias maiores. Uma vez fortalecida a empatia nos espaços próximos, o facilitador vai além, e não perde a chance de praticá-la nos locais resistentes e refratários. A facilitação é apenas uma gota do rio. Movimentos de educação para a paz, comunicação não violenta, gestão humanizada, comunidade solidária, inteligência emocional, educação humanista, verdade radical, *feedback* construtivo, liderança situacional baseada em valores estão por toda parte e refletem o propósito comum: criar ambientes mais abertos, inclusivos, tolerantes e democráticos, nos quais cada qual seja quem é e possa se orgulhar de ser quem é. Com forma, ritmo e nomes variados, aumenta a cada dia o número, a difusão e a visibilidade das organizações civis focadas no bem-estar comum.

Por outro lado, os problemas existem, são visíveis, alguns palpáveis e ao alcance da mão. A ausência de empatia, altruísmo e compaixão – manifestada nas fraudes, golpes, roubos, corrupção ativa e passiva, violência doméstica, estupros, assassinatos etc. – nos atinge, nos afasta e nos enfraquece; mesmo que reafirme, paradoxalmente, através das dores e aflições que causa, nossa natural vocação para a conectividade e a paz. Ainda quando a rusga, o mal-entendido e a discussão acontecem com alguém estranho, o estresse causado pelo fato não nos deixa radiantes, felizes, em estado de graça. O atrito – sob qualquer feição, trivial ou dramática – afeta nosso estado de coligados. Quer queira, quer não queira, o que toca o outro impacta em mim.

Agora, o que começa a entrar em pauta não é a abolição das nossas divergências, mas a celebração delas. Religar-nos se tornou a condição *sine qua non* para a Terra chegar à metade do século XXI como planeta habitável. Que as diferenças possam ser reunidas, compreendidas e aceitas como indispensáveis à realização plena do potencial coletivo. Jung dizia que só modificamos o que aceitamos como sendo nosso. Assim, a maneira mais efetiva de promover transformações que conduzam à concórdia começa pela aceitação de quem somos e de quem as outras pessoas são. Não carece sermos clones uns dos outros para que o espírito de paz e entendimento prospere. Paz e entendimento não pedem, supõem, exigem ou implicam unanimidade ou mesmice compulsórias. Concórdia quer dizer conciliação.

A natureza se ocupou de nos criar singulares e distintos, porém igualmente sequiosos de cercania, acolhimento e afeto. Se formos de fato os entes gregários que propagamos ser, é porque necessitamos dos outros para sermos os indivíduos que somos. Em seu diminuto e gigantesco livro *Eu e tu*, que é inteira facilitação, Martin Buber nos adverte "*que ninguém tente debilitar o sentido da relação: relação é reciprocidade. E toda vida atual é encontro*". Esta necessidade visceral de contato, espelhamento, inclusão nos inspira a audácia de antever uma rede planetária de amor e solidariedade, sem precedentes na história. Os protagonistas responsáveis pela mudança que queremos ver realizada no planeta não serão os partidos políticos, os governos ou as corporações; embora esses agentes tenham a desempenhar papéis significativos nesse processo. De forma difusa, mas veraz, uma miríade de conversadores anônimos já está se ocupando disso. Sim, a grande transformação ocorrerá através das pessoas, e o meio será o amor, a empatia e o altruísmo. Mas isso porque as pessoas, nutridas diariamente por boas conversas, transformarão as famílias, os grupos e as comunidades, os partidos políticos, as associações religiosas, os governos e as empresas.

É animador ler estas palavras de um mestre: "*Quando nos apercebemos do declínio da violência, passamos a ver o mundo de modo diferente. O passado parece menos inocente; o presente menos sinistro. Começamos a apreciar as pequenas dádivas da coexistência que para nossos ancestrais pareceriam utópicas: a família inter-racial brincando no parque, o humorista que conta uma piada sobre o comandante-em-chefe, os países que discretamente recuam de uma crise em vez de partir para a guerra. A mudança não é em direção ao comodismo: desfrutamos a paz que encontramos hoje porque as pessoas de gerações passadas se horrorizaram com a violência em sua época e se empenharam em reduzi-la; por isso, devemos trabalhar para reduzir a violência que resta em nosso tempo. De fato, é a constatação do declínio da violência o melhor testemunho de que tais esforços valem a pena. A desumanidade do homem há muito tempo é alvo de moralização. Com o conhecimento de que alguma coisa a reduziu, também podemos tratá-la como uma questão de causa e efeito. Em vez de perguntar: "Por que existe guerra?", poderíamos indagar: "Por que existe paz?" Nossa obsessão poderia ser não só por aquilo que andamos fazendo de errado, mas também por aquilo que estamos fazendo certo. Porque estamos fazendo algo certo, e seria bom saber exatamente o quê".*

A questão que fecha o texto de Pinker abre nossa última reflexão: O que fazemos certo? Fazemos certo cada ação que incrementa paz e comunhão de pessoas, casais, famílias, comunidades, nações e países. Fazemos certo quando pensamos, sentimos, nos comportamos, falamos e agimos com o propósito de melhorar a vida do outro e de todos os demais, sem qualquer tipo de distinção. Faço certo quando utilizo o breve diálogo do elevador para provocar um sorriso. Quando tratamos uma criança ou um idoso com paciência e gentileza. Fazemos certo quando criamos um ambiente corporativo no qual a colaboração valha mais do que a competição. Acertamos quando amamos e aceitamos as pessoas como elas são. Acertamos quando gestores e colaboradores, professores e alunos, pais e filhos se tratam com abertura, confiança, cortesia e respeito. Nós acertamos ao aproximar e incluir em círculos fraternos pessoas sós, fragilizadas e desconhecidas. Agimos bem quando abandonamos crenças e ações egoístas e as substituímos por crenças e ações altruístas. Fazemos certo ao acreditar que a vida, mesmo sendo curta, não precisa ser pequena. Agimos certo ao conversar, confiar e prosseguir.

Para concluir: desde o início dos tempos, mantendo uma tradição oral que atravessa centenas de gerações, os casais egípcios transmitem aos filhos esta mesma e bela metáfora. Após a morte da pessoa, sua alma deixa o corpo e se dirige, silenciosa e concentrada, ao solene Tribunal de Osíris. Lá será vista e julgada, detalhe a detalhe, cada passagem da sua vida na Terra. O principal filtro de avaliação dos fatos vividos é o modo como o espírito responde a duas questões essenciais; só duas. A primeira é: *Você foi feliz com a vida que teve?*

Para que se tenha uma ideia aproximada da relevância dessa pergunta é preciso entender que na cultura religiosa do Egito a vida simboliza a maior e mais valiosa das dádivas; é um presente de Deus. O viver deve ser nutrido diariamente com acolhimento, zelo, alegria, bondade, gratidão e reverência. Não um trecho da vida, mas toda a vida, cada segundo dela, do começo até o seu final; sem importar as condições excelentes ou péssimas de saúde, riqueza, inteligência, saber, beleza, fama e poder. Portanto, se o espírito responde "não" à primeira pergunta, atesta de forma decisiva que desperdiçou sua chance de evoluir enquanto esteve encarnado. Pois ser feliz não é escolha humana, mas determinação divina. A felicidade é uma promessa inquebrantável que o espírito faz a Deus e a si mesmo antes de chegar aqui. Por conseguinte, ainda que sob o mais cruel padecimento, levar a vida infeliz estava entre os piores pecados que um egípcio poderia cometer.

A segunda e última pergunta que o Tribunal de Osíris dirigia à alma em seu julgamento final tinha mais importância do que a primeira. E resulta fácil entender o porquê. Os seres humanos se parecem mais com o mar do que com ilhas; e quem escolhe ser egoísta não honra a nossa verdadeira natureza. De forma gentil, mas assertiva, o Supremo Juiz questionava: *Em sua vida na Terra você ajudou as outras pessoas a serem felizes?*

Nós, os facilitadores, não somos seguidores de Osíris, não buscamos salvação, prestígio ou reconhecimento. Mas sabemos que o diálogo empático e solidário contribui para que as pessoas se sintam melhor. Só isso basta, nos inspira e motiva para fazer da boa conversa uma missão para já. Através do encontro com o outro, mediado pela empatia, desejamos ser felizes e ajudar os outros a serem felizes. Queremos ajudar na construção de um mundo onde as pessoas desejem ardentemente viver e conviver. É essa visão fraterna e amorosa que enche de entusiasmo a nossa passagem por aqui.

Você quer se juntar a nós?

Epílogo
Obrigado por conversar comigo!

Achei estranho. Porém, com 9 anos, caçula temporão de seis irmãos, eu nem tinha como me opor à decisão da minha mãe. Era a primeira vez que eu ia dormir na casa da vizinha. O motivo talvez fosse o inesperado agravamento do estado de saúde de papai. Meus irmãos, bem mais velhos, endossaram a deliberação materna, e lá fui eu, cansado do dia tenso e do burburinho disfarçado das pessoas. Minha anfitriã, que toda vizinhança chamava de *Miss Mary*, era professora de Inglês; solteirona e vaidosa, com fama de brava, arrumou minha cama num capricho que só vendo. Logo me deu leite quente com chocolate e, assertiva, disse que era hora de dormir. Mas dormir não seria fácil. As imagens de mamãe, irmãs e irmãos, perplexos com tudo aquilo, e meu próprio peito apertado por uma angústia desconhecida, impediam o sono de chegar. Por fim, quando desmaiei, triste e exausto, era quase de madrugada. Não recordo o que sonhei ou se sonhei, mas lembro com exatidão que ao abrir os olhos ela estava ali, sentada ao lado da cama, como que aguardando o meu despertar. Percebi no seu semblante uma ternura absolutamente incompatível com sua fama. Preparou meu café da manhã com esmero, e fiquei com um medo danado do que poderia estar por trás de tamanho zelo. A verdade é que fez toda diferença a conversa empática, paciente e cuidadosa que, em seguida, *Miss Mary* teve comigo. Mesmo assim, no final do diálogo, desabei num choro livre de impedimentos...

Se há diálogos inesquecíveis na biografia de cada pessoa esse é um dos que mantenho íntegro na memória. Nunca em minha vida recebi notícia devastadora dita de maneira tão delicada, honesta e respeitosa. Apesar de criança, fui ajudado a encontrar forças e estrutura dentro de mim para lidar com o infortúnio. Lamento que não tive a chance de, já adulto, agradecer a *Miss Mary* por ter facilitado meu primeiro encontro com a perda. Naqueles exatos momento e lugar, ela foi quem eu mais necessitava ter junto de mim ao acordar, em plena véspera do Natal: um ser humano bondoso e consolador. Ela foi uma excelente facilitadora.

Acredito piamente que a leitora, o leitor, eu e as demais pessoas, cada qual numa medida acentuada, embora única, somos consequência da combinação de conversações, monólogos, cochichos, bate-bocas e bate-papos, reais e imaginários, que tivemos, lemos, vimos e ouvimos desde o nascimento até o dia de hoje. Todos nós nos nutrimos de trocas boas e ruins, conversas fáceis e difíceis, tratos fluentes e truncados. A partir desta perspectiva, a vida de cada ser humano pode ser compreendida como um rosário de encontros e desencontros interpessoais, todos mediados por diálogos. Conversar é poderoso, e a boa conversa pode melhorar todos os relacionamentos. Se melhora os relacionamentos, pode melhorar quase tudo.

Hoje, quando crio antipatia, quando me irrito por um motivo tolo ou me descontrolo no trânsito, logo penso no quanto ainda tenho de homem da caverna dentro de mim. E na sequência costumo rir da situação. Nada me faz duvidar de que poderia ter sido diferente; e que, numa próxima vez, tratarei de agir diferente. Dizem que "é conversando que a gente se entende". Mas também é conversando que a gente se desentende. Os participantes da troca são os únicos responsáveis pela empatia acontecer ou não. Jamais saberemos o que ocorreria no diálogo entre Fulana e Beltrano se um dos dois tivesse demonstrado na ocasião maior sensibilidade, elegido a palavra suave, evitado determinada resposta ou respirado três vezes e ficado mudo quando deveria. Essa ressalva tem validade porque os sucessos e os insucessos passam, a vida segue adiante, e de nada vale se prender nem a uns nem a outros. Se a experiência trouxe algum aprendizado e gerou a vontade de fazer melhor, conversar já valeu o empenho. Porém, mais do que isso: cada conversa mantida com empatia fortalece e amplia o campo formador e transformador da ressonância.

Em um livro que visa contribuir para a criação consciente de empatia e de vínculos interpessoais fraternos e colaborativos, é compreensível eu atestar suas últimas linhas com apreço explícito e gratidão incondicional a cada pessoa que, através da boa conversa, promove amor, paz, altruísmo e solidariedade onde vive e por onde passa. É disso que eu, você e a humanidade mais precisamos.

Notas

[1] Nas últimas décadas os estudos sobre a percepção humana apontam um leque de diferenças e sutilezas onde antes víamos cinco rígidas possibilidades sensoriais. Hoje já se admite que possuímos um número bem maior de sentidos. Contudo, essas especificações são irrelevantes para o tema que tratamos aqui.

[2] A criação acontece sob as formas de *inovação, distorção* e *fantasia*. Como os outros processos universais, ela pode ser a causa e a solução de problemas. Há atividades nas quais a criação é combatida de modo implacável. Por exemplo: a segurança do trabalho exige rigorosas disciplina e padronização de procedimentos; portanto, qualquer variação constitui um risco.

[3] Faço distinção entre atitude e comportamento: a atitude corresponde a uma postura íntima ou estado de espírito baseado nas crenças e valores do indivíduo; já o comportamento se manifesta exteriormente, podendo atender a demandas sociais e/ou ser percebido pelos outros.

[4] Entendo e emprego no texto o termo *espiritualidade* como um atributo sublime, que envolve e transcende a experiência individual; mas que se encontra muito mais próximo da ética do que da religião.

[5] Por certo que nos países e nações de cultura conservadora, com usos e costumes ortodoxos ou tradicionalistas, a bandeira da tolerância constitui um inegável avanço para o convívio civilizado das diferenças. Quanto mais rígido for o ambiente das relações inter-

pessoais, mais dificultosa será a expressão individual da singularidade e maior o trabalho que os facilitadores terão pela frente.

[6] The phylogenetic roots of human lethal violence. In: *Nature*, n. 538, set./2016.

[7] Não importa em qual rincão do planeta estejam, os muçulmanos – como se atraídos fossem por um polo magnético – rezam voltados para Meca. A atenção comum dirigida num só sentido e direção promove um poderoso efeito aglutinador, tal qual um eficaz cimento psicossocial.

[8] Tomei a ideia desse novo paradigma do método LIFO®, criado pelos psicólogos Stuart Atkins e Allan Katcher. É uma abordagem que combina com os propósitos da facilitação, pois trata sempre de reconhecer, apoiar e reforçar nas pessoas o que elas têm de peculiar e de melhor.

[9] Dedicaremos adiante o espaço necessário ao significado de "conduzir". Cf. p. 86.

[10] Verso de Caetano Veloso na música *Sampa*. Relembrando a lenda grega: Narciso tem sede e se aproxima de um lago. Ao se inclinar na margem para se saciar, vê, pela primeira vez, sua imagem refletida no espelho d'água. Possuído por uma fulminante e avassaladora paixão contemplativa, entra em estado de choque. Paralisado diante da sua própria beleza, o jovem definha até morrer.

[11] É intenção deste escrito ser sintético. Resumir a neurolinguística ou outra qualquer abordagem ou metodologia em quatro curtos parágrafos é um desafio grande e um risco ainda maior. O leitor interessado nos temas apresentados encontrará ao final do livro uma bibliografia para inspirar sua busca de mais informação.

[12] Verso da canção *Sozinho*, do compositor Peninha.

[13] Tecnicamente, o acompanhamento também pode ser realizado de forma "cruzada", ou seja: é possível acompanhar a respiração do interlocutor com o tamborilar dos dedos, o bater do pé, o balanço do corpo etc. Nesses casos, o que importa é manter o foco da intencionalidade no movimento.

[14] A intuição poderia ser uma terceira alternativa; mas, como está na esfera do inconsciente, é alheia ao nosso controle. O que chamamos comumente de "ato reflexo" senão a uma iniciativa inesperada do nosso conhecimento involuntário?

[15] Sobre o tema crucial dos valores teremos espaço adequado adiante. Cf. p. 218.

[16] Neste exemplo da conversa com o adolescente, limitei a ação do facilitador ao aspecto da condução. Mas, claro, o serviço do facilitador começa com o acompanhamento. A visão completa e panorâmica do processo da facilitação só será possível após a leitura completa do livro.

[17] Utilizo aqui a expressão "amnésia seletiva" como alegoria; e o verbo *esquecer* com licença poética. É que todo esquecimento corresponde a uma falha da memória – e nenhuma disfunção física ou mental deve ser encorajada.

[18] Esta é a regra, mas existem exceções. A mais evidente de todas diz respeito às *fobias*. A pessoa aprende a ser "espontaneamente fóbica" ao vivenciar, em fração de segundos, uma situação de extremo estresse – real ou fictício. As fobias formam cicatrizes emocionais que, se não tratadas, duram a vida inteira.

[19] Vimos na nota 2 que em algumas atividades humanas o seguro e desejado é que a pessoa permaneça o tempo inteiro 100% consciente dos seus atos e movimentos.

[20] Posto que o ser humano é singular mas resiliente, nada impossibilita que o treinador esculache ou assedie moralmente o jogador na frente do time, e a partir daí o atleta reaja e passe a ter um desempenho estupendo. Porém, não existe manual técnico profissional atualizado que recomende essa conduta.

[21] Aqui parafraseei Mário Quintana de memória. A frase original se refere ao poder dos livros.

[22] Os "Doutores da Alegria" – grupo de atores formado por profissionais médicos e paramédicos para animar enfermarias e ambulatórios com a providencial medicina do riso – têm relatos

comoventes sobre esse assunto. Adiante indicarei cuidados para prevenir os excessos.

[23] Disse o poeta que "a fé é uma luz que engravida o coração de quem crê". Decerto, a fé move montanhas; mas, é honesto admitir, também as cria, num piscar de olhos, sem que se saiba exatamente como. Se o facilitador percebe, nas expressões da pessoa, indícios de comedimento, bonomia e altruísmo, entende que a fé está operando ali uma missão positiva.

[24] Aqui cabem duas ressalvas: o senso comum se habituou a interpretar a dificuldade do outro de olhar nos olhos como sinal de insegurança, medo, falsidade ou coisas do gênero. O facilitador não surfa nessa onda; pois pode ser isso, sim; mas pode ser apenas parte disso, e pode não ser nada disso. Por outro lado, considere também o filtro sociocultural da pessoa. Por exemplo, na ampla maioria das culturas orientais, olhar firmemente nos olhos do interlocutor é considerado falta de educação e mesmo desrespeito.

[25] O intercâmbio com o Oriente foi decisivo nessa reviravolta. Para a Tradicional Medicina Chinesa a respiração constitui um dos seis pilares da saúde da pessoa. Os outros são: alimentação, sono, atividade física, pensamento e emoção.

[26] Os Centros para Cura das Atitudes praticam a educação para a paz. Devido à íntima afinidade entre esse ideal e o que busca a facilitação, replicamos no final do livro os 12 Princípios que orientam os seus voluntários. Vide Apêndice II, p. 297.

[27] Estas denominações não são unânimes entre os linguistas. Para os conversadores importa mais a compreensão da natureza da falha do que o nome pelo qual ela é chamada.

[28] Chamo esta fruição mente-corpo de *equivalência*. Para quem deseje ir mais fundo no tema, será útil refletir aqui sobre uma eventual correlação com as equivalências simples e complexas vistas páginas atrás, na ferramenta metamodelo de linguagem.

[29] O *Conversa com Afeto* foi um grupo de voluntários que atuou, entre 1995 e 2004, no Instituto Emílio Ribas de Doenças Infectocontagiosas. Fui cofundador do grupo, cuja principal missão era

conversar afetuosamente com pacientes internos, ambulatoriais e seus familiares.

[30] Por analogia, os valores "negativos" também produzem os seus respectivos frutos: preconceitos, desentendimentos, ódios e atritos – os havidos, os atuais e os por haver.

[31] Expressão latina que nos incita a viver em tempo real, o aqui-agora. Estar atento exige de nós plena entrega ao instante que se está vivendo.

[32] Da música *Paquetá*, de João Bosco e Aldir Blanc. Desconheço e não me compete julgar o que pôs fim a essa que foi uma das mais profícuas e geniais parcerias da MPB. Acredito que, com empatia e recíprocas doses de perdão, esses dois brilhantes artistas poderiam nos dar um exemplo vivo de facilitação, e resgatar a relação de amizade que produziu tão belas composições.

[33] Ressalto que o conceito de campo mórfico ou campo de ressonância mórfica abre um leque de possibilidades tão apaixonantes quanto complexas. Mas a forma simplificada com que o exponho no texto me parece suficiente para promover um entendimento preliminar da nossa conectividade.

[34] Citar Sheldrake aqui visa somente demarcar um reconhecido ponto de referência. As ideias de campo de informação e ressonância mórfica resultam também do trabalho de cientistas como Ludwig von Bertalanffy, Edward Stuart Russell e outros.

[35] Martin Saligman chama de "dogma imprestável" a visão de que a natureza humana tem uma essência incompatível com a felicidade; e aponta a doutrina do pecado original como "*a mais antiga manifestação do dogma imprestável que chegou até o nosso estado democrático, secular*".

Apêndice I
Conversando com enfermos

Criei o texto abaixo para um folheto com a finalidade de orientar o serviço do Grupo de Voluntários "Conversa com Afeto" e a visita de familiares e amigos aos enfermos internados no Instituto de Infectologia Emílio Ribas, hospital vinculado à Secretaria de Estado da Saúde de São Paulo. Sua reprodução aqui visa não apenas contextualizar o exercício da facilitação em um ambiente hospitalar, mas contribuir também para o bom desempenho dos leitores que pretendam visitar alguém doente em qualquer tempo e lugar.

FOI ÓTIMO VOCÊ TER VINDO
Conversar com afeto ajuda a curar!

Você sabe que a saúde da gente está entre os bens mais preciosos. Porém, é particularmente valioso para quem está internado em um hospital para tratamento. Por isso, os pacientes desejam tanto resgatá-la e poder sair desse lugar. Mas, claro, esta não é uma luta só deles. É também de todos os médicos, paramédicos, auxiliares e voluntários do Instituto Emílio Ribas de Doenças Infectocontagiosas. Mesmo você, visitante, participa ativamente dessa luta, pois tem um papel importante a cumprir aqui.

Há estatísticas que comprovam que, após a visita carinhosa de um familiar, uma pessoa querida, um colega de trabalho, e até de alguém desconhecido, os doentes melhoram: sentem mais ânimo, estímulo e nova força para enfrentar e vencer a doença. Portanto, foi ótimo você ter vindo. Sua visita é mais do que um gesto nobre e generoso de solidariedade. Sua conversa com afeto pode ajudar o paciente a se curar.

12 dicas para quando você for visitar alguém doente

1) Faça sua visita com o mais genuíno sentimento de amor ao próximo que você encontrar dentro do seu coração. Evite a pressa e não olhe para o relógio. O amor incondicional não tem contraindicação e, com certeza absoluta, contribui de modo efetivo para a cura.

2) Pesquisas e estudos nos ensinam que enorme fatia das infecções hospitalares ocorre através do contato das mãos. Lave as mãos ao chegar. Lave-as ao sair. Ao proceder assim, você estará protegendo o paciente e a você mesmo. Faça mais: leve esse hábito para sua casa.

3) Entre no quarto com uma expressão facial tranquila e simpática. Evite começar o diálogo perguntando: "Tudo bem?" Claro que se tudo estivesse bem o paciente não estaria aqui. Pergunte carinhosamente: "Como você está se sentindo?" E prepare-se para qualquer resposta.

4) Transmita confiança, fé, bom humor e energia positiva. Enquanto houver vida deve haver esperança. Inúmeros pacientes com chances remotas de melhora ou de cura conseguiram dar a volta por cima. Por que este não poderia ser o caso?

5) Evite ver no paciente um "pobre coitadinho". Ele é um ser humano como você, está lutando por sua saúde e merece ser tratado com respeito e dignidade. Ninguém é melhor por ter saúde; ninguém é pior por estar doente. Ninguém é melhor do que ninguém!

6) Se seu paciente se sente culpado por estar doente, escute-o sem críticas e sem julgamentos. Aceite-o como ele é. Seja afetuoso e pratique a compaixão. Afirme que o perdão é um bál-

samo que cura. Fazê-lo aumentar o sentimento de culpa não irá ajudá-lo, e você veio para ajudar.

7) A maioria dos quartos do Instituto Emílio Ribas possui mais de um leito. Se for possível – e quase sempre é –, estenda sua solidariedade ao paciente do lado. Divida também com ele sua atenção, seu carinho, sua fé, sua positividade e seu amor.

8) Estimule os sonhos do paciente, pois sonhar ajuda a viver. Ter visão positiva do próprio futuro é uma das atividades mentais que mais contribui para o progresso dos tratamentos e a cura definitiva.

9) Não prometa o que não poderá cumprir. Se você disser que voltará amanhã ou no próximo final de semana, cumpra a palavra, pois sua visita será an-si-o-sa-men-te esperada.

10) Evite comparações – elas mais prejudicam do que auxiliam. Cada pessoa tem seu próprio processo e um relógio biológico único.

11) Peça ao paciente para se autoajudar, e ajudar também ao corpo médico e paramédico, através de sentimentos, pensamentos, palavras e atitudes positivas. Creia, todos estão fazendo o melhor possível.

12) Se despeça do paciente com um carinho, olhando-o nos olhos. Diga que gostou da visita. Estimule a coragem para vencer a doença. Faça votos de melhora de modo afetuoso e assertivo; e ao sair, sorria.

Grupo de Voluntários "Conversa com Afeto"
Instituto de Infectologia Emílio Ribas

Apêndice II
Movimentos pela paz

Quem se dispor a observar há de confirmar o crescente número de grupos e movimentos civis, sem vínculos com governos ou religiões, que visam criar e difundir a paz e a solidariedade na comunidade e no planeta. Eles estão por todos os lados, possuem estrutura e dinâmica próprias, e correspondem à visão e necessidades específicas dos seus membros. Tal como escreveu o poeta Fernando Pessoa: "Tudo vale a pena se a alma não é pequena". O mundo e seus habitantes clamam por paz e solidariedade. Só assim poderemos almejar e obter justiça social. O propósito de reproduzir abaixo os 12 princípios do Centro para Cura das Atitudes, CCA, é ilustrar um desses movimentos presente em todos os continentes, e que eu conheci por experiência própria. Os CCAs são simples, despojados e democráticos; basicamente, seus membros se reúnem para conversar e compartilhar aprendizados. Não possuem níveis hierárquicos; qualquer pessoa pode participar, bem como – uma vez tendo aprendido o método das reuniões – dar início a novos grupos. De resto, cabe concluir que "se a alma não for pequena" não importam as diferenças: nossas atitudes conduzirão a um mundo mais justo, mais fraterno e mais humano.

Os 12 princípios para a Cura das Atitudes
1) A essência do nosso ser é amor.
2) Saúde é paz interior. Curar é abandonar o medo.

3) Dar e receber são a mesma coisa.

4) Podemos nos desprender do passado e do futuro.

5) O agora é o único tempo que existe, e cada instante é para nos doarmos.

6) Podemos aprender a amar a nós mesmos e aos outros perdoando, ao invés de julgando.

7) Podemos nos transformar em pessoas que veem o amor e o que une, em lugar de pessoas que veem o erro e o que desune.

8) Podemos escolher nos direcionar para a paz interior, independentemente do que está acontecendo no exterior.

9) Somos alunos e professores uns dos outros.

10) Podemos nos concentrar na totalidade da vida, e não nos seus fragmentos.

11) Sendo o Amor eterno, não existe razão para temer a dor e a morte.

12) Podemos sempre ver a nós mesmos e aos outros como seres que ou oferecem amor ou suplicam ajuda.

Referências básicas

BANDLER, R. & GRINDER, J. *A estrutura da magia*. Rio de Janeiro: Guanabara Koogan, 1977.

BOSNIC, L. *Ho'oponopono – Arte ancestral de sanación hawaiano*. Buenos Aires: Continente, 2012.

BOWLBY, J. *Formação e rompimento dos laços afetivos*. São Paulo: Martins Fontes, 1982.

BUBER, M. *Eu e tu*. São Paulo: Centauro, 2006.

BUCKINGHAM, M. *Go put your strengths to work*. Nova York: Free Press, 2007.

BUCKINGHAM, M. & CLIFTON, D. *Descubra seus pontos fortes*. Rio de Janeiro: Sextante, 2008.

CARNEGIE, D. *Como fazer amigos e influenciar pessoas*. São Paulo: Companhia Editora Nacional, 2001.

CHAPMAN, G. & CAMPBELL, R. *As cinco linguagens do amor*. São Paulo: Mundo Cristão, 1999.

FERRY, L. *A revolução do amor*. Rio de Janeiro: Objetiva, 2012.

FINNEY, M. *Getting the best from people*. Nova Jersey: FT Press, 2013.

GARDNER, H.; KORNHABER, M. & WAKE, W. *Inteligência*: Múltiplas perspectivas. Porto Alegre: Artmed, 2009.

GOLEMAN, D. *Una fuerza para el bien* – La visión del Dalai Lama para nuestro mundo. Buenos Aires: Ediciones B, 2015.

_____. *Foco* – A atenção e seu papel fundamental para o sucesso. Rio de Janeiro: Objetiva, 2013.

GÓMEZ, J.M.; VERDÚ, M.; GONZÁLEZ-MEGÍAS, A. & MENDEZ, M. *The phylogenetic roots of human lethal violence* [Disponível em www.nature.com – Acesso em set./2016].

GROF, S. *El juego cósmico*. Barcelona: Kairós, 2003.

HELLINGER, B.; WEBER, G. & BEAUMONT, H. *A simetria oculta do amor*. São Paulo: Cultrix, 2006.

JAMPOLSKY, G. *Amar é libertar-se do medo*. São Paulo: Peirópolis, 1999.

KANT, E. *Sobre o esclarecimento* [Texto de domínio público, acessível na internet].

KATCHER, A. *A importância de ser você mesmo*. São Paulo: Atlas, 1989.

KATCHER, A. & PASTERNAK, K. *Gerenciando suas forças*. Rio de Janeiro: Qualitymark, 2005.

KRISHNAMURTI. *Sobre relacionamentos*. São Paulo: Cultrix, 1992.

LOCKE, J. *Carta sobre a tolerância*. Lisboa: Edições 70, 2014.

PINKER, S. *Os anjos bons da nossa natureza* – Por que a violência diminuiu. São Paulo: Companhia das Letras, 2013.

RATH, T. *StrengthsFinder 2.0*. Nova York: Gallup, 2007.

ROSEMBERG, M. *Comunicación no violenta*. Barcelona: Urano, 2000.

RUIZ, M. *Los cuatro acuerdos*. Barcelona: Urano, 2012.

SCHUTZ, W. *Todos somos uno* – La cultura de los encuentros. Buenos Aires: Amorrortu, 2001.

_____. *Profunda simplicidade* – Uma nova consciência do eu interior. São Paulo: Ágora, 1979.

SHELDRAKE, R. *A sensação de estar sendo observado.* São Paulo: Cultrix, 2003.

SOLOMON, R.C. & FLORES, F. *Construa confiança.* Rio de Janeiro: Record, 2002.

VOLTAIRE. *Tratado sobre a tolerância.* Porto Alegre: L&PM, 2011.

WATZLAWICK, P.; BAVELAS, J.B. & JACKSON, D. *Teoría de la comunicación humana.* Madri: Herder, 2012.

CULTURAL

Administração
Antropologia
Biografias
Comunicação
Dinâmicas e Jogos
Ecologia e Meio Ambiente
Educação e Pedagogia
Filosofia
História
Letras e Literatura
Obras de referência
Política
Psicologia
Saúde e Nutrição
Serviço Social e Trabalho
Sociologia

CATEQUÉTICO PASTORAL

Catequese
  Geral
  Crisma
  Primeira Eucaristia

  Pastoral
    Geral
    Sacramental
    Familiar
    Social
    Ensino Religioso Escolar

TEOLÓGICO ESPIRITUAL

Biografias
Devocionários
Espiritualidade e Mística
Espiritualidade Mariana
Franciscanismo
Autoconhecimento
Liturgia
Obras de referência
Sagrada Escritura e Livros Apócrifos

Teologia
  Bíblica
  Histórica
  Prática
  Sistemática

REVISTAS

Concilium
Estudos Bíblicos
Grande Sinal
REB (Revista Eclesiástica Brasileira)

VOZES NOBILIS

Uma linha editorial especial, com importantes autores, alto valor agregado e qualidade superior.

VOZES DE BOLSO

Obras clássicas de Ciências Humanas em formato de bolso.

PRODUTOS SAZONAIS

Folhinha do Sagrado Coração de Jesus
Calendário de mesa do Sagrado Coração de Jesus
Agenda do Sagrado Coração de Jesus
Almanaque Santo Antônio
Agendinha
Diário Vozes
Meditações para o dia a dia
Encontro diário com Deus
Guia Litúrgico

CADASTRE-SE
www.vozes.com.br

EDITORA VOZES LTDA.
Rua Frei Luís, 100 – Centro – Cep 25689-900 – Petrópolis, RJ
Tel.: (24) 2233-9000 – Fax: (24) 2231-4676 – E-mail: vendas@vozes.com.br

UNIDADES NO BRASIL: Belo Horizonte, MG – Brasília, DF – Campinas, SP – Cuiabá, MT
Curitiba, PR – Fortaleza, CE – Goiânia, GO – Juiz de Fora, MG
Manaus, AM – Petrópolis, RJ – Porto Alegre, RS – Recife, PE – Rio de Janeiro, RJ
Salvador, BA – São Paulo, SP